Sabine Knauer • Patricia Müller

Kaufmann/Kauffrau für Büromanagement

Prüfungstrainer Informationstechnisches Büromanagement

Übungsaufgaben und erläuterte Lösungen

Aufgabenteil

Bestell-Nr. 2301

u-form Verlag · Hermann Ullrich GmbH & Co. KG

Deine Meinung ist uns wichtig!

Du hast Fragen, Anregungen oder Kritik zu diesem Produkt?

Das u-form Team steht dir gerne Rede und Antwort.

Einfach eine kurze E-Mail an

feedback@u-form.de

Dateien zum Download und ggf. Korrekturen findest du übrigens unter diesem Link:

www.u-form.de/addons/2301-2025.zip

BITTE BEACHTEN:

Zu diesem Prüfungstrainer gehören auch noch ein **Lösungsteil** sowie **Dateien zum Download**.

6. Auflage 2025 · ISBN 978-3-95532-301-1

Alle Rechte liegen beim Verlag bzw. sind der Verwertungsgesellschaft Wort, Untere Weidenstr. 5, 81543 München, Telefon 089 514120, zur treuhänderischen Wahrnehmung überlassen. Damit ist jegliche Verbreitung und Vervielfältigung dieses Werkes – durch welches Medium auch immer – untersagt.

© u-form Verlag | Hermann Ullrich GmbH & Co. KG
Cronenberger Straße 58 | 42651 Solingen
Telefon: 0212 22207-0 | Telefax: 0212 22207-63
Internet: www.u-form.de | E-Mail: uform@u-form.de

Inhaltsverzeichnis

Seite

Einführung

Vorwort	5
So arbeiten Sie mit dem Download	6
Wie sieht die Abschlussprüfung Teil 1 im Beruf Kaufmann/Kauffrau für Büromanagement aus?	7
Wie gehen Sie in der Prüfung vor?	7 – 8
Grundsätze der Textformulierung	9
Aufbau eines Geschäftsbriefes	10 – 11
Vorlagen für Geschäftsbriefe nach DIN 5008	11 – 16
Tipps zum Bearbeiten der Excel-Aufgaben	17
Die wichtigsten Funktionen im Überblick	18 – 19
Diagramme	20 – 21

Excel-Schnellkurs

Übung und Anleitung zum Lösen der Übung	23 – 44
Anleitung zum Ausdruck	45 – 48

Aufgaben

Rahmenbedingungen 50

Aufgabe 1

E1	Absatzanalyse durchführen	51
W1	Formularerstellung – Interne Mitteilung	52 – 53

Aufgabe 2

W2	Anfrage: Serienbrief erstellen	54 – 55
E2	Kostenberechnung durchführen	56

Aufgabe 3

E3	Angebotsvergleich durchführen	57 – 61
W3	Bestellung tätigen	62 – 63

Inhaltsverzeichnis

Seite

Aufgabe 4

W4 Internes Meeting (Vor- und Nachbereitung) .... 64 – 66

E4 Auswertung von Umfrageergebnissen .... 67 – 68

Aufgabe 5

W5 Formularerstellung – Anmeldeformular und Fragebogen .... 69 – 70

E5 Fehlzeitenstatistik aufstellen und auswerten 71

Aufgabe 6

E6 Terminkalender abstimmen 72

W6 Außendiensttermine koordinieren .... 73 – 75

Aufgabe 7

E7 Investitionen in Betriebs- und Geschäftsausstattung 76

W7 Rechnungsprüfung .... 77 – 80

Aufgabe 8

W8 Lieferungsverzug reklamieren 81

E8 ABC-Analyse durchführen 82

Aufgabe 9

W9 Kundendatenpflege .... 83 – 85

E9 Rücklaufquote von Angeboten auswerten 86

Aufgabe 10

E10 Optimale Bestellmenge ermitteln 87

W10 Formularerstellung – Checkliste und Ergebnisprotokoll .... 88 – 89

Einführung

Vorwort

Mit diesem Prüfungstrainer **„Informationstechnisches Büromanagement"** bereiten Sie sich auf den **Teil 1** der Abschlussprüfung **Kaufmann/Kauffrau für Büromanagement** vor.

Die Lerninhalte richten sich nach der Ausbildungsverordnung. In der Prüfung werden ganzheitliche Arbeitsaufträge gestellt, die sich in Teilaufgaben untergliedern. In dem Kapitel „Wie sieht die Abschlussprüfung Teil 1 im Beruf Kaufmann/Kauffrau für Büromanagement aus?" erfahren Sie mehr darüber.

Aufgabenteil

Ausgehend von einer ganzheitlichen Aufgabe umfassen die Aufgaben dieses Prüfungstrainers sowohl Aufgaben zur Textverarbeitung als auch zur Tabellenkalkulation. So wird es auch in der Prüfung verlangt.

Die Aufgaben sind so gestellt, dass sie mit allen gängigen Programm-Versionen von MS Office gelöst werden können.

Lösungsteil

Bei der Lösung der Aufgaben wurde die Version Microsoft 365 zugrunde gelegt.

Im Lösungsteil finden Sie die Lösungen zu den einzelnen Aufgaben

- als fertige Musterlösung
- mit ausführlichen Erläuterungen der technischen Handlungsschritte

Download

Die Dateien zu den Aufgaben und Lösungen können Sie unter folgendem Link herunterladen:

www.u-form.de/addons/2301-2025.zip

Zur Prüfungsvorbereitung auf IHK-Prüfungen

Innerhalb Deutschlands bestehen zwar in manchen IHK-Kammerbezirken leichte Unterschiede in der Form der Aufgabenstellung (z. B. zwischen Kammerbezirken, die sich den Prüfungen der AkA Nürnberg angeschlossen haben und den Prüfungen in Baden-Württemberg), aber trotzdem können sich **Prüflinge aus dem gesamten Bundesgebiet mit diesem Prüfungstrainer auf die Prüfung vorbereiten.** Die Grundanforderungen der Prüfungen folgen der Ausbildungsverordnung und sind bundeseinheitlich.

Wir wünschen Ihnen viel Freude und Erfolg bei Ihrer Arbeit!

Einführung

So arbeiten Sie mit dem Download

Unter **www.u-form.de/addons/2301-2025.zip** finden Sie Dateien zum Aufgaben- und Lösungsteil.

Die Aufgabenstellungen, Informationen zu den Geschäftsfällen und Lösungserläuterungen sind in gedruckter Form in diesem Prüfungstrainer zu finden.

Die Dateien des Downloads bilden eine notwendige Ergänzung dazu. Es handelt sich hierbei um folgende Dateien:

Datensammlung_MIKO

Diese Datensammlung enthält alle nötigen Dateien zur Bearbeitung der Aufgaben.
Sie unterteilt sich in drei Ordner:

Excel_Schnellkurs:
Hier finden Sie die Excel-Dateien für den Schnellkurs sowie die fertigen Lösungsdateien.

Tabellen:
Der Ordner „Tabellen" beinhaltet die Excel-Dateien, die Sie zur Bearbeitung der Excel-Aufgaben benötigen.

Vorlagen:
Im Ordner „Vorlagen" sind die Word-Dateien enthalten, die zur Bearbeitung der Word-Aufgaben dienen.

Lösungen

In diesem Ordner finden Sie fertige Lösungsdateien.

Vergleichen Sie diese Lösungen mit den von Ihnen selbst erstellten Lösungen und lesen Sie die Erklärungen dazu im Lösungsteil des Prüfungstrainers. Hier sind die Lösungswege Schritt für Schritt erklärt.

Einführung

Wie sieht die Abschlussprüfung Teil 1 im Beruf Kaufmann/Kauffrau für Büromanagement aus?

Die Abschlussprüfung findet gemäß der gültigen **Ausbildungsverordnung für Kaufleute für Büromanagement** in gestreckter Form als **Teil 1 und Teil 2** statt.

Teil 1 der Abschlussprüfung – Informationstechnisches Büromanagement – erfolgt in der Mitte der Ausbildung und erstreckt sich auf die in der Ausbildungsverordnung für die ersten 15 Monate genannten Fertigkeiten, Kenntnisse und Fähigkeiten sowie auf den im Berufsschulunterricht zu vermittelnden Lehrstoff, soweit er für die Berufsausbildung wesentlich ist. Nach dieser Verordnung gilt außerdem:

> (4) Für den Prüfungsbereich „Informationstechnisches Büromanagement" bestehen folgende Vorgaben:
>
> 1. der Prüfling soll nachweisen, dass er in der Lage ist, im Rahmen eines ganzheitlichen Arbeitsauftrages Büro- und Beschaffungsprozesse zu organisieren und kundenorientiert zu bearbeiten; dabei soll er nachweisen, dass er unter Anwendung von Textverarbeitungs- und Tabellenkalkulationsprogrammen recherchieren, dokumentieren und kalkulieren kann
> 2. der Prüfling soll berufstypische Aufgaben schriftlich computergestützt bearbeiten;
> 3. die Prüfungszeit beträgt 120 Minuten.

Nach der Ausbildungsverordnung § 8 Gewichtung der Prüfungsbereiche, Bestehen der Abschlussprüfung, wird der Teil „Informationstechnisches Büromanagement" mit **25 Prozent** an den gesamten Prüfungsleistungen gewichtet.

Wie gehen Sie in der Prüfung vor?

Hinweise zur Bearbeitung der Aufgaben*

Zur Lösung der Aufgaben mithilfe eines PCs wird dem Prüfling ein Aufgabenbogen ausgehändigt. Der Aufgabenbogen enthält detaillierte Hinweise zur technischen Durchführung der Prüfung. Lesen Sie diese Hinweise sorgfältig durch und achten Sie darauf, dass Sie die vorgegebenen Regeln genau einhalten.

Achten Sie vor allem auf die Zwischenspeicherung der Ergebnisse, damit keine Pannen passieren, die auf mangelnde Datensicherung zurückzuführen sind! Die in der Aufgabenstellung vorgegebenen Dateinamen sind unbedingt zu verwenden.

Aufgabeninhalte

In der Prüfung werden ganzheitliche Arbeitsaufträge gestellt, die sich in Teilaufgaben zu Bereichen der Textverarbeitung und der Tabellenkalkulation untergliedern.

In der Regel werden – passend zu den Handlungssituationen – Dateien zur Verfügung gestellt, die Sie laden und unter bestimmten Dateinamen abspeichern sollen.

Diese Dateien werden vom Prüfling zur Lösung der Prüfungsaufgabe bearbeitet. Für die Prüfungen der Kammerbezirke, die sich den AkA-Prüfungen angeschlossen haben, vgl. http://www.ihk-aka.de, Menüpunkt Download, „Datensammlung NÜRA".

Nutzen Sie diese Dateien zu Übungszwecken, um sich auf die Prüfung vorzubereiten!

Einführung

Hinweise zu den Aufgabenbereichen Textverarbeitung und Tabellenkalkulation

Die ganzheitlichen Aufgaben umfassen sowohl Aufgaben zur Textverarbeitung als auch zur Tabellenkalkulation. Die Reihenfolge kann je nach Aufgabenstellung unterschiedlich sein.

Programmübergreifendes Basiswissen sowie Wissen und Anwendungsfertigkeiten über Befehle der Textverarbeitung und der Tabellenkalkulation werden vorausgesetzt.

Allgemein gilt für den Bereich Textverarbeitung:

Die Lösung muss sachlich richtig, sprachlich angemessen und nach den Schreib- und Gestaltungsregeln für die Textverarbeitung DIN 5008 erfolgen. Die Beherrschung des Textverarbeitungsprogramms, wie es der Ausbildungsverordnung und dem Rahmenlehrplan sowie dem Berufsalltag des Kaufmanns/der Kauffrau für Büromanagement entspricht, wird vorausgesetzt.

Grundsätze der Textgestaltung nach DIN 5008

Die Gestaltung richtet sich nach dem Inhalt des Schreibens: Handelt es sich um ein externes Schreiben, z. B. einen Geschäftsbrief oder eine externe Mail? Welche Art der Vorlage in der Prüfung zugrunde gelegt wird, darüber erhalten Sie in den ausgehändigten Prüfungsunterlagen Aufschluss bzw. aus den zur Verfügung gestellten Dateien. Beachten Sie genau die Anweisungen auf dem Aufgabenbogen.

Es kann auch ein Schriftstück aus dem internen Schriftverkehr zu gestalten sein, z. B. ein Rundschreiben, eine interne Mitteilung, ein Protokoll. Machen Sie sich bei Ihren Prüfungsvorbereitungen mit den grundlegenden Gestaltungsformen des Schriftverkehrs vertraut. In diesem Prüfungstrainer finden Sie einige Beispiele.

Schreib- und Gestaltungsregeln für die Textverarbeitung, DIN 5008

Die Regeln der DIN 5008 müssen Ihnen geläufig sein. Diese Regeln werden mit den Aufgaben dieses Prüfungstrainers geübt und gefestigt. Im Lösungsteil finden Sie normgerechte Lösungen der Aufgaben.

---

* Original Aufgabensätze vergangener Prüfungen der AkA sind für den Ausbildungsberuf Kaufmann/Kauffrau für Büromanagement beim u-form Verlag, Solingen, erhältlich.

Einführung

Grundsätze der Textformulierung

Wie erstelle ich einen sachgerechten, empfängerorientierten Text?

Lesen Sie sich die Aufgabenstellung genau durch: In welcher **Situation** befinden Sie sich als Verfasser des Textes?

Warum, d. h. aus welchem **Anlass** schreibe ich?
Der Anlass bestimmt weitgehend Stil, Ansprache, Inhalt und Form. (Eine Einladung zu einem Betriebsfest unterscheidet sich naturgemäß von einer Zahlungserinnerung.)

Wem schreibe ich?
Das Wichtigste ist, dass Sie sich auf den Empfänger einstellen, sich in die Lage des anderen versetzen. Fragen Sie sich: Was will der andere?

Der Adressat möchte den Eindruck gewinnen, dass seine Wünsche und Vorstellungen erfüllt werden. Dazu ist die richtige Ansprache wichtig. Verwenden Sie nicht so viel „wir" oder „ich", sondern eher „Sie".

Was soll ich schreiben?
Welche **sachlichen Punkte** muss das Schriftstück enthalten? Lesen Sie sich die Aufgabenstellung genau durch und machen Sie sich die Zusammenhänge klar. Ihr Schreiben muss vor allem **sachlich richtig** sein! Das bedeutet, Ihre Fachkenntnisse der Betriebswirtschaft, des Rechnungswesens, der Bürowirtschaft, aber auch Ihre sprachlichen Kenntnisse (Rechtschreibung, Grammatik) werden benötigt.

Wie soll ich schreiben?
- Auf den **Kern** der Sache kommen: Nichts Überflüssiges schreiben.
- Verständlich schreiben: **Deutlich** machen, worum es geht.
- **Vollständige Informationen** geben: Was muss der Leser wissen?
- **Qualitätsprüfung: Text durchlesen,** bevor er verschickt wird.

Einführung

Aufbau eines Geschäftsbriefes

Die Maße der einzelnen Abschnitte der Briefvorlage sind nach DIN 5008:2020 genormt. Siehe dazu im Folgenden weitere Informationen.

Der **Briefkopf** im oberen Teil der Vorlage enthält Informationen über den Absender, d. h. Namen, Unternehmen oder Behörde. Die Gestaltung entspricht in der Regel den Richtlinien der Corporate Identity.

Auch Angaben zu Zertifizierungen können sinnvoll sein, entweder im Briefkopf oder in der Fußzeile im Bereich „Gesellschaftliche Angaben".

Die **Anschrift des Empfängers** (Angaben für die Anschriftzone im Anschriftfeld) entnehmen Sie der Aufgabenstellung. Bitte nicht bereits hier unnötige Fehler „einbauen". Denken Sie an die normgerechte Schreibweise von Adressen im Anschriftfeld! Außerdem hat leider die Schreibweise von Straßennamen ihre Tücken. Vergegenwärtigen Sie sich die entsprechenden Rechtschreibregeln.

Die Angaben zum **Informationsblock** sind ebenfalls in der Prüfung vorgegeben oder werden Ihnen zur Wahl gestellt.

Mit dem **Betreff** wird dem Brief eine Überschrift gegeben. Das Thema des Briefes wird hier als stichwortartige Inhaltsangabe vorangestellt.

Die **Anrede** sollte möglichst den Namen des Empfängers enthalten. Statt „Sehr geehrte Damen und Herren" ist es besser, den Briefpartner persönlich anzusprechen: „Sehr geehrte Frau…", „Sehr geehrter Herr…". Überprüfen Sie in der Aufgabenstellung, ob Sie den Empfänger des Schriftstückes persönlich mit Namen ansprechen können.

Keine lange **Einleitung**, sondern **schnell zur Sache kommen!**

Der **Hauptteil** enthält den Kern der Mitteilung, z. B. Darstellung des Sachverhaltes, Folgerungen, Vorschläge, Bitten, Entscheidungen.

Keine überflüssigen Floskeln in den **Briefschluss**! Häufig ergibt sich, dass Sie zum Schluss den Empfänger freundlich auffordern, etwas zu veranlassen, an etwas teilzunehmen, über etwas nachzudenken, Sie etwas wissen zu lassen usw.

Die Grußformel lautet in der Regel **„Mit freundlichen Grüßen", „Freundliche Grüße" o. Ä.**

Nach einer Leerzeile folgt die Bezeichnung der **Firma**, Behörde.

Die Angabe der **Unterzeichner** erleichtert es dem Empfänger zu erkennen, wer für den Inhalt des Briefes verantwortlich ist. Die Zahl der Leerzeilen vor dieser Angabe ist nicht verbindlich festgelegt, sie richtet sich nach der Notwendigkeit.

Vergessen Sie nicht den **Anlagen- und Verteilvermerk**, wenn dem Brief Anlagen beigefügt werden bzw. andere Stellen Kopien des Schreibens erhalten!

Geschäftsangaben sowie **gesellschaftsrechtliche Pflichtangaben** stehen im Allgemeinen im Fuß der Vorlage. Hier können auch Hinweise für Zertifizierungen aufgenommen werden, soweit sie nicht im Kopfteil der Vorlage vorgesehen wurden.

Einführung

Zu den Geschäftsangaben gehören Angaben über Anschrift, Kommunikationsmittel, Kontoverbindungen und – bei Vorlagen für Rechnungen – auch die Steuernummer bzw. USt-IdNr.

Die gesellschaftsrechtlichen Pflichtangaben sind entsprechend den Rechtsvorschriften (AktG, GmbHG, HGB) in aktueller Fassung zu beachten.

> **Hinweis:**
> Die Beispiele in diesem Prüfungstrainer sollen Ihnen als Anregung zur weiteren Übung dienen.
> Die Lösungen sind als Vorschläge gedacht. Bei Aufgaben in Textformulierung und -gestaltung gibt es natürlich nicht nur eine einzige denkbare Lösung, sondern viele Möglichkeiten. Die zuvor skizzierten Grundsätze sollten dabei aber immer berücksichtigt werden.

Vorlagen für Geschäftsbriefe nach DIN 5008

Die Maße für die Vorlage „Geschäftsbriefe" werden in DIN 5008:2020 unter Punkt 19 dargelegt. Es ist von einem A4-Format mit den Maßen 210 mm x 297 mm auszugehen.

Daraus werden zwei unterschiedliche Formen von Vorlagen für Geschäftsbriefe entwickelt. Um die maschinelle Bearbeitung zu gewährleisten, ist es wichtig, dass die vorgegebenen Maße genau eingehalten werden.

Geschäftsbrief Form A

Höhe des Briefkopfes
27 mm von der oberen Blattkante

Geschäftsbrief Form B

Höhe des Briefkopfes
45 mm von der oberen Blattkante

Unterhalb des Briefkopfes folgen
- links das genormte Anschriftfeld
- rechts der Bereich des Informationsblocks

Positionierung und Maße sind genau nach DIN 5008 einzuhalten.

Nachstehend soll dies anhand von Abbildungen verdeutlicht werden. Die Abbildungen werden verkleinert dargestellt.

Bitte stellen Sie sicher, dass Sie für die Prüfungsvorbereitung Vorlagen verwenden, die der DIN 5008 entsprechen. In der Prüfung werden Ihnen in der Regel Dateivorlagen zur Verfügung gestellt. Siehe auch die zum Download bereitgestellten Dateien auf der Homepage der AkA (www.ihk-aka.de).

Einführung

Entsprechende Dateivorlagen für Geschäftsbriefe nach DIN 5008 finden Sie zum Download unter
www.u-form.de/addons/2301-2025.zip

Ausführliche Informationen zum **Anschriftfeld** finden Sie im Folgenden unter dem Punkt **„Wie wird das Anschriftfeld beschriftet?"**.

Informationsblock

Der Informationsblock umfasst die Leitwörter, Bezugszeichen und Kommunikationsmöglichkeiten. Diese Angaben werden rechts neben das Anschriftfeld gesetzt. Dabei ist die Reihenfolge einzuhalten:

„Ihr Zeichen", „Ihre Nachricht vom", „Unser Zeichen", „Unsere Nachricht vom", „Name", „Telefon", „Fax", „E-Mail" und „Datum".

Zwischen den Bezugszeichen und „Name" sollte eine Leerzeile vorgesehen werden, ebenso oberhalb des Leitworts „Datum".

Leitwörter dürfen in der Vorlage ergänzt, weggelassen oder verändert werden.

Die Höhe des Informationsblocks ist variabel, mindestens 40 mm. Die Breite ist ebenfalls variabel und beträgt maximal 75 mm.

Feld für Geschäftsangaben

Dieses Feld befindet sich im unteren Teil der Vorlage. Siehe dazu Ausführungen unter „Aufbau eines Geschäftsbriefes".

> **Hinweis:**
>
> Briefkopf und Fußzeile des Geschäftsbriefvordrucks DIN 5008 (d. h. das Feld „Gesellschaftsrechtliche Angaben") brauchen Sie nicht zu gestalten, wenn es in der Aufgabe nicht verlangt wird.
>
> Die Briefgestaltung beginnt mit der Anschrift des Empfängers in der Anschriftzone und dem Informationsblock. Die Angaben dazu erhalten Sie in der Aufgabe.

Einführung

Vordruck Geschäftsbrief A4, Form A, DIN 5008

Datei zum Download: Geschäftsbrief_DIN_5008_A_A4

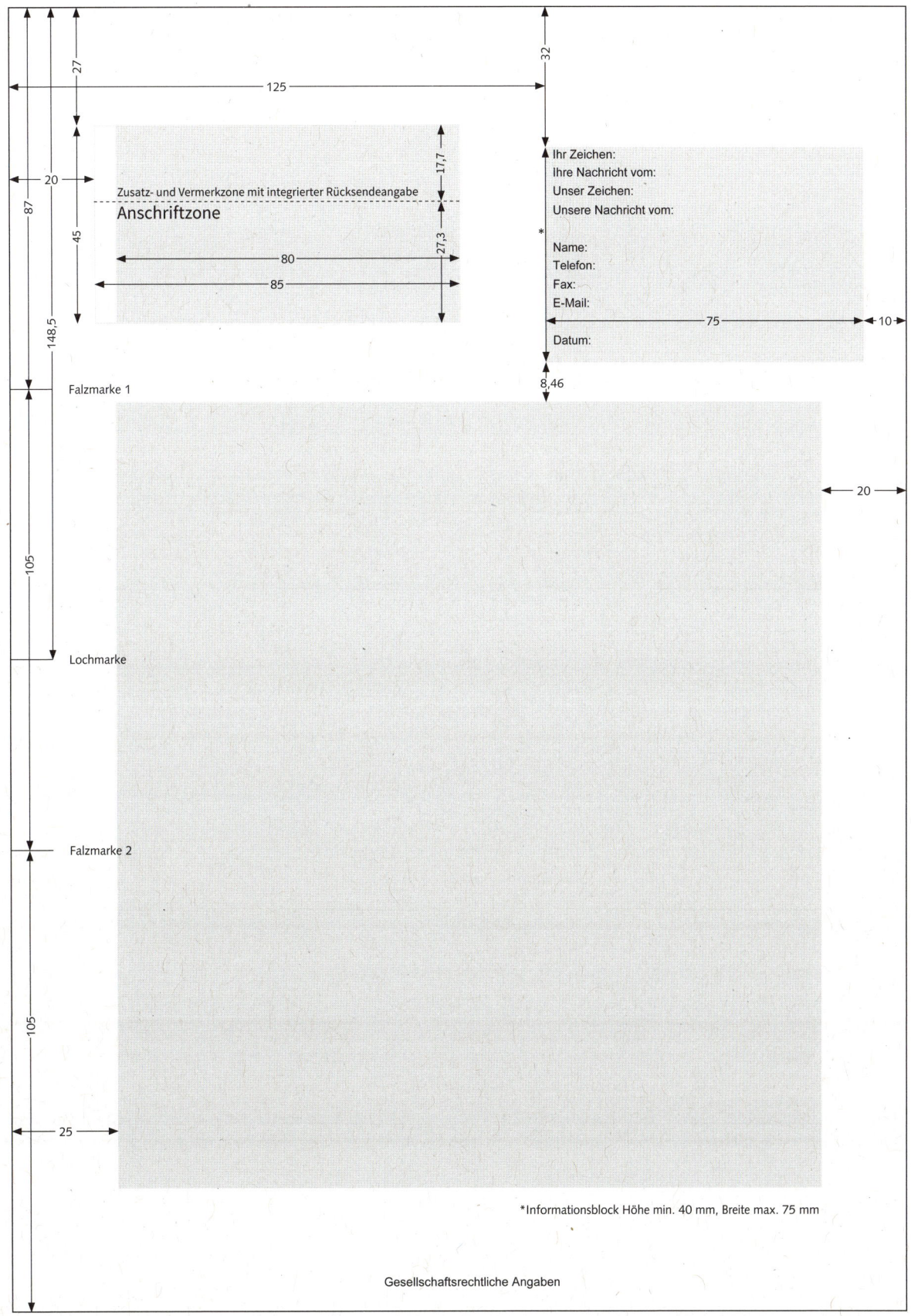

Einführung

Vordruck Geschäftsbrief A4, Form B, DIN 5008

Datei zum Download: Geschäftsbrief_DIN_5008_B_A4

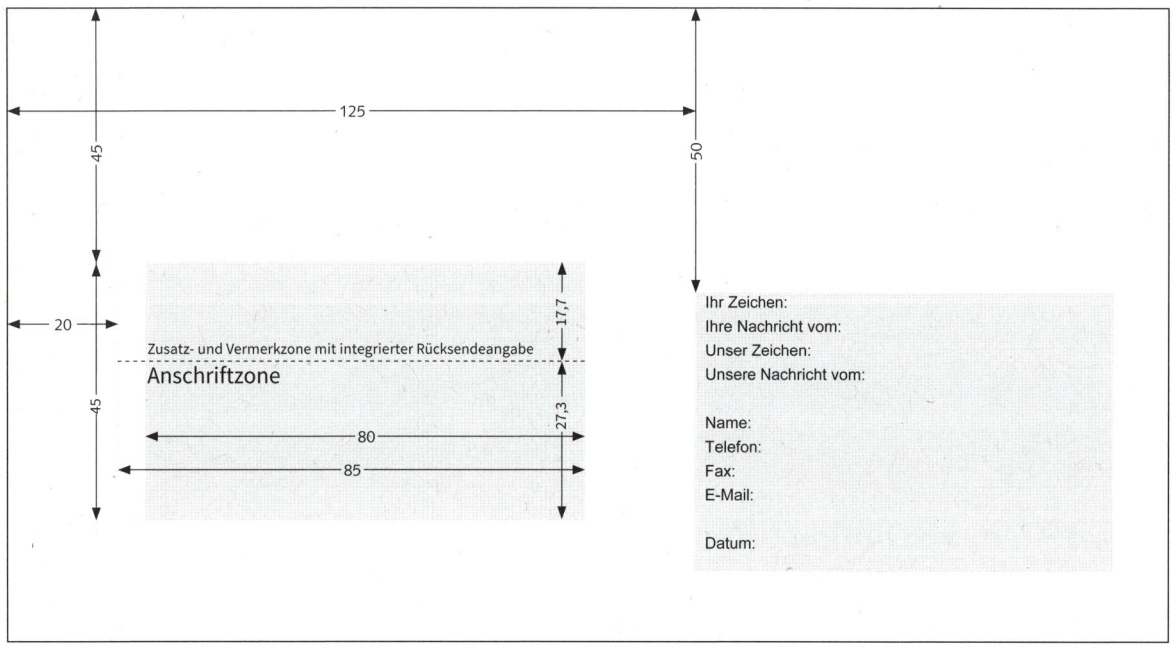

zum Anschriftfeld: s. folgende Seiten

Einführung

Anschriftfeld

Wie wird das Anschriftfeld beschriftet?

Maße und Position des Anschriftfelds werden in DIN 5008:2020 unter Punkt 19 und 20 sowie in den Tabellen in Anhang A und B dieser Norm geregelt.

Das **Anschriftfeld** umfasst insgesamt eine Höhe von 45 mm und eine Breite von 85 mm.

Es besteht aus

– integrierter Zusatz- und Vermerkzone   Höhe 17,7 mm
– Anschriftzone   Höhe 27,3 mm

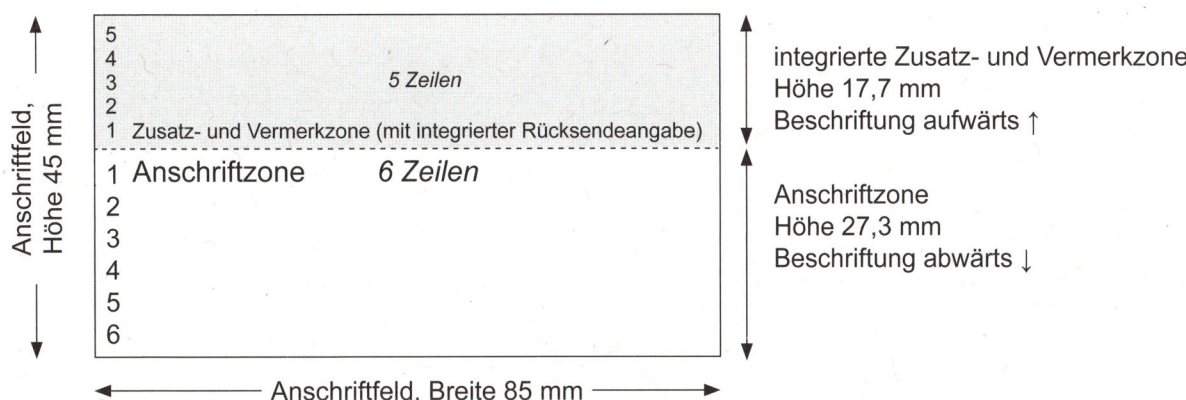

Das Feld ist genau gemäß DIN 5008 zu positionieren und zu beschriften, weil sonst die Anschrift u. U. nicht in einer Fensterbriefhülle lesbar ist und die Sendung nicht maschinell bearbeitet werden kann.

In der Zusatz- und Vermerkzone erfolgt die Beschriftung aufwärts, in der Schriftgröße 8 Punkt. Begonnen wird mit der Rücksendeangabe, die einzeilig über der Anschriftzone eingefügt wird. Falls weitere Vermerke vorgesehen sind, schiebt sich die Rücksendeangabe nach oben.

In der Anschriftzone erfolgt die Beschriftung abwärts, in der Schriftgröße 11 Punkt oder 12 Punkt.

Beispiel

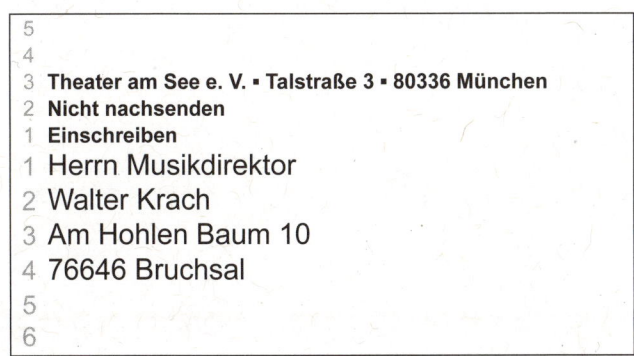

Einführung

Auslandsanschriften müssen in lateinischer Schrift und arabischen Ziffern, Bestimmungsort und Bestimmungsland mit Großbuchstaben geschrieben werden. Der Bestimmungsort ist nach Möglichkeit in der Sprache des Bestimmungslandes anzugeben (z. B. LIEGE statt Lüttich); die Angabe des Bestimmungslandes steht in deutscher Sprache in der letzten Zeile der Anschrift.

Beispiel

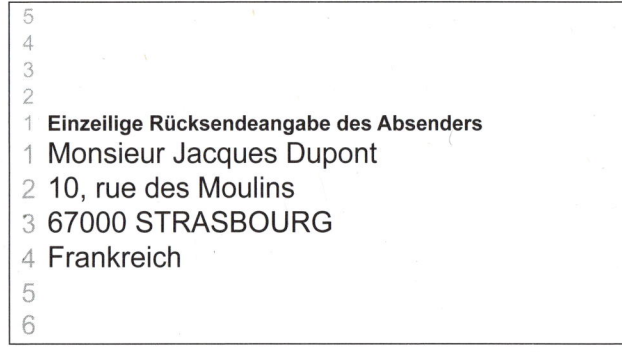

Einführung

Tipps zum Bearbeiten der Excel-Aufgaben

Hier finden Sie einige Tipps zum Bearbeiten der Excel-Aufgaben. Sie sind hilfreich zum Lösen der Aufgaben in diesem Prüfungstrainer und für Ihre Prüfung. Machen Sie sich mit diesen Schritten vertraut.

1. **Lesen Sie die Aufgabenstellung genau.**
   Markieren Sie die wichtigsten Angaben. Achten Sie auf die Namen der Dateien und der Tabellenblätter, mit denen Sie arbeiten sollen.

2. **Öffnen Sie die in der Aufgabenstellung genannte Datei.**

3. **Speichern Sie die Datei unter dem vorgegebenen Dateinamen und Ihrer 5-stelligen Prüflingsnummer, bevor Sie mit den Aufgaben beginnen.**

4. **Speichern Sie Ihre Arbeit an der Datei regelmäßig.**
   Am besten speichern Sie mindestens nach jeder erledigten Teilaufgabe. So gehen keine wichtigen Änderungen verloren, falls Sie eine technische Panne zum Neustart zwingt.

5. **Bearbeiten Sie die Aufgaben möglichst der Reihe nach.**
   Excel-Aufgaben bauen teilweise aufeinander auf. Oft können Sie erst weiterrechnen oder ein Diagramm erstellen, wenn Sie in der vorigen Aufgabe Ergebnisse eingetragen haben.

6. **Wenn Sie eine Aufgabe nicht lösen können, überspringen Sie sie.**
   Da Sie auch ein Tabellenblatt mit Formelansicht ausdrucken werden, bekommen Sie für richtige Funktionen ebenfalls Punkte, selbst wenn Ihr Ergebnis falsch ist.

7. **Befolgen Sie die Gestaltungsvorgaben.**
   Sie stellen während der Erstellung des Diagramms fest, dass etwas mit Ihren errechneten Daten nicht stimmt? Dann achten Sie erst recht auf die Gestaltungsvorgaben. Passen Sie die Skalierung richtig an, vergeben Sie eine sinnvolle Überschrift und ändern Sie Schriftart und -größe entsprechend der Aufgabenstellung. Dafür gibt es einige Punkte!

8. **Nutzen Sie die Aufgabenstellung bei der Formulierung von Texten.**
   Sie sollen eine sinnvolle Überschrift finden oder ein Fazit formulieren? Wenn Ihnen nichts einfällt, lesen Sie die Aufgabenstellung noch einmal. Manchmal können Schlagworte wie z. B. „mangelhafte Lieferung" oder „Gründe für Rücksendungen" schon Hinweise auf eine sinnvolle Lösung geben.

9. **Drucken Sie die Dateien gemäß den Vorgaben aus.**
   Vergessen Sie keinen Ausdruck und drucken Sie von Ihren Excel-Lösungen auch immer eine Version mit Formelansicht aus! Beachten Sie hierbei die Angaben in Ihrer Prüfung. (Das gilt natürlich auch für Feldfunktionen bei Word.)

> **Hinweis**
>
> Eine ausführliche Erklärung zu Schritt 9 finden Sie am Ende des Excel-Schnellkurses im Kapitel Anleitung zum Ausdruck.

Einführung

Die wichtigsten Funktionen im Überblick

Die Excel-Aufgaben in diesem Prüfungstrainer sind realen Prüfungsaufgaben vom Aufbau her sehr ähnlich. Damit Sie die Arbeitsanweisungen besser verstehen, finden Sie hier die wichtigsten Fachbegriffe mit einer kurzen Erklärung.

Zelle, Spalte, Zeile

Eine Zelle ist die kleinste Einheit einer Tabellenkalkulation. Jede Zelle hat einen „Namen". Dieser besteht aus einem Buchstaben und einer Zahl. Der Buchstabe steht für die Spalte, in der sich die Zelle befindet. Die Zahl steht für die Zeile, in der sich die Zelle befindet.

Die Zelle B5 befindet sich demnach in Spalte B, Zeile 5.

Bezüge

Bezüge sind Verweise auf andere Zellen. So können Sie die Werte aus anderen Zellen verwenden und mit ihnen in einer neuen Zelle weiterrechnen.

Bezüge können fest oder variabel sein. **Feste Bezüge** verändern sich nicht, wenn sie in andere Zellen kopiert werden. **Variable Bezüge** verändern sich hingegen schon. Feste Bezüge erstellt man, indem man vor der Zeilen- und/oder Spaltenangabe ein „$" einfügt.

Hier sehen Sie vier Beispiele mit unterschiedlichen Bezügen (vgl. Beschriftung). Die Ausgangszelle ist bei jedem Beispiel grau hinterlegt. Die übrigen Zellen zeigen, was passiert, wenn die Formel in der Ausgangszelle in andere Zellen kopiert wird.

Beispiel A: =A3

	A	B	Beispiel A: =A3	
1				
2	Zahl 1	Zahl 2	Ausgabe 1	Ausgabe 2
3	3	2	3	2
4	5	7	5	7
5	6	3	6	3

Beispiel B: =$A3

	A	B	Beispiel B: =$A3	
1				
2	Zahl 1	Zahl 2	Ausgabe 1	Ausgabe 2
3	3	2	3	3
4	5	7	5	5
5	6	3	6	6

Beispiel C: =A$3

	A	B	Beispiel C: =A$3	
1				
2	Zahl 1	Zahl 2	Ausgabe 1	Ausgabe 2
3	3	2	3	2
4	5	7	3	2
5	6	3	3	2

Beispiel D: =$A$3

	A	B	Beispiel D: =$A$3	
1				
2	Zahl 1	Zahl 2	Ausgabe 1	Ausgabe 2
3	3	2	3	3
4	5	7	3	3
5	6	3	3	3

Beispiel A: = A3   Beim Kopieren kann sich die Spalte und auch die Zeile ändern.

Beispiel B: = $A3   Beim Kopieren wird die Spalte beibehalten, die Zeile ist variabel.

Beispiel C: = A$3   Beim Kopieren ändert sich die Spalte, die Zeile bleibt gleich.

Beispiel D: = $A$3   Fester Verweis. Beim Kopieren ändern sich weder Spalte noch Zeile.

Einführung

Formatierung

Damit ist die Schriftart, Schriftgröße, Farbe, Ausrichtung etc. gemeint. Je nach Angabe in der Prüfung können das auch Skalierungen und Achsenbeschriftung von Diagrammen sein. Im Schnellkurs finden Sie einige Erklärungen zu Formatierungen.

Funktion

Als Funktion bezeichnet man bestimmte Begriffe, mit denen Sie Excel sagen können, was es machen soll. Auch zu diesem Thema finden Sie im Schnellkurs viele Tipps.

Funktionen, die in Prüfungen vorkommen können, sind u. a.:

ANZAHL, ANZAHL2
ANZAHL gibt die Anzahl an Zellen aus, die Zahlen beinhalten. ANZAHL2 zählt alle Zellen, die nicht leer sind.

HEUTE, JAHR/MONAT/TAG
Mit „=HEUTE()" gibt die Zelle das heutige Datum an. Wenn mit einem Datum gerechnet werden soll (z. B. für Fristen), ist es manchmal hilfreich, diese in Tag, Monat und Jahr aufzuteilen.

MIN/MAX
Gibt den kleinsten (MIN) bzw. höchsten (MAX) Wert in einem Bereich aus.

MITTELWERT
Bildet aus mehreren Zahlen einen Mittelwert.

ODER, UND
ODER prüft zwei Argumente und wenn entweder das eine oder das andere zutrifft, wird WAHR ausgegeben, sonst FALSCH. UND prüft hingegen, ob beide Argumente zutreffen. Sie können auch kombiniert mit einer WENN-Funktion eingesetzt werden.

RUNDEN, AUFRUNDEN, ABRUNDEN
RUNDEN rundet die Zahl auf eine bestimmte Anzahl an Nachkommastellen (kaufmännisch). Auf- bzw. abrunden wird eingesetzt, wenn Sie stattdessen auf- bzw. abrunden möchten.

SUMME
Bildet eine Summe aus den Werten verschiedener Zellen.

SUMMEWENN
Addiert die Zahlen, die dem gewählten Suchkriterium entsprechen.

SVERWEIS
Durchsucht eine Spalte des Datenbereichs (Matrix) nach einem Suchkriterium. Durchläuft die Zeile dann nach rechts und gibt den gewünschten Wert aus der angegebenen Spalte aus.

TAGE360
Sie geben eine Ausgangsdatum und ein Enddatum an. Die Funktion TAGE360 berechnet dann (ausgehend von 12 Monaten à 30 Tagen) die Anzahl der Tage, die zwischen den beiden Daten liegen.

WENN
Im Prinzip sagt die Funktion:
„WENN die Zelle diese Bedingung erfüllt; Dann mache bitte dies; Sonst bitte das."
Häufige Anwendungsgebiete sind zum Beispiel ABC-Analysen oder Wahrheitsprüfungen, wenn etwas anderes als „Wahr" oder „Falsch" ausgegeben werden soll.

ZÄHLENWENN
Durchsucht einen gewählten Bereich nach einem Suchkriterium und zählt die nichtleeren Zellen, die das Suchkriterium beinhalten.

Einführung

Diagramme

Kurvendiagramm

Kurvendiagramme kennt man zum Beispiel von Börsenkursen.

Sie werden eingesetzt, um

- Abhängigkeiten, z. B. in Bezug auf einen Zeitverlauf, darzustellen

oder

- Entwicklungsverläufe aufzuzeigen.

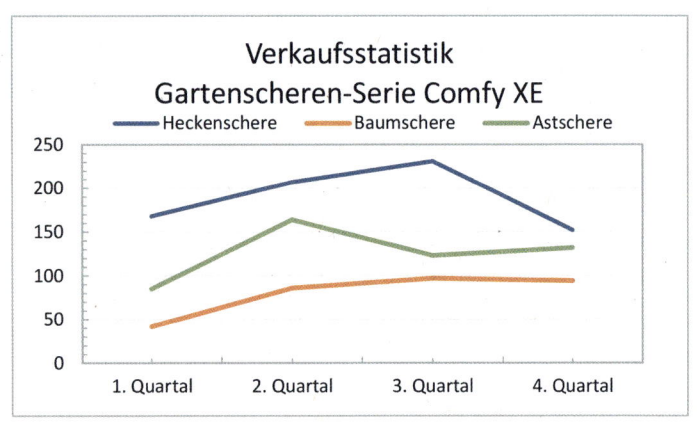

Dieses Kurvendiagramm zeigt die Verkaufszahlen von drei Produkten, die zur Gartenscheren-Serie Comfy XE der MIKO GmbH gehören. Dem Diagramm kann man auf einen Blick entnehmen, welches Produkt sich in welchem Quartal am besten verkauft hat.

Eine Variante davon ist das Punktdiagramm, in dem einzelne Messwerte eingetragen sind, ohne mit Linien verbunden zu sein.

Kreis-/Tortendiagramm

Diese Diagramme kennt man zum Beispiel von der Darstellung der Wahlergebnisse im Fernsehen.

Sie werden eingesetzt, um

- Größenverhältnisse und Anteile darzustellen

und

- einen Gesamtüberblick zu gewährleisten.

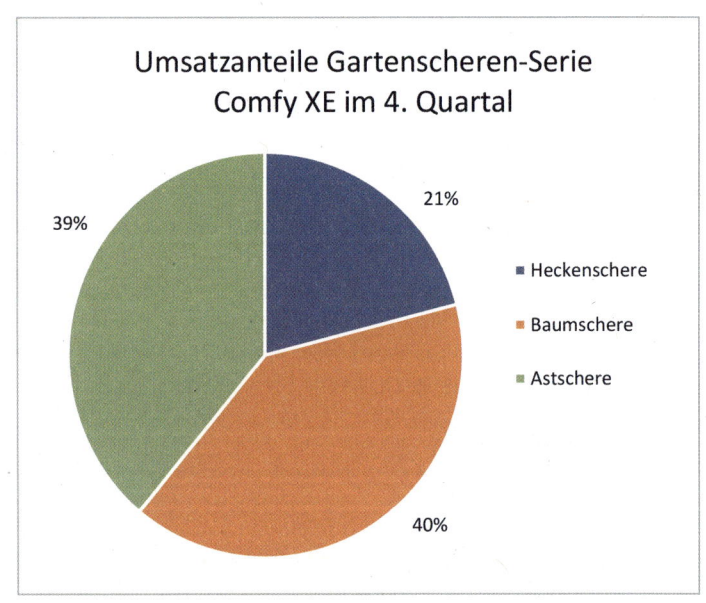

Dieses Kreisdiagramm zeigt zum Beispiel den Umsatzanteil der einzelnen Artikel aus der Gartenscheren-Serie Comfy XE im 4. Quartal.

Hinweis

Am Computer können Diagramme durch Farben wunderbar dargestellt werden. Sie sollten aber bei Ihren Gestaltungen bedenken, dass im Prüfungsraum möglicherweise kein Farbdrucker zur Verfügung steht. Wählen Sie daher starke Kontraste, indem Sie unterschiedliche Grautöne verwenden.

Einführung

Säulendiagramm (links) und Balkendiagramm (rechts)

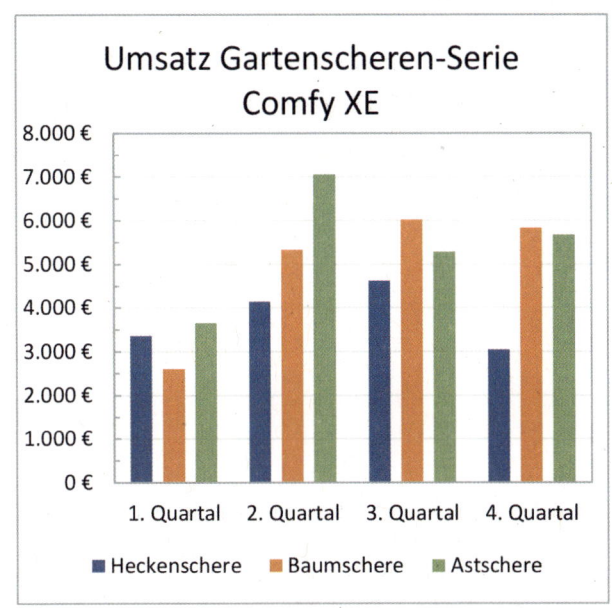
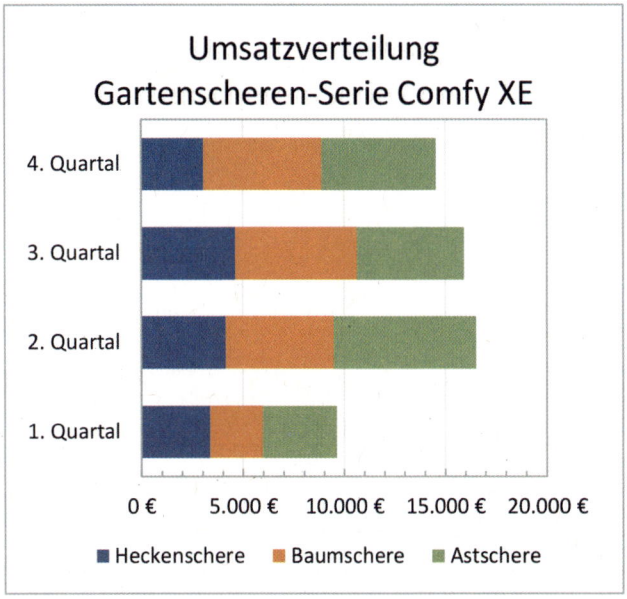

Der Unterschied zwischen beiden Diagrammen ist einfach zu merken: Säulen stützen ein Gebäude und sind daher senkrecht, während Deckenbalken waagerecht verlaufen. Beide Diagrammarten sind gut geeignet, um Rangfolgen oder Zeitreihen zu zeigen.

Rechts sehen Sie ein sogenanntes „gestapeltes Balkendiagramm". Sinnvoll eingesetzt, kann man dem gestapelten Diagramm entnehmen, wie hoch der Gesamtumsatz im jeweiligen Quartal mit Artikeln aus der Gartenscheren-Serie Comfy XE gewesen ist. Gleichzeitig sieht man, welchen Beitrag die einzelnen Artikel dazu geleistet haben.

Eine weitere Sonderform ist das „100 % Säulendiagramm" bzw. das „100 % Balkendiagramm". Die hierin eingetragenen Werte ergeben zusammen 100 %. Mit diesem Diagramm kann man unter anderem Umsatzanteile veranschaulichen.

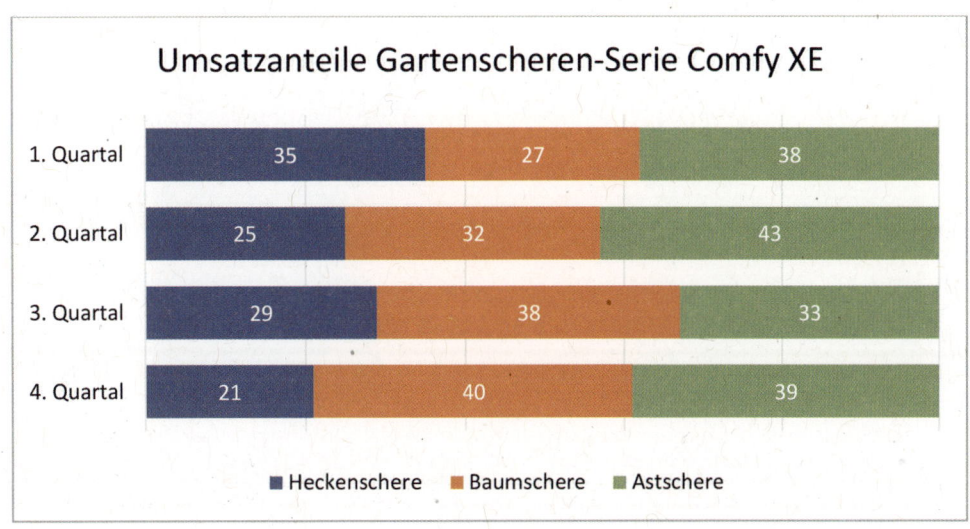

Notizen

Excel-Schnellkurs

Ab hier beginnt der Excel-Schnellkurs. Dieser besteht aus einer Übungsaufgabe, die besonders kleinschrittig erklärt ist.

Bevor Sie die genauen Erklärungen zum Vorgehen durchlesen, versuchen Sie am besten zuerst selbst eine Lösung zu finden.

Sollten Sie eher zu den Excel-Neulingen gehören, bearbeiten Sie den gesamten Schnellkurs anhand der Erläuterungen vom Anfang bis zum Ende. Am Schluss dieser Trainingslektion werden Sie bereits viele wichtige Funktionen kennengelernt haben. So sollte Ihnen die Lösung der übrigen Aufgaben leichter fallen.

Viel Erfolg!

Hinweis

Laden Sie bitte vor Bearbeitung der folgenden Aufgaben die benötigten Dateien herunter:

www.u-form.de/addons/2301-2025.zip

Excel-Schnellkurs – Situation

Rahmenbedingungen für den Schnellkurs

Sie sind Auszubildende/r bei der MIKO GmbH, Tier- und Gartenbedarf, Orchideenweg 24, 66907 Rehweiler. Derzeit sind Sie im Vertrieb eingesetzt.

Sie benötigen folgende Datei aus der „Datensammlung_MIKO" im Ordner „Excel_Schnellkurs":

Kundenuebersicht_Kleintierbedarf.xlsx

Verwenden Sie für die Übungen die Schriftart Arial. Die Überschriften sollen im Schnellkurs stets zentriert und in Fettschrift sein, wenn nichts anderes angegeben ist.

Folgende Vorgaben gelten zudem für den Excel-Schnellkurs:

- Anpassung auf eine A4-Seite, vgl. Hinweise zum Ausdrucken
- Schriftgröße: 10 pt
- Schriftgröße bei Überschriften: 12 pt
- Zahlendarstellung mit 2 Dezimalstellen
- Ausnahme: Bei Währungsangaben keine Dezimalstellen, dafür 1.000er Trennzeichen

Achten Sie darauf, dass die Fußzeile folgende Angaben enthält:

- Aufgabenkennung (bzw. Dateiname) linksbündig
- Tabellenname zentriert
- Prüfungsnummer (bzw. Ihr Name) rechtsbündig

Hinweis:

In der Prüfung bekommen Sie Punkte dafür, dass Sie auf die Rechtschreibung achten, Ihre Antworten als vollständige Sätze ausformulieren und die Regeln der DIN 5008 beachten. Diese Angaben finden Sie im Allgemeinen als Arbeitsanweisung in der Einleitung Ihres Prüfungssatzes.

Situation

Die Vertriebsmitarbeiterin Frau Sternhorst stellt Ihnen einige Tabellen zur Verfügung. Sie enthalten Auszüge aus den kundenbezogenen Datensätzen. Mithilfe dieser Tabellen sollen Sie nachstehende Aufgaben lösen.

Excel-Schnellkurs – Übung

Übung

Erstellen Sie eine ABC-Analyse Ihrer Kunden im Bereich Kleintierbedarf

Öffnen Sie zum Bearbeiten dieser Aufgabe die Datei „**Kundenuebersicht_Kleintierbedarf.xlsx.**" aus der „Datensammlung_MIKO" im Ordner „Excel_Schnellkurs". Speichern Sie diese Datei unter dem Kürzel „Ü" und einer 5-stelligen Nummer Ihrer Wahl ab (z. B. Ü12345).

1. Ergänzen und gestalten Sie das Tabellenblatt „ABC1" gemäß Abbildung 1.
2. Wechseln Sie zum Tabellenblatt „Umsatz" und bilden Sie in Spalte H den Jahresumsatz aus den Ergebnissen des 1. – 4. Quartals mithilfe einer Funktion.
3. Gehen Sie zurück zum Tabellenblatt „ABC1". Ermitteln Sie mithilfe einer Funktion den Jahresumsatz der einzelnen Kunden. Dabei beziehen Sie sich bitte auf das Tabellenblatt „Umsatz".
4. Berechnen Sie den Anteil am Gesamtjahresumsatz in % für die einzelnen Kunden.
5. Führen Sie die ABC-Analyse durch, indem Sie mit einer Funktion die einzelnen Kunden entweder A-Kunden, B-Kunden oder C-Kunden zuordnen.
6. Sortieren Sie die Kunden nach ihrem Anteil am Gesamtjahresumsatz in % aufsteigend.
7. Jetzt wechseln Sie zu Tabellenblatt „ABC2". Ergänzen und gestalten Sie dieses Tabellenblatt gemäß Abbildung 2.
8. Füllen Sie die Tabelle mithilfe geeigneter Funktionen aus.

	A	B	C	D	E	F
1						
2		**Grunddaten ABC-Analyse**				
3		Kategorie	Erforderlicher Mindestprozentanteil am Gesamtjahresumsatz			
4		A	20			
5		B	10			
6		C	der Rest			
7						
8		KD#	Firma	Jahresumsatz in €	Anteil am Gesamtumsatz in %	ABC-Bewertung
9		24025	Adriana zur Traufe e. K.			
10		24162	Dogtraining Team Kafka GmbH			
11		24171	Best4SmallPets GmbH & Co. KG			
12		24203	Fellball Online Vertriebs GmbH			
13		24204	E. Karske OHG			
14		24234	Fivel Terrarienbau AG			
15		24257	Queenies Tierladen e. K.			
16		24259	Futterscheune Gummersbach GmbH			
17		Summe				

Abbildung 1

	A	B	C	D
1				
2		**Auswertung ABC-Analyse**		
3		Kategorie	Prozentanteil am Gesamtjahresumsatz	Anzahl der Kunden
4		A		
5		B		
6		C		

Abbildung 2

Excel-Schnellkurs – Erläuterung zur Übung

Anleitung zum Lösen der Übung

Wenn Sie die Datei „Kundenuebersicht_Kleintierbedarf.xlsx" öffnen, speichern Sie die Datei direkt unter dem in der Aufgabe angegebenen Namen. Klicken Sie hierzu im Register Datei auf „Speichern unter".

Wählen Sie den Speicherort aus und benennen Sie die Datei wie in der Aufgabe angegeben. Verwenden Sie dabei Ihre Prüflingsnummer. Diese finden Sie auf Ihrer Prüfungseinladung, die Sie zur Teilnahme an der Prüfung mitbringen müssen.

Das ist wichtig! Sollte Ihnen ein Ausdruck nicht gelingen, kann es in Einzelfällen sein, dass sich die Prüfer Ihre Dateien ansehen müssen. Durch Ihre Prüflingsnummer finden sie Ihre Datei leichter und können sie Ihnen eindeutig zuordnen.

So sieht Ihre Datei aus:

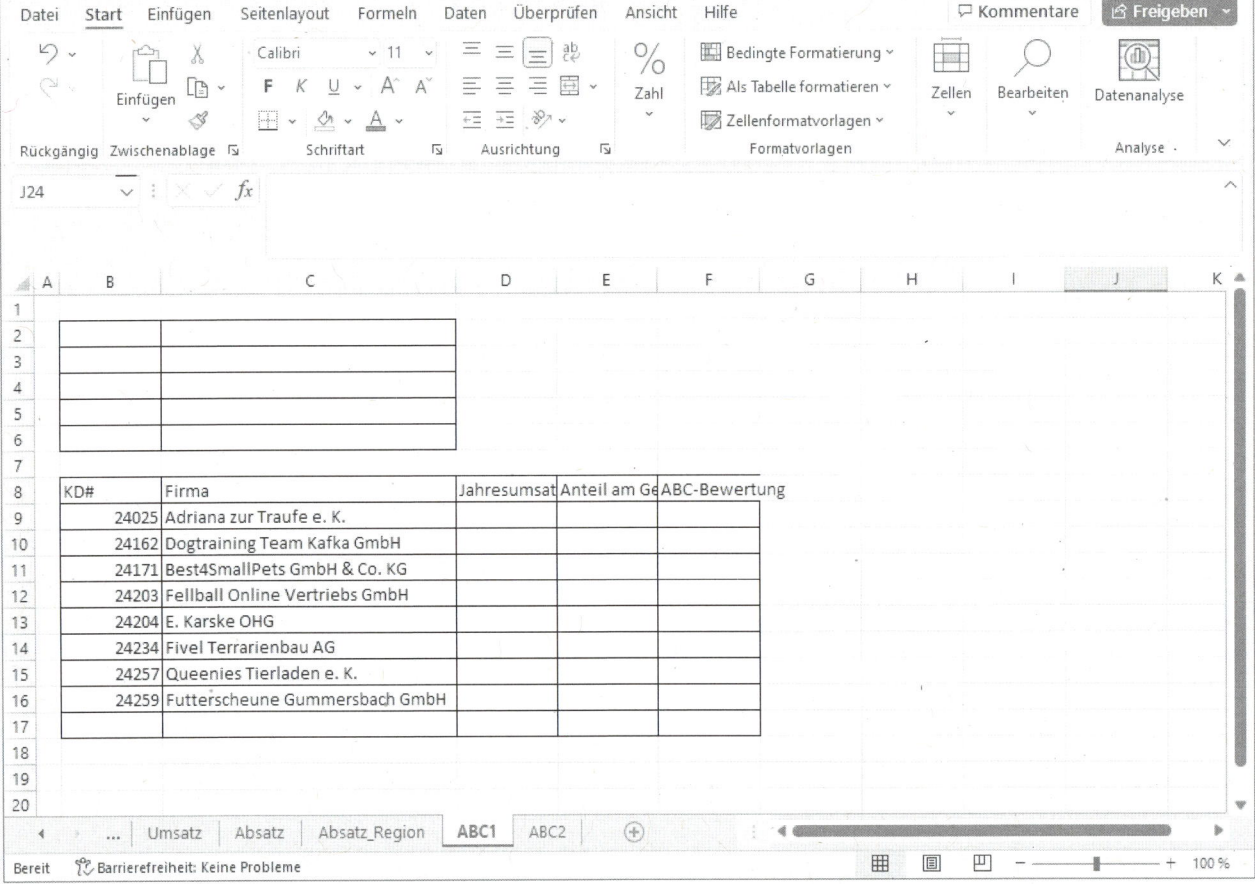

Zu 1:

Gehen Sie systematisch vor.

Beginnen Sie, indem Sie die Überschriften und die Grunddaten der ABC-Analyse einfügen. Dazu klicken Sie auf die entsprechende Zelle und schreiben die Überschriften aus der Vorlage genau ab.

Die Texte passen nicht in die Zellen. Das können Sie beheben, indem Sie Ihr Tabellenblatt vollständig markieren [1] sowie im Register Start in der Gruppe Ausrichtung auf Textumbruch [2] klicken.

Excel-Schnellkurs – Erläuterung zur Übung

Heben Sie nun die Markierung auf. Wenn Sie auf die Spaltenzwischenräume [3a] klicken, die Maustaste gedrückt halten und den Zeiger nach links oder rechts bewegen, werden Sie bemerken, dass sich der Text automatisch umbricht. Sollten Textbestandteile verschwinden, klicken Sie auf einen der Zeilenzwischenräume [3b] und ziehen Sie die Zeile mit gedrückt gehaltener Maustaste größer.

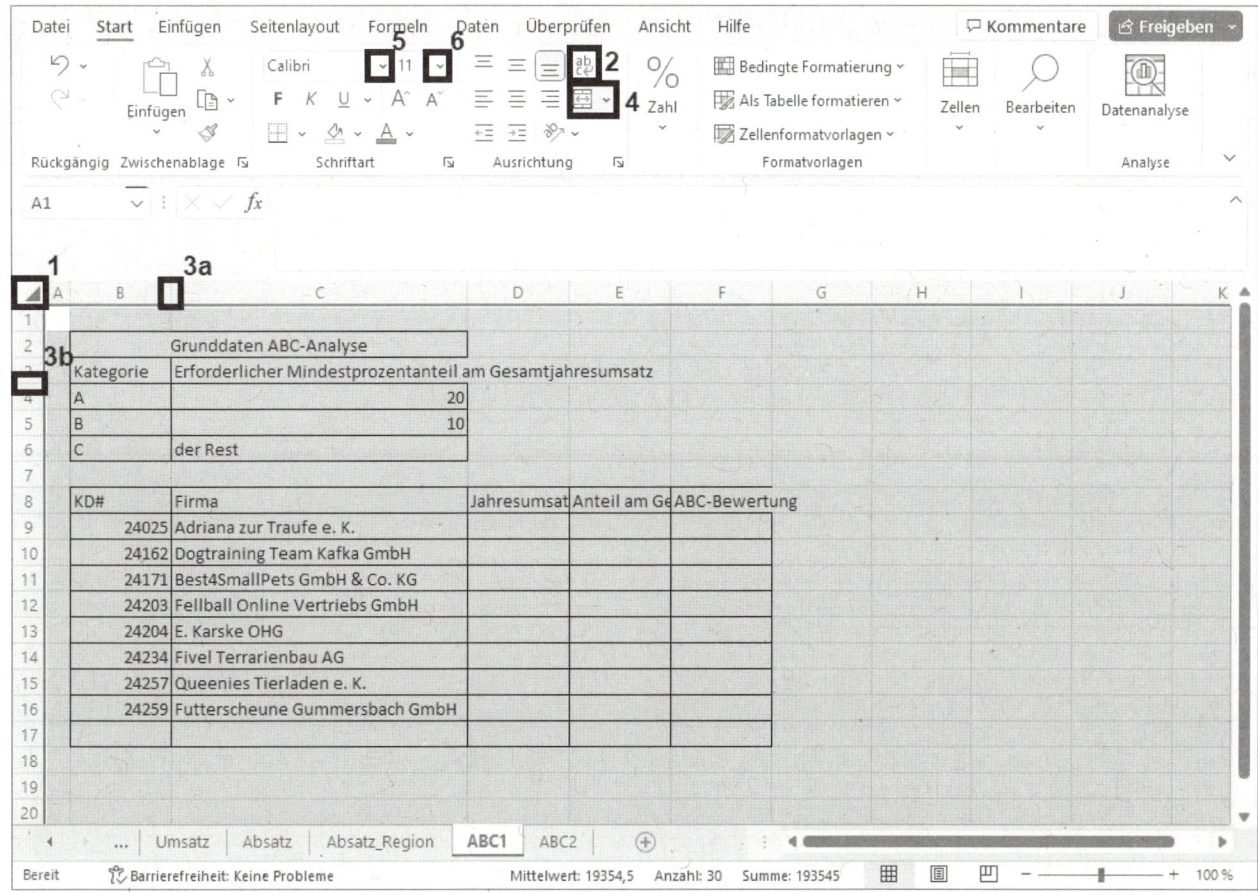

Markieren Sie jetzt die Zellen B2 und C2. Klicken Sie auf [4] und die beiden Zellen verbinden sich. Der Text „Grunddaten ABC-Analyse" ist jetzt zentriert.

Passen Sie als Nächstes die Schriften und Hintergrundfarben gemäß der Aufgabe und der Situationsbeschreibung an.

Markieren Sie das ganze Tabellenblatt und passen Sie die Schrift durch Klicken auf [5] an. Wählen Sie die Schriftart **Arial** aus. Die Schriftgröße stellen Sie mit [6] auf 10 pt. Danach müssen Sie nur noch die Überschriften einzeln anwählen.

Die Überschriften sollen **12 pt** groß sein und **in Fettschrift**. Wählen Sie die Felder gemäß Abbildung 1 aus und passen Sie sie an.

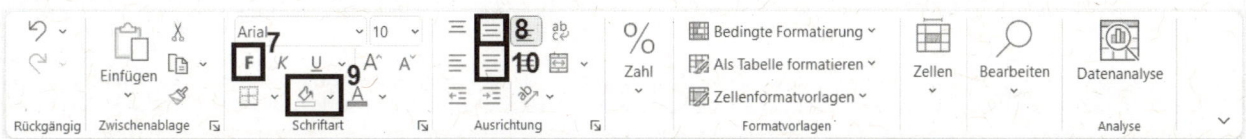

Klicken Sie auf [7] und der Text ist fett. Als Nächstes klicken Sie auf [8], damit der Text mittig (zentriert) innerhalb der Zelle ausgerichtet wird.

Excel-Schnellkurs – Erläuterung zur Übung

Markieren Sie zu guter Letzt alle Zellen, die grau eingefärbt werden müssen. Klicken Sie nun bei [9] auf den kleinen Pfeil neben dem Farbeimer (Füllfarbe). Wählen Sie einen der Grautöne aus.

Passen Sie jetzt die obere Tabelle mit den Grunddaten ABC-Analyse an. Markieren Sie die Zellen B4 bis C6, in denen die Kategorien A, B und C und die zugehörigen Zahlenwerte angegeben sind.

Klicken Sie auf [10], um den Text zu zentrieren.

Ihr Ergebnis sollte jetzt so aussehen:

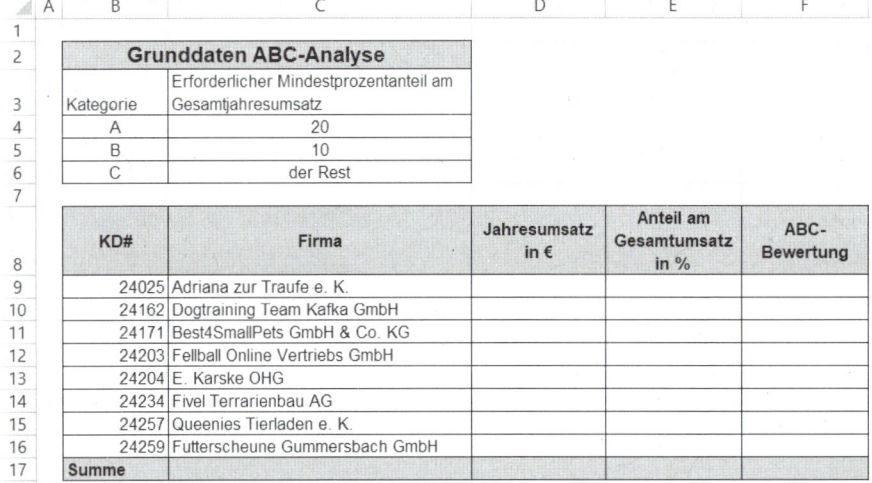

Zu 2:

Klicken Sie jetzt unten auf das Tabellenblatt „Umsatz" [1]. Dann öffnet sich diese Tabelle mit der Überschrift „Umsatz Kleintierbedarf":

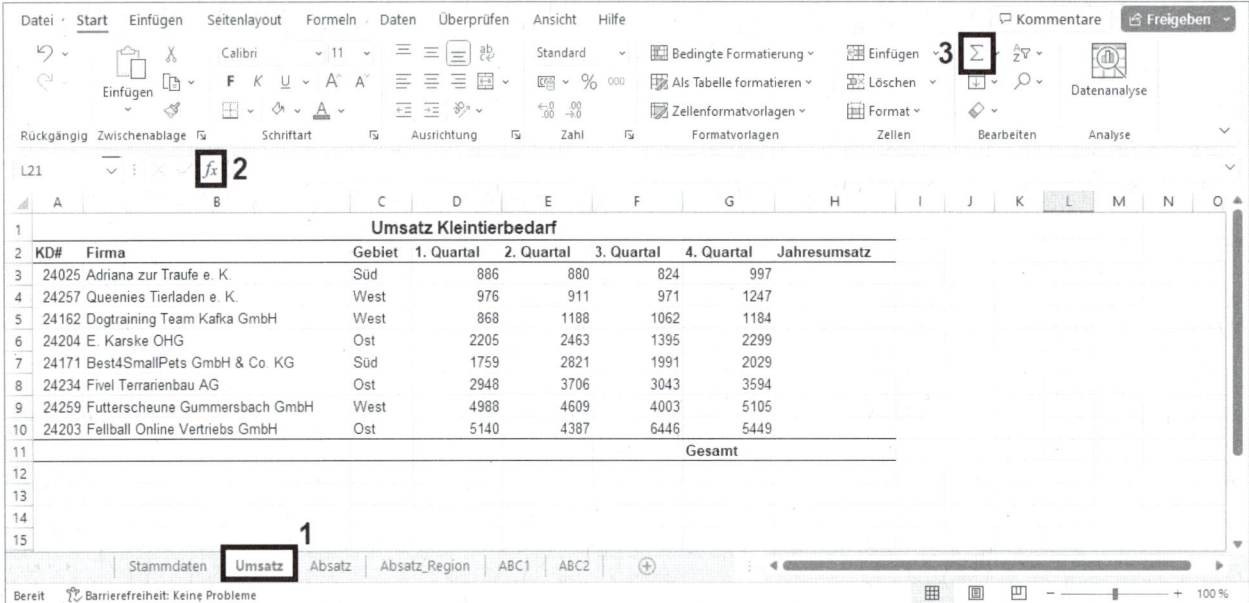

Um in Spalte H den Jahresumsatz aus den Quartalsumsätzen mit den einzelnen Kunden zu ermitteln, benötigen Sie die Funktion SUMME. Hierzu können Sie sich zwischen drei Lösungsansätzen entscheiden.

Wählen Sie zuerst die Zelle H3 aus (Spalte H, Zeile 3). Geben Sie jetzt die Funktion ein, wenn Sie wissen, wie das geht. Sie können zur Lösung auch den Funktionsassistenten nutzen [2] oder Sie verwenden die Schaltfläche „AutoSumme" [3].

Excel-Schnellkurs – Erläuterung zur Übung

Lösungsweg A: Funktion eingeben

Tragen Sie in Zelle H3 folgende Funktion ein:

=SUMME(D3:G3)

Drücken Sie nun auf Enter, dann erscheint in Zelle H3 das Ergebnis 3587.

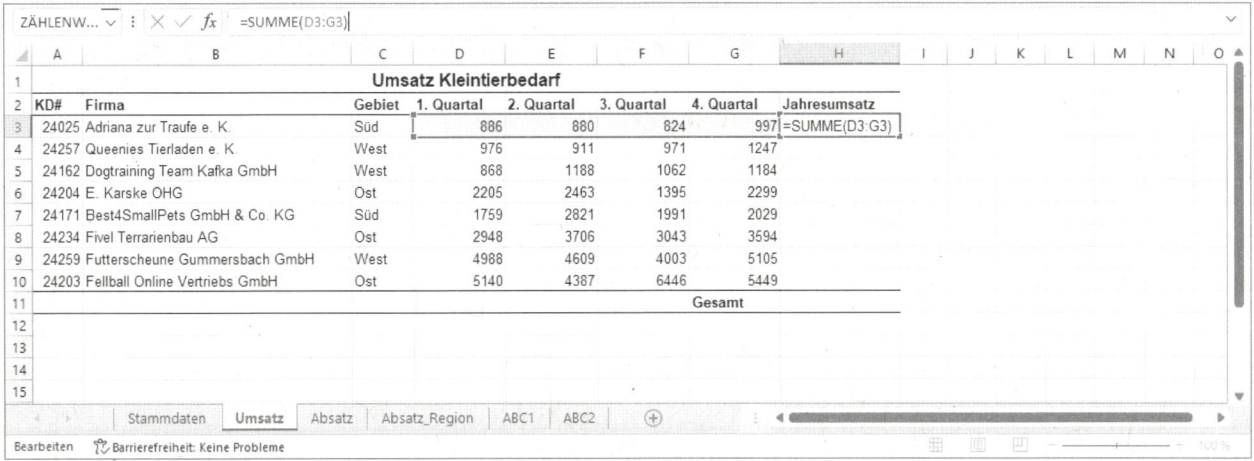

Lösungsweg B: Funktionsassistent nutzen

Wählen Sie Zelle H3 aus und klicken Sie, wie in der ersten Abbildung von „Zu 2" markiert, auf das Symbol ƒx [2], um den Funktionsassistenten zu öffnen.

Jetzt erscheint dieses Fenster:

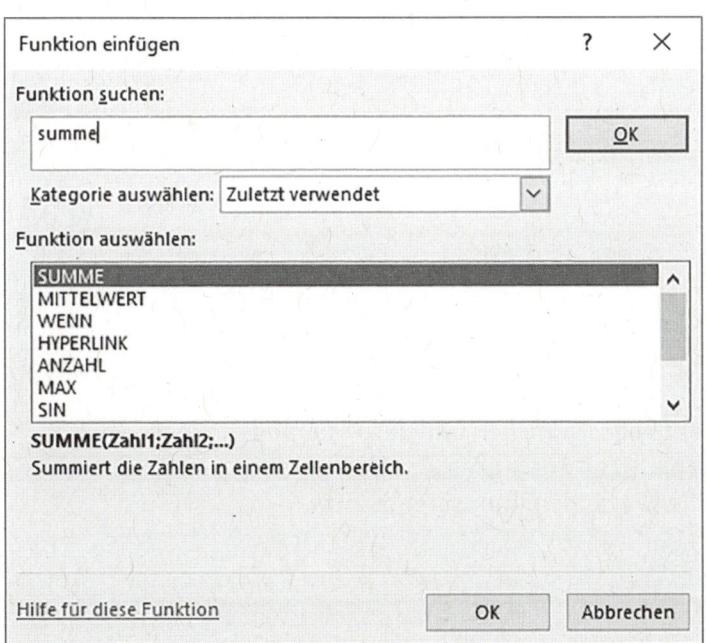

Schreiben Sie in das Textfeld das Wort „summe" und drücken Sie auf das obere OK, damit Sie die Funktion SUMME finden.

Excel-Schnellkurs – Erläuterung zur Übung

Klicken Sie jetzt auf das OK neben dem Abbrechen am unteren Rand und Sie gelangen ins nächste Fenster.

Wenn Sie auf [3] klicken, können Sie den Bereich auswählen, in dem die Zahlen addiert werden sollen.

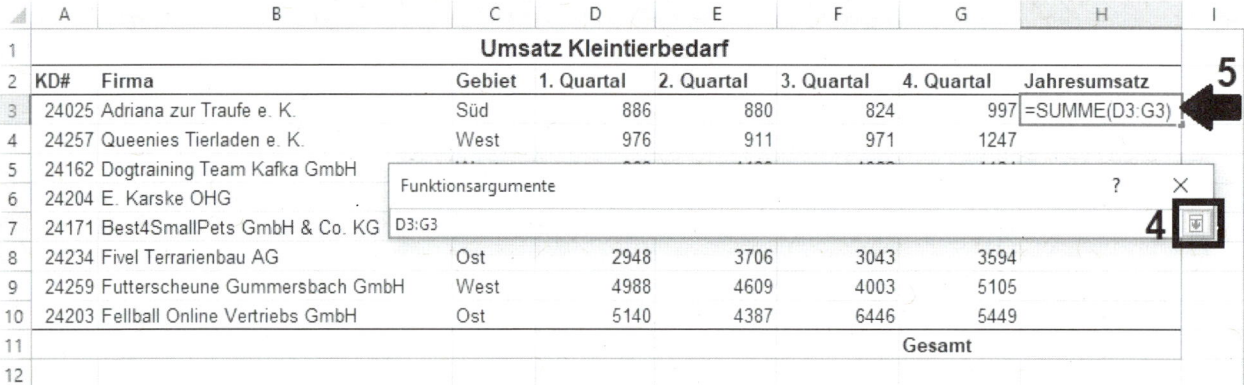

Sie können den Bereich auswählen, indem Sie auf Zelle D3 klicken und den Mauszeiger mit gedrückt gehaltener Maustaste zu Zelle G3 ziehen (vgl. Abbildung). Sobald Sie den Bereich ausgewählt haben, der addiert werden soll, klicken Sie auf [4] zum Schließen der Funktionsargumente.

Klicken Sie im danach angezeigten Fenster auf OK.

Excel-Schnellkurs – Erläuterung zur Übung

Was macht die Funktion?

SUMME addiert mehrere Zahlen und liefert das Ergebnis. Der Aufbau funktioniert so:

=SUMME(Zahl1;Zahl2;Zahl3) → So können Sie einzelne Zahlen eingeben oder die gewünschten Zellen auswählen. Achten Sie auf ein Semikolon zwischen den einzelnen Werten.

=SUMME(D3:G3) → Hierbei werden alle Zahlen, die sich in den Zellen zwischen D3 und G3 befinden, addiert.

Lösungsweg C: Nutzung der Funktion AutoSumme

Hierzu markieren Sie die Zellen D3 bis H3. Klicken Sie im Register Start in der Gruppe Bearbeiten auf die Schaltfläche „AutoSumme" [3] (vgl. Abbildung zu Beginn von „Zu 2"). In Zelle H3 erscheint automatisch das Ergebnis.

Ende der Lösungswege A, B und C

Wählen Sie Zelle H3 aus, in der jetzt das Ergebnis 3587 stehen sollte.

Klicken Sie auf die rechte untere Ecke der markierten Zelle [5] (vorige Abbildung) und ziehen Sie die Markierung über die Zellen H4 bis H10. Da dieser Bezug variabel eingegeben wurde, passt sich die Summenformel automatisch an die anderen Zeilen an. Für jeden Kunden haben Sie somit den Jahresumsatz berechnet. Jetzt sind Sie mit dieser Aufgabe fertig.

Hinweis

Wie Sie an dieser Aufgabe sehen konnten, gibt es manchmal mehrere Möglichkeiten, um eine Aufgabe zu lösen. Sollten Sie einmal nicht wissen, welche Lösung in der Prüfung bevorzugt wird, wählen Sie den Weg, bei dem Sie sich sicher fühlen.

Im Fall der soeben beschriebenen Lösungsmöglichkeit macht es keinen Unterschied, ob Sie die Formel direkt eingeben oder den Funktionsassistenten nutzen. Wichtig ist hier, dass die Formel richtig ist.

Zu 3:

Bei dieser Aufgabe sollen Sie mithilfe einer Funktion den Jahresumsatz der einzelnen Kunden berechnen. Diesen haben Sie bereits im Tabellenblatt „Umsatz" ermittelt.

Zum Lösen dieser Aufgabe benötigen Sie die Funktion SVERWEIS. Sie haben wieder die Möglichkeit, die Formel direkt einzugeben oder den Funktionsassistenten zu nutzen.

Im Folgenden finden Sie zum besseren Verständnis das Vorgehen mit Nutzung des Funktionsassistenten sowie einen Informationskasten zum SVERWEIS.

Excel-Schnellkurs – Erläuterung zur Übung

Wählen Sie das Tabellenblatt „ABC1" aus.

Wählen Sie zunächst Zelle D9 aus, um mit dem Funktionsassistenten eine Formel einzugeben. In „Zu 2" haben Sie bereits gesehen, wie der Funktionsassistent geöffnet wird.

Wählen Sie die Kategorie „Alle" im Dropdownmenü aus:

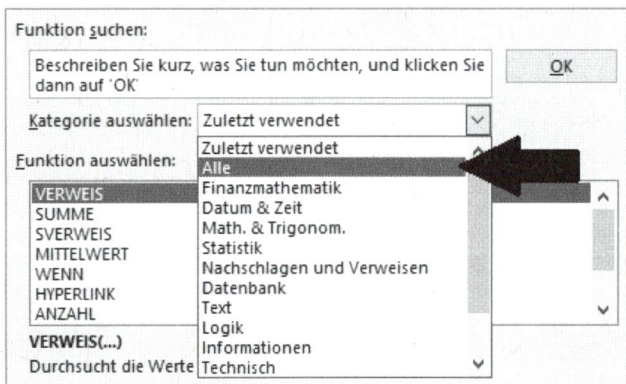

Nun werden Ihnen alle Funktionen im unteren Bereich aufgelistet. Sie sind alphabetisch sortiert. Suchen Sie nach der Funktion „SVERWEIS" und klicken Sie sie an. Bestätigen Sie Ihre Wahl durch ein Klicken auf OK.

Im nächsten Fenster finden Sie eine Erklärung dieser Funktion. Ihnen werden einige Parameter angezeigt, die Sie angeben müssen, damit der SVERWEIS richtig ausgeführt werden kann.

Was macht die Funktion?

Stellen Sie sich vor, Sie haben eine Kundennummer vorliegen und müssen aus einer riesigen Tabelle die E-Mail-Adresse des Ansprechpartners heraussuchen.

SVERWEIS kann Ihnen diese Arbeit erleichtern.

Suchkriterium: Dieses legen Sie zuerst fest. Bezogen auf das genannte Beispiel wäre dies die Kundennummer, die Ihnen vorliegt. (Das Suchkriterium kann auch ein Wort sein, ein Eurobetrag o. Ä.)

Matrix: Damit ist der Bereich gemeint, den Sie durchsuchen wollen. Bedenken Sie dabei, dass die **erste Spalte** des Bereichs nach dem Suchkriterium durchsucht wird. Also sollte Ihre Matrix mit dieser Spalte beginnen.

Spaltenindex: Sie möchten die E-Mail-Adresse Ihres Ansprechpartners haben. Sie wissen, dass die Spalte mit den E-Mail-Adressen Spalte Nummer 4 ist. Dann geben Sie hier eine „4" ein. Das ist die Spalte, aus der Ihnen die Funktion ein Ergebnis liefern soll. (Hier muss immer eine **Zahl** eingegeben werden.)

Bereich_Verweis: Das ist ein Wahrheitswert. Sie müssen hier nichts eingeben. Es ist aber sinnvoll, damit Ihnen die Funktion das Ergebnis mit der höchsten Übereinstimmung ausgibt. Geben Sie hier **„Wahr"** ein, damit Sie ein Ergebnis erhalten, das dem Suchkriterium bestmöglich entspricht. Das ist insbesondere bei sortierten Tabellen sinnvoll.
Geben Sie hier **„Falsch"** an, wenn Sie nach der **genauen Übereinstimmung** suchen. Die Formel gibt Ihnen dann einen Fehlerwert #NV aus, wenn die Suche ohne Erfolg war.

Excel-Schnellkurs – Erläuterung zur Übung

Wenn Sie die einzelnen Felder anwählen, erhalten Sie ebenfalls einige Informationen dazu, welche Angaben für die Funktion erforderlich sind.

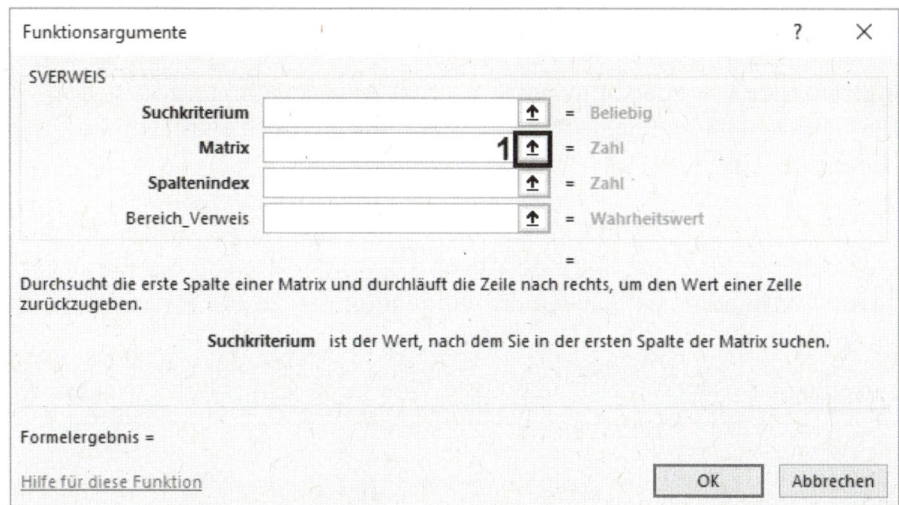

Wählen Sie als **Suchkriterium** Zelle B9 aus. Das ist die Kundennummer des ersten Kunden in der Tabelle. Sie können auch einfach „B9" in das Textfeld für das Suchkriterium eingeben.

Um die Matrix festzulegen, klicken Sie auf [1]. Daraufhin öffnet sich die Leiste „Funktionsargumente". Wechseln Sie zum Tabellenblatt „Umsatz". Wählen Sie hier den Bereich aus, der durchsucht werden soll. Beginnen Sie mit Spalte A, denn diese Spalte möchten Sie nach der richtigen Kundennummer durchsuchen.

Dehnen Sie den Bereich bis zur Spalte H aus, in der Sie den Jahresumsatz der einzelnen Kunden berechnet haben.

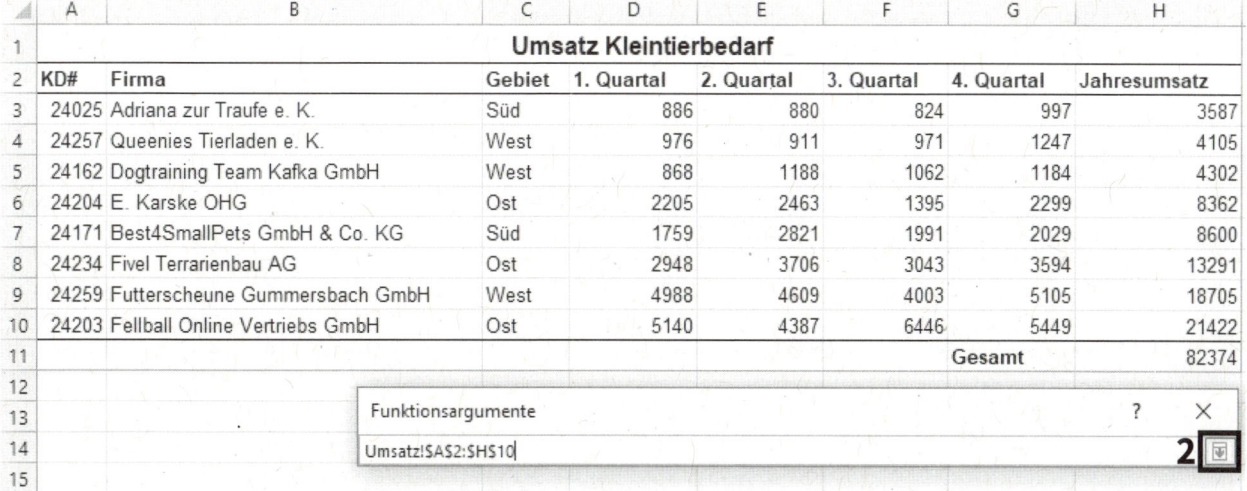

Excel-Schnellkurs – Erläuterung zur Übung

In der Leiste „Funktionsargumente" sollte jetzt Folgendes stehen:

Umsatz!A2:H10

Schließen Sie den Funktionsassistenten, indem Sie auf das Symbol rechts in der Zeile klicken [2].

Als Nächstes müssen Sie den **Spaltenindex** eingeben. Ihre Matrix besteht aus 8 Spalten und Sie benötigen zum Lösen der Aufgabe die Inhalte der letzten Spalte. Zählen Sie die Spalten noch einmal im Tabellenblatt „Umsatz" nach, wenn Sie unsicher sind.

Geben Sie als Spaltenindex „8" ein.

Bei **Bereich_Verweis** geben Sie eine „0" ein. Das entspricht der Angabe „Falsch". Somit stellen Sie sicher, dass ausschließlich dann ein Ergebnis angegeben wird, wenn die Kundennummer zu 100 % mit der gesuchten Nummer übereinstimmt.

So sieht Ihr Funktionsassistent jetzt aus:

Funktionsargumente		
SVERWEIS		
Suchkriterium	B9	= 24025
Matrix	Umsatz!A2:H10	= {"KD#"."Firma"."Gebiet"."1. Quartal"....
Spaltenindex	8	= 8
Bereich_Verweis	0	= FALSCH
		= 3587

Hier sehen Sie bereits eine Vorschau des Ergebnisses. Nutzen Sie dieses zur Kontrolle!

Durchsucht die erste Spalte einer Matrix und durchläuft die Zeile nach rechts, um den Wert einer Zelle zurückzugeben.

Bereich_Verweis gibt an, ob eine genaue Übereinstimmung gefunden werden soll: WAHR = aus der aufsteigend sortierten Reihenfolge der Werte wird der Wert zurückgegeben, der am dichtesten am gesuchten Wert liegt; FALSCH =

Formelergebnis = 3587

Hilfe für diese Funktion

Klicken Sie auf OK, um den Vorgang abzuschließen. Die Zelle D9 gibt nun den Wert des Jahresumsatzes aus. Vergleichen Sie den Wert noch einmal mit dem aus dem Tabellenblatt „Umsatz" und prüfen Sie, ob die Funktion richtig ausgeführt wird.

Falls ja, dann müssen Sie die Formel jetzt zum Kopieren in die anderen Zeilen vorbereiten. Dazu müssen Sie prüfen, welche Bezüge fest angegeben werden müssen (Informationen dazu finden Sie im Kapitel „Einführung").

Wie Ihre Formel aktuell aussieht:

=SVERWEIS(B9;Umsatz!A2:H10;8;0)

Gehen Sie die einzelnen Funktionen dieser Formel noch einmal im Kopf durch.

„B9" ist das **Suchkriterium**. Dieses sollte variabel bleiben, damit in den anderen Zeilen die jeweils zugehörige Kundennummer geprüft wird.

Excel-Schnellkurs – Erläuterung zur Übung

„Umsatz!A2:H10" ist der Suchbereich, die **Matrix**. Dieser Bereich muss unbedingt gleichbleiben. Hier werden feste Bezüge benötigt. Also fügen Sie an den entsprechenden Stellen das Dollarzeichen ($) ein. Sie können auch mit [F4] die Zellenangabe in einen festen Bezug verwandeln.

„8" ist der **Spaltenindex**. Da dieser als feste Zahl angegeben ist, liegt kein Bezug vor.

Das Gleiche gilt für den **Bereich_Verweis**.

Wie Ihre Formel nach den Änderungen aussehen sollte:

=SVERWEIS(B9;Umsatz!$A$2:$H$10;8;0)

Jetzt können Sie die Formel auf die anderen Zeilen in der Spalte übernehmen. Ziehen Sie dazu an der rechten unteren Ecke der markierten Zelle D9. Dehnen Sie den markierten Bereich bis zur Zelle D16 aus.

Vergessen Sie nicht, die Ergebnisse gemäß den Angaben in der Situation zu formatieren, denn Sie haben hier Euro-Beträge eingefügt. Das heißt, sie müssen wie Währungsangaben formatiert werden. Markieren Sie dazu die Zellen D9 bis D17. Klicken Sie dann in der Bearbeitungszeile im Bereich „Zahl" auf das Formatierungsfeld. Folgendes Dropdown-Menü öffnet sich:

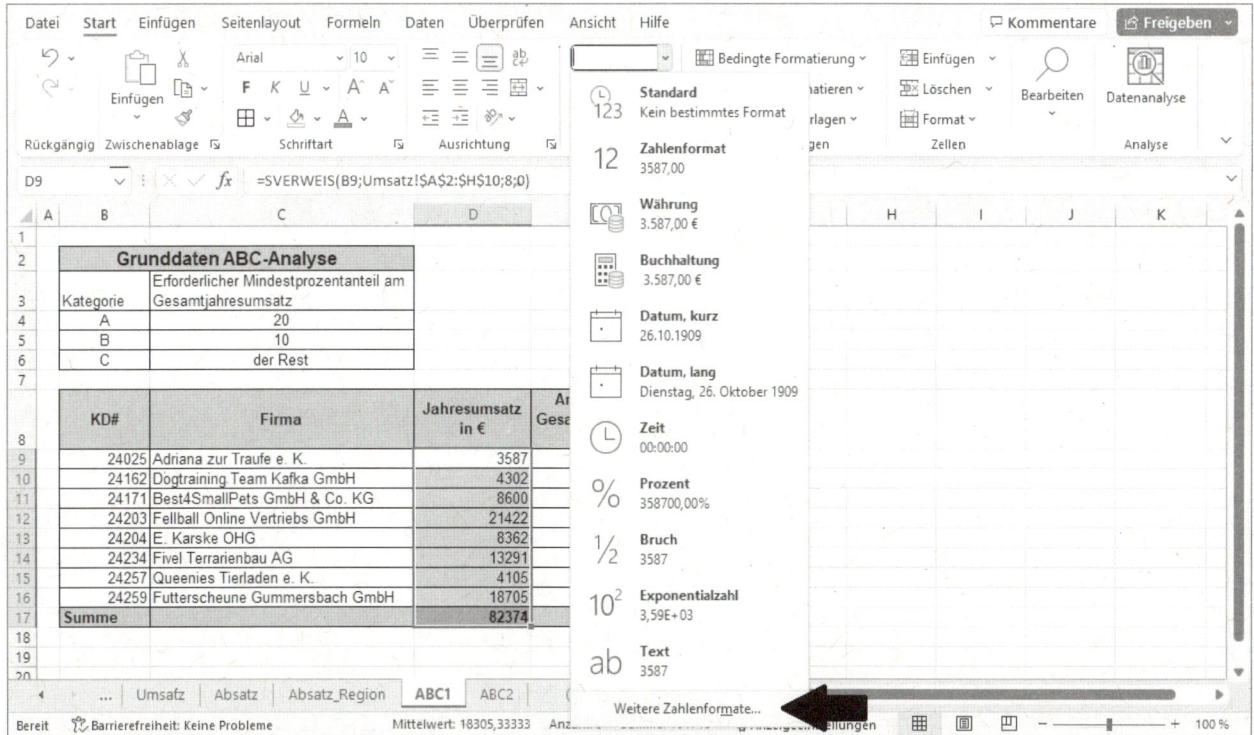

Excel-Schnellkurs – Erläuterung zur Übung

Wählen Sie „Weitere Zahlenformate…" aus. In dem Fenster, das sich nun öffnet, wählen Sie die Formatierung „Zahl" aus. Setzen Sie die Zahl der Dezimalstellen auf 0 und wählen Sie das Feld „1000er-Trennzeichen verwenden (.)" aus.

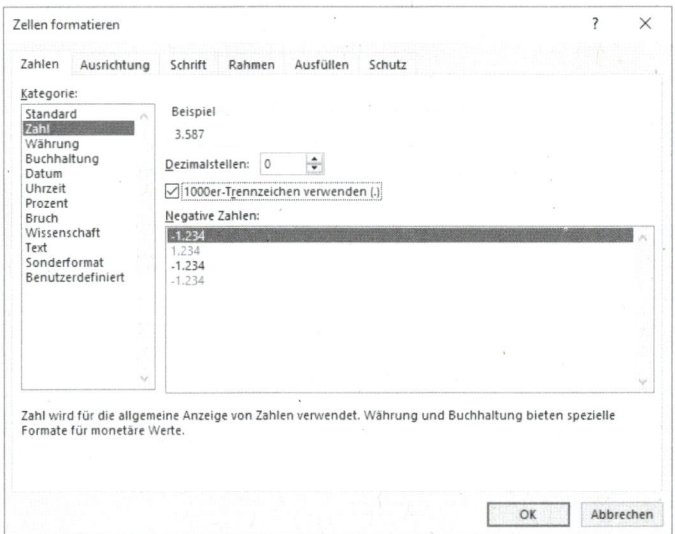

Nach einem Klick auf OK werden Ihnen Ihre Ergebnisse folgendermaßen angezeigt:

KD#	Firma	Jahresumsatz in €
24025	Adriana zur Traufe e. K.	3.587
24162	Dogtraining Team Kafka GmbH	4.302
24171	Best4SmallPets GmbH & Co. KG	8.600
24203	Fellball Online Vertriebs GmbH	21.422
24204	E. Karske OHG	8.362
24234	Fivel Terrarienbau AG	13.291
24257	Queenies Tierladen e. K.	4.105
24259	Futterscheune Gummersbach GmbH	18.705
Summe		**82.374**

Somit haben Sie auch diese Aufgabe erfolgreich abgeschlossen.

Zu 4:
Bei dieser Aufgabe sollen Sie den Anteil am Gesamtjahresumsatz in % für die einzelnen Kunden errechnen. Das gelingt am besten mit einer **kopierbaren** Formel.

Da Sie den Anteil am Gesamtjahresumsatz berechnen sollen, müssen Sie erst einmal den Gesamtjahresumsatz feststellen. Sehen Sie sich das Tabellenblatt ABC1 noch einmal an, dann stellen Sie fest, dass in Zeile 17 bereits ein Berechnungsbereich für Summen vorgegeben wurde.

Excel-Schnellkurs – Erläuterung zur Übung

Wählen Sie Zelle D17 aus und errechnen Sie die Summe aus den Zellen D9 bis D16.

So sollte Ihre Formel aussehen: =SUMME(D9:D16)

Das Ergebnis lautet 82.374.

Wählen Sie jetzt Zelle E9 aus. Sie sollen einen Anteil am Gesamtjahresumsatz in % errechnen. Dazu setzen Sie das Ergebnis aus Zelle D9 in ein Verhältnis zum Gesamtjahresumsatz in Zelle D17 nach dem folgenden Schema:

$$\text{Prozentsatz} = \frac{\text{Prozentwert} \times 100\,\%}{\text{Grundwert}}$$

Beachten Sie zum Gewährleisten der Kopierbarkeit auch, dass Sie immer den gleichen Grundwert benötigen. Hier müssen Sie einen festen Bezug eingeben.

Die Formel lautet demnach:

$$=D9/\$D\$17*100$$

Kopieren Sie die Formel in die restlichen Zeilen, indem Sie an der rechten unteren Ecke der markierten Zelle E9 ziehen.

Sie können die Zeile 17 zur Summenberechnung nutzen, im Ihre Rechnung zu kontrollieren. Schließlich müssen die Prozentzahlen zusammen 100 % ergeben, sonst müssen Sie die Formel noch einmal prüfen.

Tragen Sie in Zelle E17 die Summenfunktion so ein: =SUMME(E9:E16)

Haben Sie alles richtig gemacht, ergibt die Rechnung nun 100 %.

Sie sind aber noch nicht fertig: Lesen Sie sich noch einmal die Situationsbeschreibung durch. Zahlen, die keine Währung sind, sollen als Zahlen mit zwei Dezimalstellen angegeben werden.

Hierzu markieren Sie am besten die Zellen und wählen im Dropdown-Menü „Zahlenformat" einfach das Format „Zahl". Dieses ist bereits standardmäßig mit zwei Dezimalstellen angelegt.

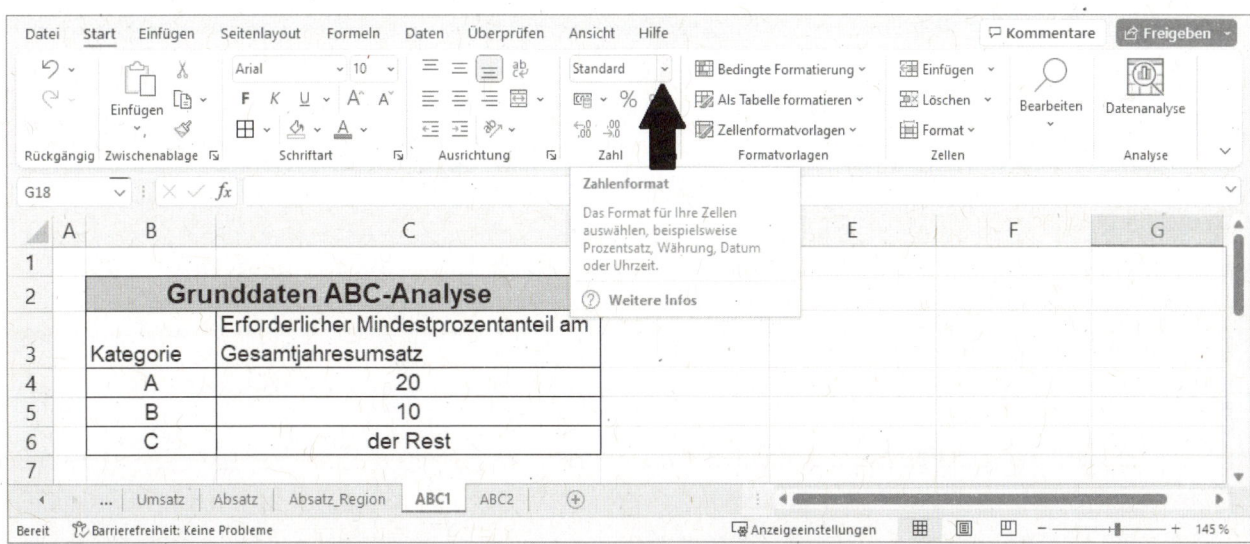

So haben Sie auch diese Aufgabe gelöst.

Excel-Schnellkurs – Erläuterung zur Übung

Zu 5:

Im nächsten Schritt sollen Sie mithilfe einer Funktion die einzelnen Kunden den Kategorien A-Kunden, B-Kunden oder C-Kunden zuordnen.

Sie haben zu Beginn die „Grunddaten ABC-Analyse" gemäß der Vorlage übernommen. In dieser Tabelle sind die Bedingungen angegeben, die die Kunden erfüllen müssen, um zur Kategorie A, B oder C zu gehören.

Es wird also eine Funktion benötigt, die Folgendes ausdrücken kann:

Wenn ein Kunde mindestens 20 % Anteil am Gesamtjahresumsatz hat, ist es ein A-Kunde, hat er mindestens 10 % Anteil am Gesamtjahresumsatz, ist es ein B-Kunde, die restlichen zählen zu den C-Kunden.

Falls Sie sich im Funktionsassistenten etwas umsehen, entdecken Sie auch eine Funktion, die genau das kann: Die WENN-Funktion.

> **Was macht die Funktion?**
>
> Mit einer WENN-Funktion kann eine Wahrheitsprüfung durchgeführt werden. Trifft die Prüfung zu, führt sie eine Aktion durch – schlägt die Prüfung fehl, führt sie eine andere Aktion durch.
>
> Anders formuliert:
>
> **WENN** diese Bedingung stimmt, DANN mache bitte dies, **SONST** mache bitte das.
>
> Aufbau: **=WENN(Wahrheitstest;Wert-Wenn-Wahr;Wert-Wenn-Falsch)**
>
> Das geht auch in mehreren Stufen – maximal bis zu sieben Verschachtelungen sind möglich.
>
> Eine Verschachtelung funktioniert so, dass als SONST-Aktion eine neue WENN-Funktion durchgeführt wird.
>
> WENN diese Bedingung stimmt, DANN mache bitte dies, SONST prüfe bitte: WENN diese zweite Bedingung stimmt, DANN mache bitte das, SONST prüfe bitte: WENN diese dritte Bedingung stimmt, DANN mache bitte jenes, SONST …
>
> Diese verschachtelte Version benötigt etwas Aufmerksamkeit, damit sie richtig aufgebaut ist. Häufige Fehlerquelle sind fehlende Klammern oder ein falsch aufgebauter Wahrheitstest.

Mit einer verschachtelten WENN-Funktion ist diese Aufgabe lösbar. Hierbei müssen insgesamt zwei Abfragen erfolgen:

WENN der Kunde > 20 % Anteil am Gesamtjahresumsatz hat, DANN ist er ein A-Kunde,
SONST WENN er > 10 % Anteil am Gesamtjahresumsatz hat, DANN ist er ein B-Kunde,
SONST ist er ein C-Kunde.

> **Hinweis:**
>
> Es ist auch denkbar, diese Funktion umzudrehen!
>
> WENN der Kunde < 10 % Anteil am Gesamtjahresumsatz hat, DANN ist er ein C-Kunde, SONST WENN er < 20 % Anteil am Gesamtjahresumsatz hat, DANN ist er ein B-Kunde, SONST ist er ein A-Kunde.

Excel-Schnellkurs – Erläuterung zur Übung

Bei vielen Funktionen bietet sich die Verwendung des Funktionsassistenten an. Nicht so bei einer verschachtelten WENN-Funktion. Diese lässt sich – wenn man sie einmal verstanden hat – wesentlich einfacher per Hand eingeben.

Wählen Sie die Zelle F9 an. Tippen Sie =WENN(in die Bearbeitungsleiste. Sie erhalten unterhalb der Bearbeitungsleiste bereits einen Hinweis auf den Aufbau der Funktion, an dem Sie sich orientieren können.

Hier müssen Sie die folgenden Parameter der Funktion angeben:

Wahrheitstest: Hier müssen Sie eingeben, was geprüft werden soll.

Wert-Wenn-Wahr: Hier müssen Sie eingeben, was passieren soll, wenn die Bedingung zutrifft.

Wert-Wenn-Falsch: Hier müssen Sie eingeben, was passieren soll, wenn die Bedingung nicht zutrifft.

Als Wahrheitstest müssen Sie in dieser Zeile prüfen lassen, ob der Kunde in Zeile 9 mehr als 20 % Anteil am Gesamtjahresumsatz hat. Dann gehört er zu den A-Kunden. Oder er hat mehr als 10 % Anteil, dann ist er ein B-Kunde. Trifft auch das nicht zu, ist es ein C-Kunde.

Geben Sie ein:

=WENN(E9>=C4;B4;WENN(E9>=C5;B5;B6))

Fügen Sie als Nächstes die Dollarzeichen ein, um die Funktion kopierbar zu machen und die festen Bezüge beizubehalten.

=WENN(E9>=$C$4;$B$4;WENN(E9>=$C$5;$B$5;$B$6))

Drücken Sie ENTER. Der Kunde in Zeile 9 ist ein C-Kunde. Wenn Sie die Formel in die Zellen F10 – F16 übernehmen, erhalten Sie dieses Ergebnis:

KD#	Firma	Jahresumsatz in €	Anteil am Gesamtumsatz in %	ABC-Bewertung
24025	Adriana zur Traufe e. K.	3.587	4,35	C
24162	Dogtraining Team Kafka GmbH	4.302	5,22	C
24171	Best4SmallPets GmbH & Co. KG	8.600	10,44	B
24203	Fellball Online Vertriebs GmbH	21.422	26,01	A
24204	E. Karske OHG	8.362	10,15	B
24234	Fivel Terrarienbau AG	13.291	16,13	B
24257	Queenies Tierladen e. K.	4.105	4,98	C
24259	Futterscheune Gummersbach GmbH	18.705	22,71	A
Summe		82.374	100,00	

Somit haben Sie auch diese Aufgabe gelöst.

Excel-Schnellkurs – Erläuterung zur Übung

Zu 6:

Bei dieser Aufgabe sollen Sie die Kunden nach ihrem Anteil am Gesamtjahresumsatz sortieren.

Markieren Sie die Tabelle, in der Sie auch schon die ABC-Bewertung durchgeführt haben.

Wechseln Sie zum Register Daten. Klicken Sie in der Gruppe Sortieren und Filtern auf die Schaltfläche „Sortieren".

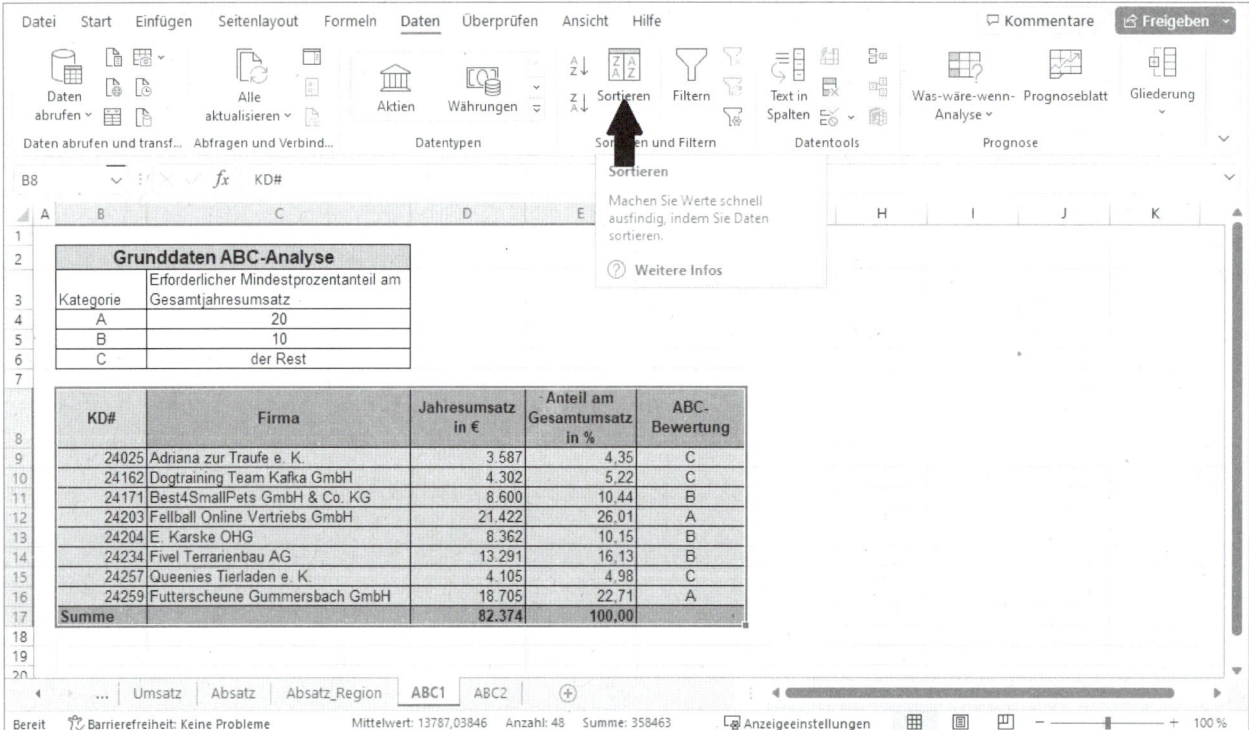

Wählen Sie im nachfolgenden Fenster die Spalte „Anteil am Gesamtjahresumsatz" aus. Bei Sortieren nach können Sie „Werte" stehen lassen. Als Reihenfolge kann „Nach Größe (aufsteigend)" ebenfalls unverändert bleiben.

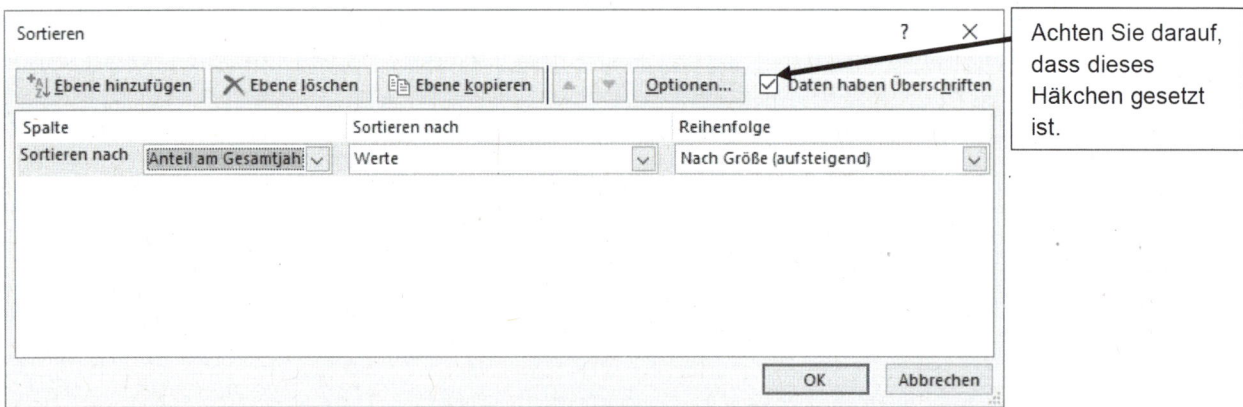

Excel-Schnellkurs – Erläuterung zur Übung

Klicken Sie auf OK und Ihre Tabelle wird, wie in der Aufgabe gefordert, nach dem Anteil am Gesamtjahresumsatz in % sortiert.

Vergleichen Sie Ihr Ergebnis mit der Musterlösung:

KD#	Firma	Jahresumsatz in €	Anteil am Gesamtumsatz in %	ABC-Bewertung
24025	Adriana zur Traufe e. K.	3.587	4,35	C
24257	Queenies Tierladen e. K.	4.105	4,98	C
24162	Dogtraining Team Kafka GmbH	4.302	5,22	C
24204	E. Karske OHG	8.362	10,15	B
24171	Best4SmallPets GmbH & Co. KG	8.600	10,44	B
24234	Fivel Terrarienbau AG	13.291	16,13	B
24259	Futterscheune Gummersbach GmbH	18.705	22,71	A
24203	Fellball Online Vertriebs GmbH	21.422	26,01	A
Summe		82.374	100,00	

So haben Sie auch diese Aufgabe erfolgreich abgeschlossen.

AN DAS SPEICHERN DENKEN!

Zu 7:

Wechseln Sie jetzt zum Tabellenblatt „ABC2".

Geben Sie die Texte gemäß Abbildung 2 unterhalb der Aufgabenstellung ein.

Passen Sie die Zellengröße und -farbe an. Arbeiten Sie auch hier am besten strukturiert von oben nach unten das Tabellenblatt ab.

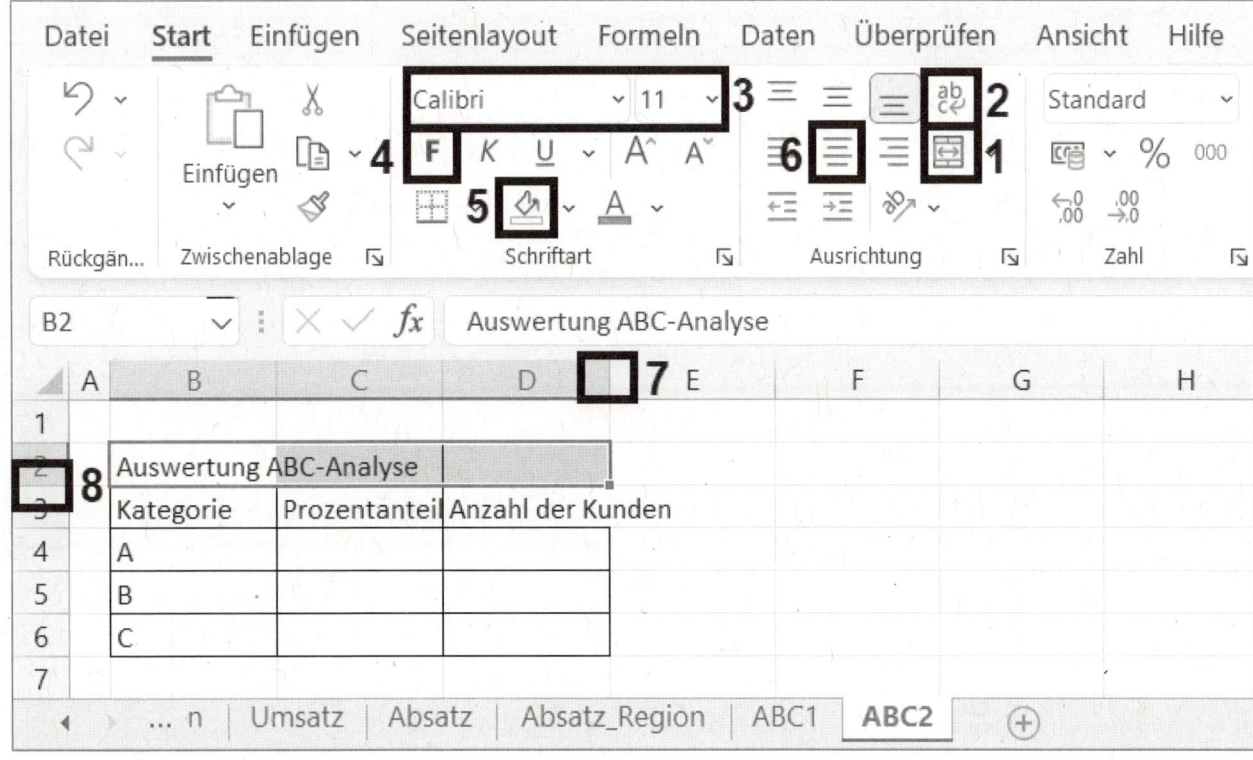

Excel-Schnellkurs – Erläuterung zur Übung

Markieren Sie zuerst die Zellen B2 – D2. Klicken Sie auf [1], um die Zellen zu verbinden und den Text zu zentrieren. Wählen Sie das gesamte Tabellenblatt aus und klicken Sie auf [2], um den Zeilenumbruch einzustellen. Klicken Sie dann auf [3] und wählen Sie die Schriftart Arial aus.

Passen Sie jetzt die Überschrift an. Markieren Sie dazu wieder die Zellen B2 – D2 und ändern Sie die Größe auf 12 pt. Klicken Sie auf [4], damit die Überschrift – wie in der Abbildung zu sehen und in der Situation angegeben – fett ist. Klicken Sie zuletzt auf [5] und wählen Sie einen geeigneten Grauton aus.

Markieren Sie die Zellen B4 – B6, klicken Sie auf [6], um die Zelleninhalte zu zentrieren.

Als Nächstes sollten Sie die Spaltenbreite und die Zeilenhöhe anpassen. Dazu ziehen Sie z. B. an den Spaltenzwischenräumen [7] oder den Zeilenzwischenräumen [8]. Denken Sie daran, dass Sie durch einen Doppelklick die Zellengröße automatisch anpassen können.

Wenn Ihr Tabellenblatt so aussieht wie Abbildung 2, haben Sie die Aufgabe ebenfalls erledigt.

Zu 8:

Diese Aufgabe wirkt auf den ersten Blick sehr ungenau. „Füllen Sie die Tabelle mithilfe geeigneter Funktionen aus" heißt nichts anderes als: „Sehen Sie sich bitte das Tabellenblatt an und versuchen Sie zu verstehen, welche Daten hier fehlen könnten. Füllen Sie die leeren Zellen dann mithilfe von Funktionen aus."

Die Tabelle ist so aufgebaut, dass sie eine Gesamtübersicht über die einzelnen Kategorien darstellen soll. Dazu sollen Sie je Kategorie den Anteil am Gesamtjahresumsatz berechnen und die Anzahl der Kunden dieser Kategorie berechnen lassen.

Auswertung ABC-Analyse		
Kategorie	Prozentanteil am Gesamtjahresumsatz	Anzahl der Kunden
A		
B		
C		

Excel-Schnellkurs – Erläuterung zur Übung

Den Anteil am Gesamtjahresumsatz haben Sie bereits für die einzelnen Kunden berechnet. Hier können Sie die Ergebnisse zusammenzählen. Am einfachsten geht dies mit einer Funktion, die SUMMEWENN heißt. Diese Funktion addiert Zahlen aus einer Tabelle, wenn diese eine bestimmte Voraussetzung erfüllen.

Die Anzahl der Kunden können Sie mit einer ähnlichen Funktion ermitteln: ZÄHLENWENN. Diese Funktion zählt die Einträge einer Tabelle, die eine bestimmte Voraussetzung erfüllen.

Was macht die Funktion?

SUMMEWENN

Diese Funktion addiert mehrere Zahlen in einer Tabelle, wenn eine bestimmte Voraussetzung erfüllt ist. Sie besteht aus diesen Bestandteilen:

Bereich: Das ist der Bereich, der überprüft werden soll.

Suchkriterium: Das ist der Wert, der Text, die Formel, …, nach dem/der im festgelegten Bereich gesucht werden soll.

Summe_Bereich: Das ist der Bereich, den Sie addieren möchten.

ZÄHLENWENN

Diese Funktion zählt die Zellen, in denen ein gesuchter Wert enthalten ist. Diese Funktion besteht aus einem Bereich, dessen nicht leere Zellen gezählt werden, wenn sie den Suchkriterien entsprechen. Suchkriterien können Werte, Texte, Formeln, … sein.

Klicken Sie also auf Zelle C4. Hier müssen Sie den Anteil am Gesamtjahresumsatz für Kunden der Kategorie A berechnen.

Wählen Sie im Funktionsassistenten die Funktion SUMMEWENN aus.

Legen Sie als Erstes den **Bereich** fest. In diesem Bereich soll sich Ihr späteres **Suchkriterium finden** lassen. Das ist für diese Übung das Tabellenblatt „ABC1", Zellen F9 – F16. In dieser Spalte ist festgelegt, welcher Kategorie die Kunden angehören.

Als **Suchkriterium** wählen Sie nun aus dem Tabellenblatt „ABC2" die Zelle B4 an. Das ist die Zelle, die die gesuchte Kategorie enthält – in diesem Fall Kategorie A. Achten Sie darauf, dass die Zellen, die Sie als Suchkriterium auswählen, keine unerwünschten Leerzeichen beinhalten (also kein „A ", sondern nur „A"). Sonst funktioniert die Suche nicht.

Zu guter Letzt legen Sie bitte den **Bereich** fest, **der addiert werden soll**, wenn in einer Zeile die Kategorie A gefunden wurde. Sie sollen den Anteil am Gesamtjahresumsatz erfassen, daher beziehen Sie sich auf Tabellenblatt „ABC1" auf die Zellen E9 – E16.

Klicken Sie auf OK und Sie erhalten eine Zahl (48,7131862) als Ergebnis. Sie müssen diese noch formatieren, doch das machen Sie erst im nächsten Schritt.

Excel-Schnellkurs – Erläuterung zur Übung

Zuvor nehmen Sie sich bitte Ihre Funktion noch einmal vor und fügen an den elementaren Stellen $-Zeichen ein, damit sie kopierbar wird.

=SUMMEWENN('ABC1'!$F$9:$F$16;B4;'ABC1'!$E$9:$E$16)

Sobald dies erledigt ist, übernehmen Sie die Formel bitte auf die Zellen C5 und C6.

Formatieren Sie die Zahlen gemäß Aufgabenstellung, indem Sie als Zahlenformat „Zahl" auswählen (vgl. Lösung zu 4).

Jetzt müssen Sie noch die **Anzahl** der Kunden für die einzelnen Kategorien per Funktion ermitteln.

Wählen Sie Zelle D4 an. Klicken Sie auf den Funktionsassistenten und wählen Sie die Funktion ZÄHLENWENN aus.

Legen Sie einen **Bereich** fest, der gezählt werden soll und in dem sich das Suchkriterium befindet. Sie suchen wieder nach der Kategorie, daher ist der Bereich der gleiche wie zuvor bei der SUMMEWENN Funktion: Zellen F9 – F16 in Tabellenblatt „ABC1".

Als **Suchkriterium** legen Sie wieder Zelle B4 fest. Klicken Sie auf OK. Als Anzahl wird Ihnen 2 angezeigt.

Schauen Sie sich Ihre Formel an: =ZÄHLENWENN('ABC1'!F9:F16;B4)

Fügen Sie das $-Symbol an relevanten Stellen ein, um die Formel kopierbar zu machen:

=ZÄHLENWENN('ABC1'!$F$9:$F$16;B4)

Sie haben soeben eine umfangreiche Übung beendet, die Ihnen in ähnlicher Weise auch in der Prüfung begegnen könnte.

	A	B	C	D
1				
2		Auswertung ABC-Analyse		
3		Kategorie	Prozentanteil am Gesamtjahresumsatz	Anzahl der Kunden
4		A	48,71	2
5		B	36,73	3
6		C	14,56	3
7				

Excel-Schnellkurs – Anleitung zum Ausdruck

Anweisungen zum Ausdrucken der Übung

Nach Abschluss der Bearbeitung der Übung des Excel-Schnellkurses drucken Sie die Tabellenblätter bitte nach folgenden Angaben aus:

1. Drucken Sie das Tabellenblatt „Umsatz" im Querformat aus.
2. Drucken Sie das Tabellenblatt „ABC1" im Hochformat aus.
3. Drucken Sie das Tabellenblatt „ABC2" im Querformat mit Formelansicht aus.

Erklärung:

Wählen Sie das Tabellenblatt „Umsatz" aus.

Wählen Sie das Register Ansicht aus und klicken Sie in der Gruppe Arbeitsmappenansichten auf „Seitenlayout". So erhalten Sie eine Voransicht, mit deren Hilfe Sie den Datenbereich leicht an die Druckanweisung anpassen können.

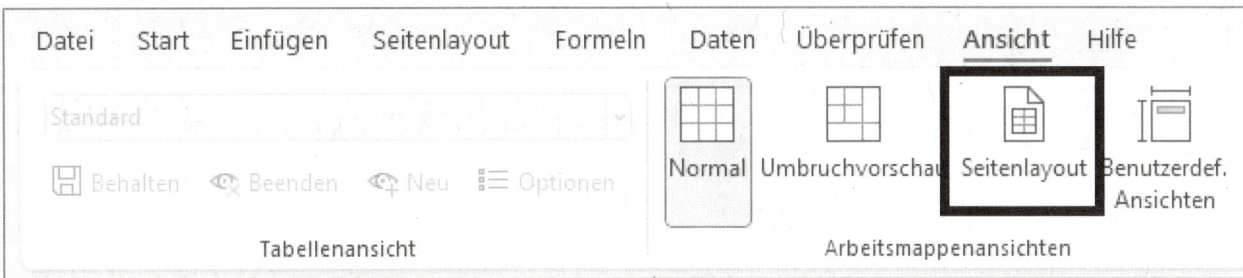

Markieren Sie die Datensätze in den Zellen A1 bis H11. Wählen Sie das Register Seitenlayout aus. Klicken Sie bei der Schaltfläche Druckbereich auf „Druckbereich festlegen".

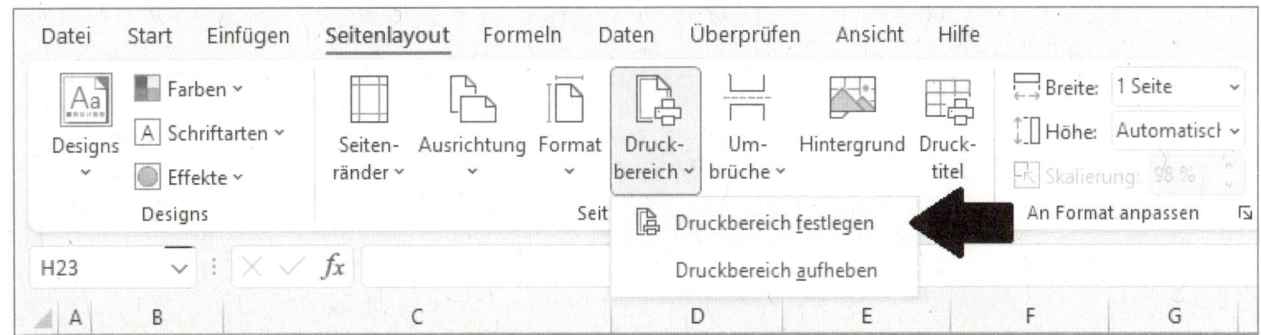

Wählen Sie im Anschluss die Schaltfläche Ausrichtung aus und klicken Sie auf „Querformat".

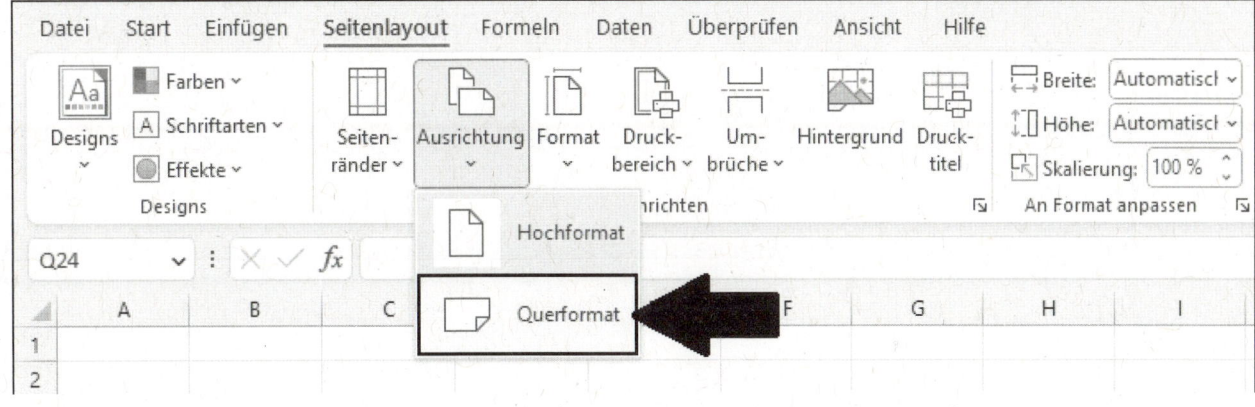

Ihre Datei könnte nun theoretisch gedruckt werden. Allerdings haben Sie Anweisungen erhalten, welche Angaben Sie am unteren Rand des Ausdrucks einfügen müssen.

Excel-Schnellkurs – Anleitung zum Ausdruck

Am unteren Rand ist bereits ein dreiteiliger Bereich für die Fußzeile angegeben.

Links unten geben Sie die Aufgabenkennung an, zum Beispiel, wie bei dieser Übung, die Kennung „Ü" und die fiktive Nummer 12345.

Mittig geben Sie den Namen des Tabellenblatts an, das Sie ausgedruckt haben. Sie können dafür die Schaltfläche „Blattname" verwenden, wenn Sie in die Fußzeile geklickt haben.

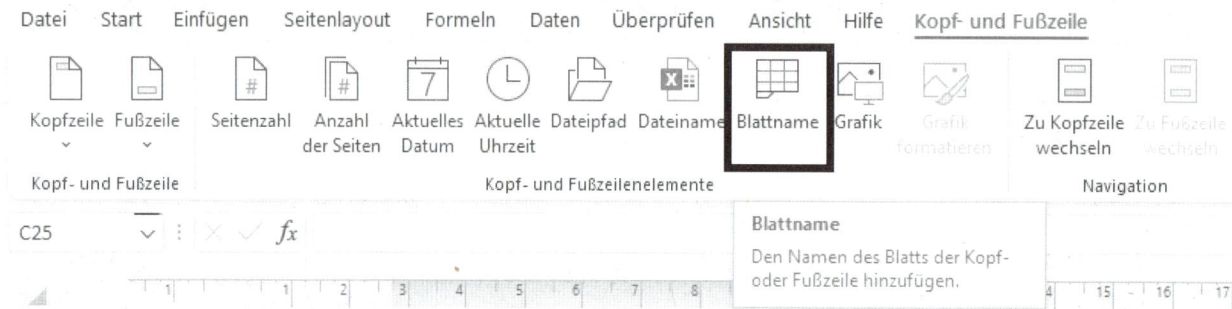

Rechts geben Sie Ihren Namen und Ihre Prüflingsnummer an.

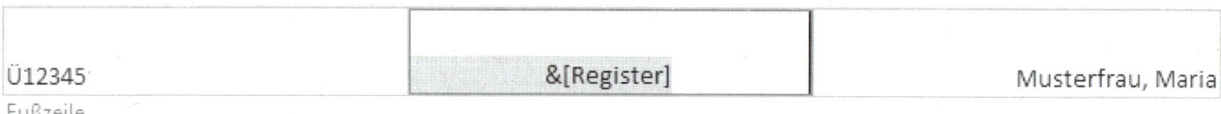

Gehen Sie für die übrigen Ausdrucke genauso vor. Sollte einmal (etwa bei 2.) eine Lösung nicht vollständig auf ein Blatt passen, klicken Sie auf das Register Datei.

Unter dem Menüpunkt „Drucken" können Sie unter „Skalierung" im Dropdown-Menü anpassen, dass alle Spalten (oder auch Zeilen) auf einer Seite dargestellt werden sollen (vgl. folgender Screenshot).

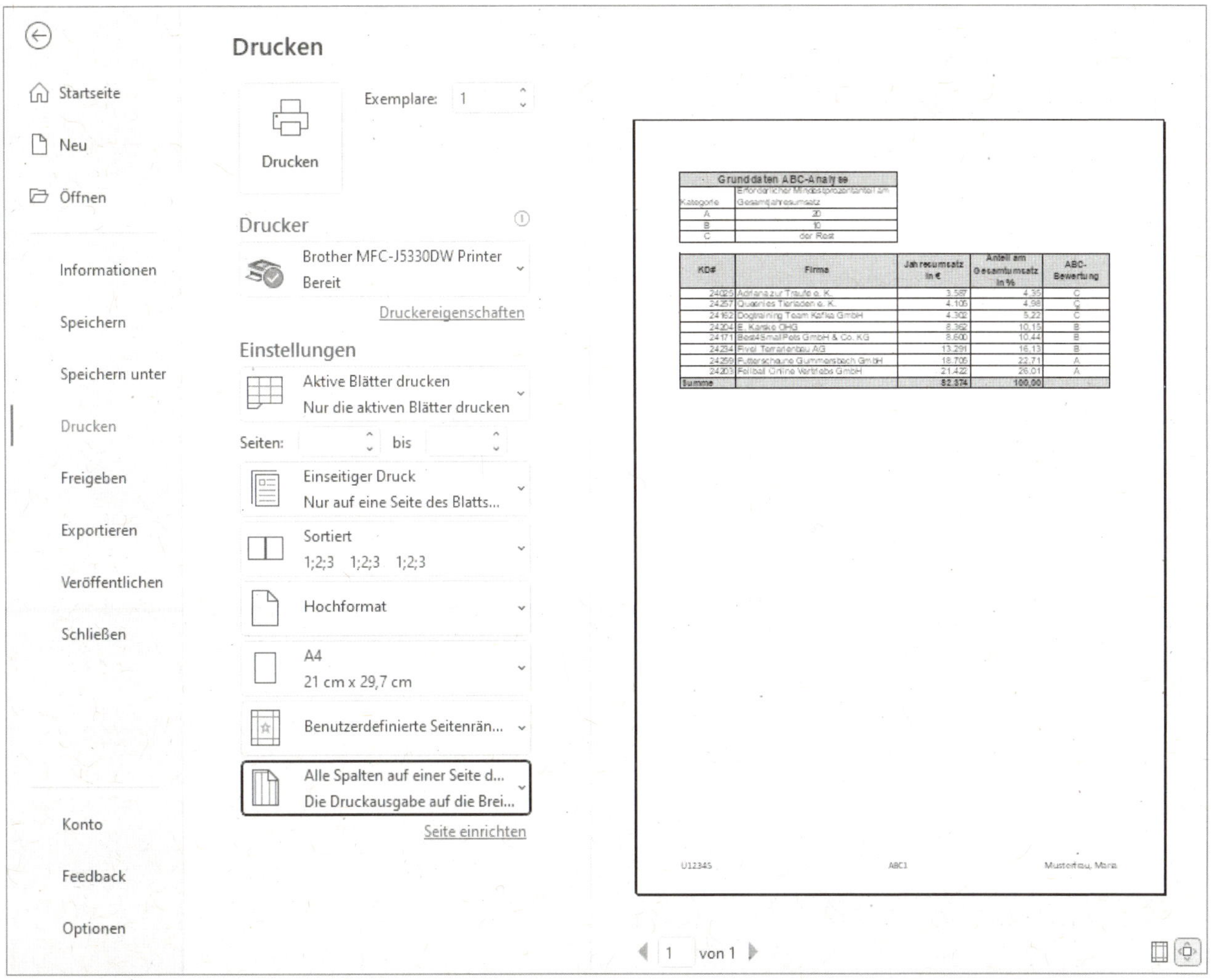

Excel-Schnellkurs – Anleitung zum Ausdruck

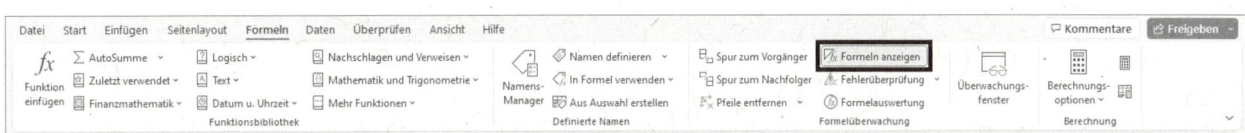

Ausdruck mit Formelansicht:

Die Formelansicht können Sie einstellen, indem Sie auf das Register „Formeln" klicken.

In der Gruppe „Formelüberwachung" finden Sie auch die Option „Formeln anzeigen".

Auswertung ABC-Analyse		
Kategorie	Prozentanteil am Gesamtjahresumsatz	Anzahl der Kunden
A	=SUMMEWENN('ABC1'!$F$9:$F$16;B4;'ABC1'!$E$9:$E$16)	=ZÄHLENWENN('ABC1'!$F$9:$F$16;B4)
B	=SUMMEWENN('ABC1'!$F$9:$F$16;B5;'ABC1'!$E$9:$E$16)	=ZÄHLENWENN('ABC1'!$F$9:$F$16;B5)
C	=SUMMEWENN('ABC1'!$F$9:$F$16;B6;'ABC1'!$E$9:$E$16)	=ZÄHLENWENN('ABC1'!$F$9:$F$16;B6)

Excel-Schnellkurs – Anleitung zum Ausdruck

Ihre Lösungen sollten jetzt so aussehen:

Umsatz Kleintierbedarf

KD#	Firma	Gebiet	1. Quartal	2. Quartal	3. Quartal	4. Quartal	Jahresumsatz
24025	Adriana zur Traufe e. K.	Süd	886	880	824	997	3587
24257	Queenies Tierladen e. K.	West	976	911	971	1247	4105
24162	Dogtraining Team Kafka GmbH	West	868	1188	1062	1184	4302
24204	E. Karske OHG	Ost	2205	2463	1395	2299	8362
24171	Best4SmallPets GmbH & Co. KG	Süd	1759	2821	1991	2029	8600
24234	Fivel Terrarienbau AG	Ost	2948	3706	3043	3594	13291
24259	Futterscheune Gummersbach GmbH	West	4988	4609	4003	5105	18705
24203	Fellball Online Vertriebs GmbH	Ost	5140	4387	6446	5449	21422
						Gesamt	82374

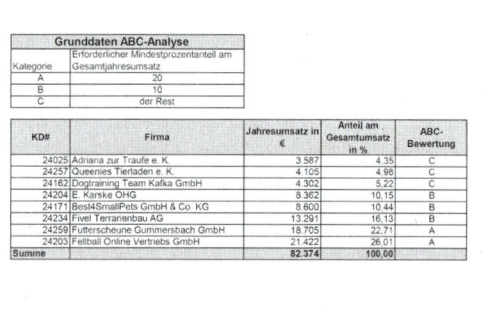

Grunddaten ABC-Analyse

Kategorie	Erforderlicher Mindestprozentanteil am Gesamtjahresumsatz
A	20
B	10
C	der Rest

KD#	Firma	Jahresumsatz in €	Anteil am Gesamtumsatz in %	ABC-Bewertung
24025	Adriana zur Traufe e. K.	3.587	4,35	C
24257	Queenies Tierladen e. K.	4.105	4,98	C
24162	Dogtraining Team Kafka GmbH	4.302	5,22	C
24204	E. Karske OHG	8.362	10,15	B
24171	Best4SmallPets GmbH & Co. KG	8.600	10,44	B
24234	Fivel Terrarienbau AG	13.291	16,13	B
24259	Futterscheune Gummersbach GmbH	18.705	22,71	A
24203	Fellball Online Vertriebs GmbH	21.422	26,01	A
Summe		82.374	100,00	

Auswertung ABC-Analyse

Kategorie	Prozentanteil am Gesamtjahresumsatz	Anzahl der Kunden
A	=SUMMEWENN('ABC1'!$F$9:$F$16;B4;'ABC1'!$E$9:$E$16)	=ZÄHLENWENN('ABC1'!$F$9:$F$16;B4)
B	=SUMMEWENN('ABC1'!$F$9:$F$16;B5;'ABC1'!$E$9:$E$16)	=ZÄHLENWENN('ABC1'!$F$9:$F$16;B5)
C	=SUMMEWENN('ABC1'!$F$9:$F$16;B6;'ABC1'!$E$9:$E$16)	=ZÄHLENWENN('ABC1'!$F$9:$F$16;B6)

Aufgaben

Hinweis

Laden Sie bitte vor Bearbeitung der folgenden Aufgaben die benötigten Dateien herunter:

www.u-form.de/addons/2301-2025.zip

Rahmenbedingungen

Sie sind Auszubildende/r bei der MIKO GmbH, Tier- und Gartenbedarf, Orchideenweg 24, 66907 Rehweiler. Die gewählten Namen sind rein fiktiv. Ähnlichkeiten mit bestehenden Unternehmen oder Personen sind zufällig.

Die folgenden Aufgaben bestehen jeweils aus einem Excel-Teil, gekennzeichnet mit „**E**" und einem Word-Teil, gekennzeichnet mit „**W**".

Verwenden Sie für die Excel-Aufgaben die Schriftart Arial. Wenn nichts anderes angegeben ist, sollen die Überschriften fett und zentriert sein.

Folgende Vorgaben gelten zudem für Excel:

- Anpassung auf eine A4-Seite
- Schriftgröße: 10 pt
- Schriftgröße bei Überschriften: 12 pt, bei Diagrammüberschriften: 14 pt

Weitere Angaben finden Sie in den Situationsvorgaben oder in den Gestaltungsvorlagen.

Die Angaben für den Word-Teil entnehmen Sie bitte den jeweiligen Aufgaben.

Achten Sie darauf, dass die **Fußzeile** Ihrer Word- oder Excel-Lösung folgende Angaben enthält:

- Dateiname linksbündig
- Name des Tabellenblattes zentriert
- Ihr Name rechtsbündig

Aufgabe E1

Situation

Sie sind Auszubildende/r der MIKO GmbH, Tier- und Gartenbedarf, Orchideenweg 24, 66907 Rehweiler.

Herr Dr. Ralf Henne, Abteilungsleiter des Bereichs Vertrieb – Kleintierbedarf, möchte eine genaue Absatzanalyse der einzelnen Regionen in Deutschland. Er lässt Sie zu sich kommen und teilt Ihnen mit: „Mir scheint, dass wir mit sehr unterschiedlichem Absatzerfolg in unseren Verkaufsregionen arbeiten. Es wird höchste Zeit, das einmal genau unter die Lupe zu nehmen. Lassen Sie sich doch bitte mal die entsprechenden Excel-Daten geben und bereiten Sie eine aussagekräftige Analyse vor."

Sie wissen, dass bei dieser Aufgabe das Ergebnis in Form einer Grafik anschaulich dargestellt werden muss. Sie entscheiden sich daher für folgendes Vorgehen:

Erstellen Sie ein Kreisdiagramm für den Absatzanteil der Kunden aus den verschiedenen Regionen am Gesamtabsatz in %.

Öffnen Sie zum Bearbeiten dieser Aufgabe die Datei „**Kundenuebersicht_Kleintierbedarf.xlsx**" aus der „Datensammlung_MIKO" im Ordner „Tabellen".

E1.1 Wählen Sie das Tabellenblatt „Absatz" aus. Berechnen Sie in Spalte H mithilfe einer Funktion die Gesamtabsatzmenge der einzelnen Kunden und die Gesamtabsatzmenge aller Kunden.

E1.2 Berechnen Sie in Spalte I den Absatzanteil der einzelnen Kunden am Gesamtabsatz in %. Formatieren Sie die Anteile als Zahlen mit zwei Dezimalstellen.

E1.3 Wählen Sie das Tabellenblatt „Absatz_Region" aus. Füllen Sie die Tabelle mithilfe geeigneter Funktionen aus.

E1.4 Fügen Sie in das Tabellenblatt „Absatz_Region" ein Kreisdiagramm unterhalb der Tabelle ein. Zeigen Sie mit dessen Hilfe, wie sich der Gesamtabsatz in % auf die drei Regionen verteilt. Gestalten Sie es entsprechend der hier angegebenen Musterabbildung.

E1.5 Fügen Sie in das Tabellenblatt „Absatz_Region" unterhalb des Kreisdiagramms ein Textfeld ein. Beschreiben Sie die Verteilung des Umsatzes je Region in maximal zwei Sätzen. Geben Sie zwei Vorschläge dazu ab, wie Sie den Umsatz in den schwächeren Regionen verbessern können.

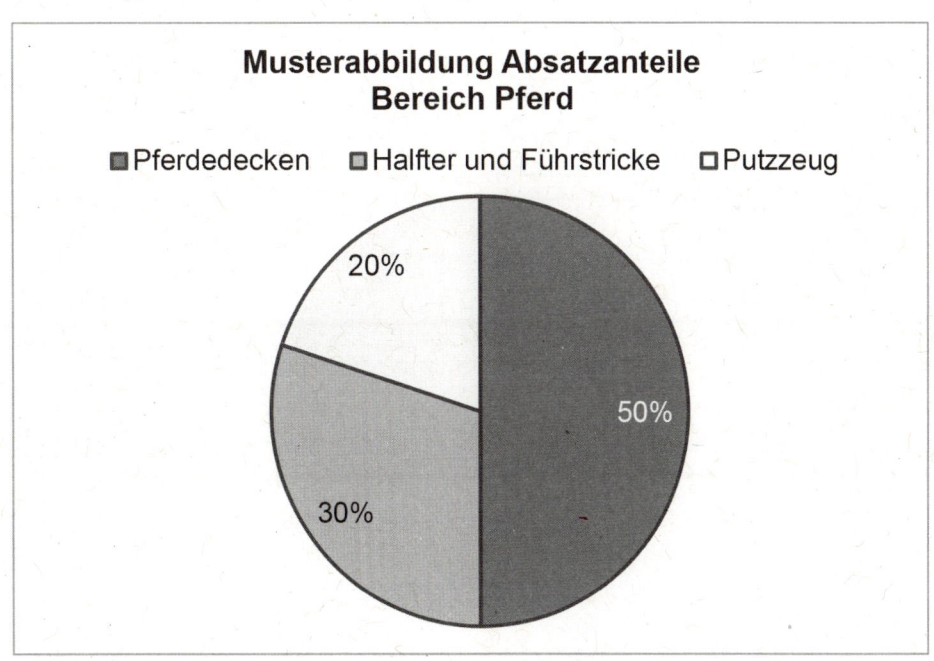

Aufgabe W1

Sie sollen Ihre Ergebnisse der Absatzanalyse aus Aufgabe E1 nun Herrn Dr. Henne in Form einer internen Mitteilung zukommen lassen.

Öffnen Sie ein neues WORD-Dokument und speichern Sie dieses unter einem von Ihnen gewählten Dateinamen zur Lösung W1.

W1.1 Erstellen Sie ein Online-Formular in der Schriftart Arial für eine Interne Mitteilung nach dem Muster W1 auf der folgenden Seite.

Als Seitenränder wählen Sie:
Oben: 2,5 cm
Links: 2,5 cm
Unten: 2 cm
Rechts: 2,5 cm

W1.2 Erstellen Sie eine Tabelle mit den entsprechenden Zeilen und Spalten gemäß Muster W1.

W1.3 Fügen Sie als Briefkopf die Datei „Grafik_Briefkopf_MIKO_GmbH.jpg" aus der „Datensammlung_MIKO" im Ordner „Vorlagen" ein.
Der Name des Dokumentes – Interne Mitteilung – soll als Überschrift über der Tabelle in zentrierter Form erscheinen.

W1.4 Fügen Sie die Leitwörter gemäß Muster W1 ein.

W1.5 Fügen Sie die Kontrollkästchen so ein, dass sie am PC angekreuzt werden können, d. h. als Steuerelemente.

W1.6 Formulieren Sie in dieser „Internen Mitteilung" die erforderliche Information an Herrn Dr. Henne. Verweisen Sie kurz auf das beigefügte Kreisdiagramm (Lösung zu E1.5) sowie auf Ihre Anmerkungen, die Sie in dem Textfeld unter dem Kreisdiagramm bereits formuliert haben. Es ist **lediglich ein Hinweis** auf diese Auswertung erforderlich, keine Wiederholung des Textes.

Aufgabe W1

Muster W1

MIKO GmbH
Tier- und Gartenbedarf

Orchideenweg 24 | 66907 Rehweiler

Interne Mitteilung

Von:	Zeichen: Telefon: E-Mail: Datum:
An:	Abteilung:
Mit der Bitte um: ☐ Kenntnisnahme ☐ Rücksprache ☐ Erledigung	Bemerkungen: ☐ Anlage(n)

Unterschrift

Aufgabe W2

Situation

Ihr Ausbildungsunternehmen, die MIKO GmbH, Tier- und Gartenbedarf, möchte ihre 10 Auszubildenden mit einem Tablet PC ausstatten, um damit die Medienkompetenz zu fördern. Es soll sich um „2-in-1" Geräte handeln, d. h. um Tablets mit Tastatur.

Sie sind damit beauftragt, geeignete Geräte zu beschaffen. Nach Ihrer Internetrecherche interessieren Sie sich besonders für die folgenden Geräte.

	Tablets			
Artikelbezeichnung	Nuntius 2-in-1	Tabella Two-in-One	Successio Prima 2-in-1	Artemis Zwei in Eins
Händler (Beispiele)	M + M Computertechnik GmbH Ned & Rosalia Marchesi	Alice O'Brien e. K. IT-Service	Systemhaus Rodrigo Sanchez GmbH	Computer Maus Ariane Maus e. K.
Betriebssystem	Windows 11 Home	Windows 11 Home	Windows 11 Home	Windows 11
Prozessor	Intel	Intel	Intel	Intel
Festplatte	SSD	SSD	SSD	SSD
Arbeitsspeicher	16 GB	16 GB	8 GB	8 GB
Bildschirm Größe Auflösung	13 Zoll 1920 x 1200 Pixel	13 Zoll 2160 x 1350 Pixel	13 Zoll 2880 x 1920 Pixel	10,5 Zoll 1920 x 1280 Pixel
Bluetooth	ja	ja	ja	ja
WLAN	ja	ja	ja	ja
Tastatur	Ja	ja	ja	auf Anfrage zusätzlich
Gewicht	1,1 kg	800 g	900 g	564 g
Abmessungen (B x H x T)	30,2 x 20,5 x 1,3 cm	20,8 x 29,8 x 0,90 cm	28,7 x 20,8 x 0,95 cm	25,5 x 17,5 x 0,90 cm

Sie wollen an die Händler dieser Tablets eine Anfrage richten. Das Schreiben soll als **Serienbrief** verschickt werden. Verwenden Sie dazu die Vorlage „**MIKO_Geschäftsbrief.dotx**" aus der „Datensammlung_MIKO" im Ordner „Vorlagen".

Aufgabe W2

W2.1 Erstellen Sie aus den nachstehenden Angaben eine geeignete **Datenquelle** für den Serienbrief. Bitte erfassen und speichern Sie dazu eine Tabelle in Excel. Speichern Sie diese Datei als eigene Lösung als Datenquelle zu Aufgabe W2.1 ab.

Der Serienbrief soll an folgende Adressen gehen, dabei sollen jeweils die neben der Anschrift genannten Produkte angefragt werden:

Name und Anschrift	Ansprechpartner	Produkt
M + M Computer GmbH Ned & Rosalia Marchesi Falkenweg 3 83026 Rosenheim	Frau Rosalia Marchesi	Nuntius 2-in-1
Alice O'Brien e. K. IT-Service Häckergasse 24 52072 Aachen	Frau Alice O'Brien	Tabella Two-in-One
Systemhaus Rodrigo Sanchez GmbH Cyberhof 2 04288 Leipzig	Herr Rodrigo Sanchez	Successio Prima 2-in-1
Computer Maus Ariane Maus e. K. Steinacker 36 99867 Gotha	Frau Ariane Maus	Artemis Zwei in Eins

W2.2 Inhalt des Briefes:

Erkundigen Sie sich nach den Preisen, den Zahlungs- und Lieferbedingungen sowie nach Garantieleistungen. Bitten Sie um ein Angebot bei Abnahme von 10 Tablets der gleichen Ausführung.

W2.3 Technische Organisation
- Speichern Sie das Dokument als Serienbrief ab.
- Fügen Sie die Seriendruckfelder DIN-gerecht in den Serienbrief ein.
- Drucken Sie das Hauptdokument mit Feldfunktionen sowie die vier Briefe aus.

Aufgabe E2

Situation

Neben der Einführung der Tablet-PCs für die Auszubildenden ist auch die Einführung eines neuen Ausbildungs-Management-Tools (AMT) geplant. Dieses Tool soll die Kommunikation zwischen den Ausbildungsbeauftragten und den Auszubildenden vereinfachen. So können zum Beispiel die Ausbildungsnachweise elektronisch eingereicht und vom Ausbilder abgezeichnet werden.

Diese Software soll auch auf den neuen Tablet-PCs installiert werden, damit z. B. Klassenarbeiten per Foto beim Ausbilder abgegeben werden können.

Um die Ausbilder und Auszubildenden über diese neuen Möglichkeiten zu informieren und sie mit der Software vertraut zu machen, sollen sie einen Workshop in Kaiserslautern besuchen.

Erstellen Sie eine Übersicht über die Kosten, die im Rahmen des Workshops auf die einzelnen Abteilungen entfallen.

Öffnen Sie zum Bearbeiten dieser Aufgabe die Datei **„Schulungskosten_AMT.xlsx"** aus der „Datensammlung_MIKO" im Ordner „Tabellen".

E2.1 Wählen Sie das Tabellenblatt „Auswertung" aus. Gestalten Sie das Tabellenblatt nach dem unten abgebildeten Muster Vorlage 1 (beachten Sie auch den Hinweiskasten).

E2.2 Ermitteln Sie in den Zellen B3 bis H6 mithilfe geeigneter Funktionen die jeweiligen Kostenarten und bilden Sie die erforderlichen Gesamtkosten. Beziehen Sie sich dabei auf die Angaben aus dem Tabellenblatt „Übersicht".

E2.3 Füllen Sie die untere Tabelle (Zellen B11 bis C15) mithilfe sinnvoller Formeln aus.

E2.4 Fügen Sie unterhalb der Tabellen ein Balkendiagramm ein, in dem Sie die Gesamtkosten zeigen, die für jede Abteilung entstehen, sowie die Aufteilung in die verschiedenen Kostenarten. Gestalten Sie das Diagramm nach dem Muster Vorlage 2.

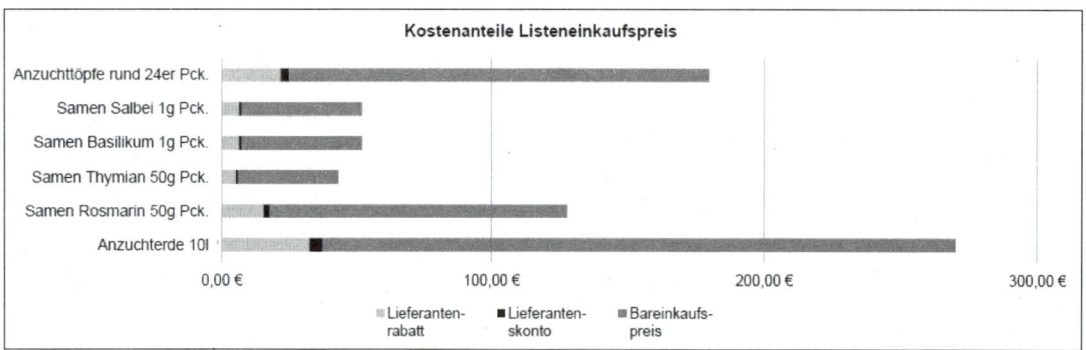

Bezugspreisberechnung je 100 Stück							
Kategorie	Listeneinkaufs-preis	Lieferanten-rabatt	Zieleinkaufs-preis	Lieferanten-skonto	Bareinkaufs-preis	Bezugs-kosten	Bezugs-/Einstands-preis
Anzuchterde 10l	270,00 €	32,40 €	237,60 €	4,75 €	232,85 €	12,60 €	245,45 €
Samen Rosmarin 50g Pck.	128,00 €	15,36 €	112,64 €	2,25 €	110,39 €	4,20 €	114,59 €
Samen Thymian 50g Pck.	43,00 €	5,16 €	37,84 €	0,76 €	37,08 €	4,20 €	41,28 €
Samen Basilikum 1g Pck.	52,00 €	6,24 €	45,76 €	0,92 €	44,84 €	4,20 €	49,04 €
Samen Salbei 1g Pck.	52,00 €	6,24 €	45,76 €	0,92 €	44,84 €	4,20 €	49,04 €
Anzuchttöpfe rund 24er Pck.	180,00 €	21,60 €	158,40 €	3,17 €	155,23 €	5,90 €	161,13 €
Gesamt	**725,00 €**	**87,00 €**	**638,00 €**	**12,76 €**	**625,24 €**	**35,30 €**	**660,54 €**

Vorlage 1

Vorlage 2

Hinweis:

Es kann vorkommen, dass Sie in der Prüfung eine Tabelle nach einem Muster gestalten sollen. Das Ihnen zur Verfügung stehende Muster hat dann möglicherweise keinen inhaltlichen Bezug zur Aufgabe. In diesem Fall dient es als Formatierungsbeispiel.

Aufgabe E3

Situation

In **Aufgabe W2** haben Sie eine Anfrage nach Tablets formuliert und als Serienbrief verschickt. Auf diese Anfrage erhalten Sie die nachfolgend abgedruckten **vier Angebote**.

Führen Sie anhand der vorliegenden Daten aus den Angeboten einen quantitativen Angebotsvergleich durch.

Öffnen Sie zum Bearbeiten dieser Aufgabe die Datei **„Angebotsvergleich.xlsx"** aus der „Datensammlung_MIKO" im Ordner „Tabellen".

E3.1 Übernehmen Sie die Daten aus den abgebildeten Angeboten in das Tabellenblatt „AG_Tablets" und gestalten Sie es entsprechend Abbildung 1.

E3.2 Führen Sie die Bezugspreiskalkulation für eine Bestellung von 10 Tablet PCs durch, indem Sie die Tabelle mit geeigneten Formeln und Funktionen ausfüllen.

E3.3 Fügen Sie im Ausgabebereich geeignete Formeln und Funktionen ein, um automatisch die geforderten Informationen ausgeben zu lassen. Mit Ersparnis ist die Differenz zwischen dem teuersten und dem preiswertesten Angebot gemeint.

E3.4 Fügen Sie unterhalb des Ausgabebereichs ein Textfeld ein. Geben Sie an, wie groß die Ersparnis zwischen den Anbietern ist und erläutern Sie mögliche Gründe für die Preisdifferenz.

	A	B	C	D	E
1		Angebotsvergleich			
2					
3		Eingabebereich			
4	Produkttyp	Tablet PCs			
5	Anzahl	10			
6					
7		M + M Computer GmbH	Alice O'Brien e. K.	Systemhaus R. Sanchez GmbH	Computer Maus
8	Stückpreis netto				
9	Lieferantenrabatt in %				
10	Lieferantenskonto in %				
11	Bezugskosten				
12	Listeneinkaufspreis (gesamt)				
13	- Lieferantenrabatt in €				
14	= Zieleinkaufspreis				
15	- Lieferantenskonto in €				
16	= Bareinkaufspreis				
17	+ Bezugskosten				
18	= Bezugspreis (gesamt)				
19					
20		Ausgabebereich			
21	Höchster Preis				
22	Niedrigster Preis				
23	**Ersparnis**				

Abbildung 1

Aufgabe E3

Angebot 1

M + M
Computer GmbH

Ned & Rosalia Marchesi
Falkenweg 3, 83026 Rosenheim

M + M Computer GmbH · Falkenweg 3 · 83026 Rosenheim
MIKO GmbH
Tier- und Gartenbedarf
Herrn Nick Nemec
Orchideenweg 24
66907 Rehweiler

Ihr Zeichen: nn
Ihre Nachricht vom: 20..-..-..
Unser Zeichen: rm
Unsere Nachricht vom: 20..-..-..

Name: Rosalia Marchesi
Telefon-Durchwahl: 36
Fax:
E-Mail:

Datum: 20..-..-..

Angebot – Tablet NUNTIUS 2-in-1

Sehr geehrter Herr Nemec,

das Tablet NUNTIUS 2-in-1 ist eine hervorragende Wahl für Ihre Auszubildenden! Es handelt sich um ein Gerät der gehobenen Leistungsklasse. Die technischen Details finden Sie in der beiliegenden Beschreibung. Ich füge ebenfalls unsere allgemeinen Liefer- und Zahlungsbedingungen bei. Der Preis des Tablets NUNTIUS 2-in-1 beträgt

1.432,00 EUR pro Stück zuzüglich 19 % MwSt.

Bei einer Mindestabnahme von 10 Tablets bieten wir Ihnen **3 % Rabatt.** Die Lieferung ist sofort möglich und erfolgt ab einer Abnahme von 10 Stück frei Haus. Bei geringeren Abnahmemengen berechnen wir eine Pauschale von 8,50 EUR pro Sendung für Porto und Verpackung.

Zahlungsbedingungen: Zahlbar innerhalb von 30 Tagen ab Rechnungsdatum, bei Zahlung innerhalb von 14 Tagen 3 % Skonto

Falls Sie weitere Beratung wünschen, rufen Sie mich bitte an. Ich stehe Ihnen gern zur Verfügung.

Mit freundlichen Grüßen

M + M Computer GmbH
Ned & Rosalia Marchesi

Rosalia Marchesi
Rosalia Marchesi

Anlagen
Technische Spezifikationen
Allgemeine Geschäftsbedingungen

M + M Computer GmbH
Ned & Rosalia Marchesi
Falkenweg 3
83026 Rosenheim
Geschäftsführer
Ned Marchesi
Rosalia Marchesi

Telefon 08031 24333-0
Telefax 08031 24338-0
Internet www.marchesi.de
HRB 6995 Amtsgericht
Rosenheim
USt.-IdNr. DE984697321

Bankverbindung
BLZ
Konto
IBAN
BIC

Allgemeine Bank AG
756 934 22
111 223 00
DE28 3238 4430 0011 1223 00
ALLGDER2777

Aufgabe E3

Angebot 2

Alice **O'**Brien e. K. IT Service | Häckergasse 24 | 52072 Aachen

Alice O'Brien e. K. · Häckergasse 24 · 52072 Aachen
MIKO GmbH
Tier- und Gartenbedarf
Herrn Nick Nemec
Orchideenweg 24
66907 Rehweiler

Ihr Zeichen: nn
Ihre Nachricht vom: 20..-..-..
Unser Zeichen: br
Unsere Nachricht vom:

Name: Alice O'Brien
Telefon: 0241 6648-12
Fax: 0241 6649-0
E-Mail: alice@itservice.de

Datum: 20..-..-..

TABELLA Two-in-One – Ihr Tablet PC – Angebot

Sehr geehrter Herr Nemec,

wir freuen uns, dass **TABELLA Two-in-One** – unser „Renner" unter den Tablets – auch Ihr Interesse erweckt hat! Gemäß den von Ihnen genannten technischen Spezifikationen Ihrer Anfrage nach

TABELLA Two-in-One
16 GB Arbeitsspeicher

bieten wir Ihnen das Gerät zu

953,00 € pro Stück zuzüglich 19 % MwSt. und Versandkosten

an. Die Lieferzeit beträgt 2 Wochen. Die Versandkosten richten sich nach dem Gewicht der Sendung; ab 10 Stück Mindestabnahme berechnen wir keine Versandkosten. Wir gewähren Ihnen 5 % Rabatt bei einer Abnahme von mindestens 10 Stück der gleichen Geräteausführung. Unsere Zahlungsbedingungen lauten: Zahlung innerhalb von 30 Tagen netto, bei Zahlung innerhalb von 14 Tagen 2 % Skonto.

Erfüllungsort und Gerichtsstand: Aachen. Bitte beachten Sie unsere beiliegenden Allgemeinen Geschäftsbedingungen.

Ihre Auszubildenden werden von diesem Tablet begeistert sein! Als Kunde profitieren Sie von unserem kostenlosen technischen Support während der Gewährleistungszeit von 2 Jahren sowie unserer technischen Hotline, die während der Geschäftszeiten für Sie zur Verfügung steht.

Freundliche Grüße

Alice O'Brien e. K.
IT-Service

Alice O'Brien

Alice O'Brien

Anlage: Allgemeine Geschäftsbedingungen

Alice O'Brien e. K.
IT-Service
Häckergasse 24
52072 Aachen
USt.-IdNr. DE669732160

Telefon: 0241 6648-0
Telefax: 0241 6649-0
Internet: www.itbrien.de
HRA 8000 Amtsgericht Aachen
Handelsniederlassung Aachen

Bankverbindung:
Karlsbank AG Aachen
Konto 800 010 99   BLZ 272 860 50
IBAN DE65 2728 6050 0080 0010 99
BIC KARLDE01920

Aufgabe E3

Angebot 3

Systemhaus Rodrigo Sanchez GmbH | Cyberhof 2 | 04288 Leipzig

Systemhaus R. Sanchez GmbH | Cyberhof 2 | 04288 Leipzig
MIKO GmbH
Tier- und Gartenbedarf
Herrn Nick Nemec
Orchideenweg 24
66907 Rehweiler

Ihr Zeichen: nn
Ihre Nachricht vom: 20..-..-..
Unser Zeichen: rs
Unsere Nachricht vom:

Name: Rodrigo Sanchez
Telefon: 0341 78998-28
Fax: 0341 78999-0
E-Mail: info@systemhaus.de

Datum: 20..-..-..

Angebot – Successio Prima 2-in-1 – Das Tablet für den Erfolg

Sehr geehrter Herr Nemec,

Erfolg zu haben kann so leicht sein: Mit einem Gewicht von nur 900 g, haben Sie für Ihre Auszubildenden das richtige Tablet dazu gewählt! Wir bieten Ihnen das neueste Successio Prima 2-in-1 wie folgt an:

Technische Ausführung:
Tablet mit Tastaturdock – technische Spezifikationen gemäß Anlage

Bei Abnahmemengen von:
1 – 9 Stück   964,00 € pro Stück, zuzüglich Versandkostenpauschale von 7,00 €
ab 10 Stück   8 % Rabatt, Lieferung frei Haus
Die Preise verstehen sich zuzüglich 19 % MwSt.

Auf unsere Geräte leisten wir 2 Jahre Garantie. Wir bieten innerhalb dieser Zeit einen kostenlosen technischen Support an.

Zahlung: innerhalb von 14 Tagen 2 % Skonto, innerhalb von 30 Tagen netto
Lieferzeit: innerhalb von 8 Tagen nach Auftragserteilung

Bitte entnehmen Sie alle weiteren Bedingungen unseren beigefügten Allgemeinen Geschäftsbedingungen. Ich freue mich darauf, bald von Ihnen zu hören!

Freundliche Grüße

Systemhaus
Rodrigo Sanchez GmbH

Rodrigo Sanchez

Rodrigo Sanchez

Anlagen
Technische Spezifikationen
AGB

Systemhaus	HRA 1314 Amtsgericht Leipzig	Bankverbindung
Rodrigo Sanchez GmbH	Geschäftsführung: Rodrigo Sanchez	Sächsische Privatbank AG
Cyberhof 2	USt.-ID-Nummer DE987654321	IBAN DE23 1234 5678 0096 0012 22
04288 Leipzig	Internet: www.systemhaus.sanchez.de	BIC SAECDE43XXX

Aufgabe E3

Angebot 4

Computer Maus~ Ariane Maus e. K.

Steinacker 36
99867 Gotha

Computer Maus   Steinacker 36   99867 Gotha
MIKO GmbH
Tier- und Gartenbedarf
Herrn Nick Nemec
Orchideenweg 24
66907 Rehweiler

Ihr Zeichen:	nn
Ihre Nachricht vom:	20..-..-..
Unser Zeichen:	am
Unsere Nachricht vom:	20..-..-..
Name:	Ariane Maus
Telefon:	03621 444-28
Fax:	03621 444-10
E-Mail:	maus@compumau.de
Datum:	20..-..-..

Angebot Nr. 3894 ARTEMIS Zwei in Eins

Sehr geehrter Herr Nemec,

vielen Dank für Ihre Anfrage. Wir bieten Ihnen an:

Produktbezeichnung	Menge	Einzelpreis	Gesamtpreis
Artemis Zwei in Eins **Betriebssystem:** Windows 11 **Arbeitsspeicher:** 8 GB Festplatte: SSD Bildschirm: 10,5 Zoll, 1920 x 1280 Pixel Gewicht: 564 g Abmessungen (B x H x T) 25,50 x 17,50 x 0,90 cm **Alle weiteren Spezifikationen entnehmen Sie bitte der beigefügten Anlage zu dem Angebot Nr. 3894.**	1	545,00 €	545,00 €
Summe netto			545,00 €
Umsatzsteuer 19 %			103,55 €
Summe brutto			**648,55 €**

Die Lieferung erfolgt verpackungs- und versandkostenfrei.

Bei einer Abnahme von mehr als 9 Stück gewähren wir Ihnen 10 % Mengenrabatt.
Lieferzeit: Solange der Vorrat reicht.
Alle weiteren Bedingungen entnehmen Sie bitte den beigefügten AGBs.

Wir freuen uns auf Ihren Auftrag.

Mit freundlichen Grüßen

Computer Maus
Ariane Maus e. K.

A. Maus

Ariane Maus

Anlagen
Produktspezifizierung Angebot 3894
Allgemeine Geschäftsbedingungen

Computer Maus
Ariane Maus e. K.
Postanschrift:
Steinacker 36
99867 Gotha

Telefon 03621 444-0
Telefax 03621 444-10
Internet www.compumau.de
USt.-IdNr. DE975546798
HRA 4711 Amtsgericht Gotha

Gute Bank AG
BLZ 999 123 11
Konto 423 056 66
IBAN DE65 9991 2311 0042 3056 66
BIC GUTBADE04710

Aufgabe W3

Situation

Sie haben sich entschieden, das Angebot der Alice O'Brien e. K., IT-Service, Aachen, mit einer Bestellung zu beantworten.

W3.1 Öffnen Sie mit Ihrem Textverarbeitungsprogramm aus der „Datensammlung_MIKO" im Ordner „Vorlagen" die Word-Vorlage „**MIKO_Geschäftsbrief.dotx**".

Füllen Sie das Anschriftfeld mit der Postanschrift von Alice O'Brien e. K., IT-Service, aus (siehe Aufgabe W2). Speichern Sie dieses Dokument unter einem von Ihnen gewählten Namen.

W3.2 Öffnen Sie mit Ihrem Tabellenkalkulationsprogramm aus der „Datensammlung_MIKO" im Ordner „Tabellen" die Datei „**Bestellung_Tablet.xlsx**".

Tabella Two-in-One				
Menge/Stück	Preis €/Stück	Gesamtbetrag € ohne MwSt.	MwSt. 19 % in €	Gesamtbetrag € inkl. MwSt.

Speichern Sie diese Tabelle unter einem anderen Namen, den Sie für Ihre Lösung frei wählen. Vervollständigen Sie diese Excel-Tabelle und nehmen Sie dabei folgende Änderungen vor:

- Geben Sie in der Spalte „Menge/Stück" die Zahl 10 ein.
- In der Spalte „Preis €/Stück" geben Sie bitte den angebotenen Stückpreis an (vgl. Angebot bei Abnahme von 10 Stück – berücksichtigen Sie den Mengenrabatt).
- Ergänzen Sie die Spalte „Gesamtbetrag € ohne MwSt.", indem Sie mithilfe von Excel den Betrag ermitteln.
- Ermitteln Sie für die nächste Spalte „MwSt. 19 % in €" die Mehrwertsteuer und tragen Sie diesen Betrag ein.
- Ermitteln Sie den „Gesamtbetrag € inkl. MwSt." und tragen Sie diesen Betrag ebenfalls ein. Formatieren Sie diesen Betrag in Fett.
- Wählen Sie für die gesamte Tabelle „Spaltenbreite automatisch anpassen".
- Fügen Sie alle weiteren Formatierungen und Linien nach eigener Wahl hinzu.
- Speichern Sie diese Änderungen unter dem von Ihnen gewählten Namen als Lösung dieser Excel-Tabelle ab.

Aufgabe W3

W3.3 Öffnen Sie das Dokument des Geschäftsbriefes, das die Bestellung enthalten soll (siehe W3.1) und formulieren Sie den Text der **Bestellung** an Alice O'Brien e. K., IT-Service. Bezugszeichen, Daten und Namen des Sachbearbeiters können frei gewählt werden.

Fügen Sie an passender Stelle die von Ihnen unter W3.2 erstellte Excel-Tabelle in das Dokument ein. Unter die Tabelle setzen Sie bitte den Hinweis „Technische Ausführung gemäß Ihrem Angebot vom 20..-..-..".

Fügen Sie alle für die Bestellung notwendigen Informationen hinzu und formulieren Sie den Briefabschluss.

W3.4 Außer dem Preis können sich auch noch andere Einflüsse auf die Kaufentscheidung auswirken. Man nennt diese qualitative Faktoren.

Die Leiterin der Beschaffungsabteilung möchte, dass Sie ein Informationsblatt über qualitative Faktoren erstellen. Dieses sollen Sie an die Kolleginnen und Kollegen aus der Beschaffungsabteilung versenden.

Öffnen Sie aus der „Datensammlung_MIKO" die Vorlage „**W3.4_Interne_Mitteilung.docx**". Speichern Sie dieses Dokument als Lösung zur Aufgabe W3.4.

Tragen Sie die Angaben hinter den Leitwörtern nach freier Wahl ein.

Fügen Sie danach den folgenden Text ein und formatieren Sie ihn wie in der Vorlage im grauen Kasten. Zu entnehmen als Datei aus der „Datensammlung_MIKO" im Ordner „Vorlagen": „**W3.4_Notizen_Qualitative_Faktoren.pdf**" (Seite 1).

> **Angebotsvergleich – Qualitative Faktoren**
>
> Liebe Kollegen und Kolleginnen,
>
> **wer die Wahl hat, hat die Qual!** Bei einem Angebotsvergleich sind außer den messbaren Kriterien (z. B. Preis) auch nicht messbare Kriterien (qualitative Faktoren) zu bewerten. Diese können bei der Auswahl eines Lieferanten eine wichtige Rolle spielen.
>
> **Beispiele:**

Formulieren Sie in Ihrer internen Mitteilung unter „Beispiele" geeignete Kriterien, die Sie für einen qualitativen Lieferantenvergleich berücksichtigen können.
Nutzen Sie dazu die handschriftlichen Notizen der Abteilungsleiterin (vgl. Seite 2 in der Datei „**W3.4_Notizen_Qualitative_Faktoren.pdf**").

Bitten Sie dann Ihre Kollegen und Kolleginnen, diese Faktoren bei der Auswahl der Lieferanten entsprechend zu gewichten. Abschließend fügen Sie einen Gruß ein und setzen den Namen des Unterzeichnenden unter den Gruß.

Aufgabe W4

Situation

Die MIKO GmbH, Tier- und Gartenbedarf, möchte ihren telefonischen Kundenservice zeitlich ausdehnen, da die Umsätze – speziell im Bereich Kleintierbedarf – in einigen Regionen gesteigert werden sollen.

W4.1 Daraufhin wird geplant, mit den Mitarbeitern der Abteilung Kundenservice neue Vereinbarungen über Arbeitszeitmodelle zu entwickeln. Aus diesem Grunde sollen alle Mitarbeiter der Abteilung Kundenservice (KS) sowie der Betriebsratsvorsitzende, Herr Wächter, in einer E-Mail zu einer internen Besprechung eingeladen werden. Sie erhalten als Management-Assistent der Abteilung Kundenservice den Auftrag, eine E-Mail zu schreiben, die zu dieser Besprechung einlädt.

Öffnen Sie aus der „Datensammlung_MIKO" im Ordner „Vorlagen" das Dokument **„W4.1_E-Mail_Vorlage.dotx"**.

Die E-Mail geht an:
Kundenservice; Betriebsratsvorsitz

Cc: Geschäftsführung

Betreff: Einladung zu einem Abteilungsmeeting am 22. Juli 20..

Schreiben Sie den Einladungstext. Ort, Uhrzeit und Dauer der Besprechung nach eigener Wahl. Das Thema des Meetings ist die Vereinbarung neuer Arbeitszeiten, um den telefonischen Kundendienst für die Kunden zeitlich attraktiver zu machen. Die neuen Arbeitszeitregelungen sollen zum 1. September 20.. in Kraft treten.

Geben Sie ein Datum an, bis zu dem die Eingeladenen ihre Teilnahme bestätigen oder absagen sollen.

Lernen, wo und wann du willst!
U-FORM LERNKARTEN

Kennst du schon die u-form Lernkarten? Damit ist mobiles Lernen ganz unkompliziert! **Einfach mitnehmen und lernen, wo du willst.**

Die Lernkarten sind für viele verschiedene Ausbildungsberufe und kaufmännische Themen erhältlich – **in Papierform oder als App!**

Hier unsere persönliche Auswahl speziell für deinen Ausbildungsberuf:
Lernkarten Abschlussprüfung Kaufmann/-frau für Büromanagement
(Auszug aus Lernkarten Best.-Nr. 2300)

Schritt für Schritt zum Erfolg
mit der wissenschaftlich erprobten Lernform

Überall und jederzeit lernen
mit allen gängigen Endgeräten

Motivation mit dabei
durch Levelsystem, Lernfortschritt und Erfolge

Informationsprozesse — 4

Ordnen Sie den Fällen den jeweils richtigen Kommunikationsdienst zu.

Kommunikationsdienste
1. Telefax
2. E-Mail
3. Telefon
4. Soziale Netzwerke

Fälle
a) Sie benötigen dringend eine Information zum Lagerbestand, da ein Kunde wartet.
b) Sie stellen regelmäßig im Internet Informationen für potenzielle Kunden bereit.
c) Sie möchten rasch eine Auftragsbestätigung versenden, benötigen aber einen Eingangsbeleg.
d) Sie haben eine nicht eilige Rückfrage zu einem Artikel.

Informationsprozesse — 41

Vervollständigen Sie diesen Text, indem Sie die Begriffe den richtigen Nummern zuordnen.

„Eine _1_ ist die kleinste Einheit einer Tabellenkalkulation. Jede _1_ hat einen „Namen". Dieser besteht aus einem Buchstaben und einer Zahl. Der Buchstabe steht für die _2_, in der sich die _1_ befindet. Die Zahl steht für die _3_, in der sich die _1_ befindet."

a) Spalte, b) Zeile, c) Zelle

Informationsprozesse — 38

Erläutern Sie kurz, was man unter den folgenden Funktionen für Textverarbeitung versteht!

a) Serienbrief
b) Vorlage
c) Formular

Bürowirtschaftliche Organisation — 56

Ordnen Sie den Angaben den jeweils richtigen Inlands-Briefdienst zu:

Briefdienste: a) Postkarte, b) Standardbrief, c) Kompaktbrief, d) Großbrief, e) Maxibrief

	L x B x H (mm)	Höchstgewicht	Lösung:
1.	235 x 125	ca. 15 g	
2.	353 x 250 x 50	1000 g	
3.	235 x 125 x 5	20 g	
4.	353 x 250 x 20	500 g	
5.	235 x 125 x 10	50 g	

Bürowirtschaftliche Organisation — 75

Nennen Sie **3** Gründe für Termintreue.

Geschäftsprozesse — 118

Einer Ihrer Lieferanten befindet sich in Lieferungsverzug.

Welche Rechte stehen Ihnen als Kunde zu?

Die richtige Zuordnung lautet:

1. **c)**, 2. **a)**, 3. **b)**

„Eine **c) Zelle** ist die kleinste Einheit einer Tabellenkalkulation. Jede **c) Zelle** hat einen „Namen". Dieser besteht aus einem Buchstaben und einer Zahl. Der Buchstabe steht für die **a) Spalte**, in der sich die **c) Zelle** befindet. Die Zahl steht für die **b) Zeile**, in der sich die **c) Zelle** befindet."

---

a) Ein **Serienbrief** wird genutzt, wenn ein Dokument (z. B. Brief) mit geringen Personalisierungen (z. B. Adresse, Anrede, ggf. Zusatzangaben im Text) an mehrere Empfänger verschickt werden soll. MS Word bietet dazu verschiedene Bausteine.

b) Eine **Vorlage** ist eine bereits gestaltete Datei, die man z. B. mit MS Word öffnet, um sie zu befüllen, z. B. für Briefe.

c) Ein **Formular** ist ein Dokument (z. B. ein Fragebogen) das durch verschiedene Elemente so vorbereitet ist, dass der Empfänger das Layout nicht verändern kann, aber mittels verschiedener Steuerelemente (z. B. Kontrollkästchen, Dropdown-Auswahl und Textfelder) die Datei befüllen kann. Die eingeschränkte Bearbeitung wird durch einen Dokumentschutz gewährleistet.

Richtige Zuordnung:

a) **3.** Telefon, Vorteil: schnell
b) **4.** Soziale Netzwerke, Vorteil: Sie erreichen auch potenzielle Neukunden
c) **1.** Telefax, Vorteil: zügige Übermittlung, Druck eines Sendeberichts möglich, Fax/Sendebericht enthält Datums- und Uhrzeitangabe
d) **2.** E-Mail, Vorteil: Empfänger kann die Frage beantworten, sobald er Zeit hat

---

Die Gründe von Termintreue hängen alle mit dem Abwenden negativer Folgen für das Unternehmen zusammen, zum Beispiel:

- Einhaltung von Zahlungsterminen, z. B. zur Skontoziehung oder Vermeiden von Verzugszinsen
- Einhaltung von Terminen in der Produktion und Liefertermine im Verkauf, damit der Kunde die Ware rechtzeitig erhält (Vermeiden von Vertragsstrafen)
- Liefertermine im Einkauf überwachen, damit die Produktion rechtzeitig informiert und Rechte geltend gemacht werden können
- Mangelnde Termintreue kann dem Ansehen des Unternehmens schaden

---

L x B x H (mm)	Höchstgewicht	Lösung:
1. 235 x 125	ca. 15 g	a) Postkarte
2. 353 x 250 x 50	1000 g	e) Maxibrief
3. 235 x 125 x 5	20 g	b) Standardbrief
4. 353 x 250 x 20	500 g	d) Großbrief
5. 235 x 125 x 10	50 g	c) Kompaktbrief

Vorrangig:

Recht auf Lieferung
Wenn Sie die Ware nicht dringend benötigen und der Lieferant sonst immer zuverlässig war, sollten Sie auf Vertragserfüllung bestehen und ggf. keine weiteren Rechte geltend machen.

Nachrangig:

Rücktritt vom Vertrag und ggf. Schadenersatzforderung
Wenn Sie die Ware nicht mehr benötigen (weil Sie sie z. B. bereits anderweitig bezogen haben), können Sie vom Vertrag zurücktreten und ggf. Schadenersatzforderungen geltend machen.

Aufgabe W4

W4.2 Sie erhalten die Aufgabe, nach der Besprechung über den Inhalt ein Ergebnisprotokoll zu verfassen. (Zur Gestaltung des Protokolls siehe nähere Angaben unter W4.2.2.)

Inhalt der Besprechung

> **TOP 1**
>
> Die Besprechung ergab, dass anstatt eines Mitarbeiters am Montag, Dienstag und Freitag immer zwei Mitarbeiter in der Telefonberatung verfügbar sein sollen (d. h. jeweils vormittags und nachmittags immer zwei Mitarbeiter).
>
> Die während des Meetings geäußerten Wünsche der Teilnehmer wurden berücksichtigt.
>
> Einige Mitarbeiter können nur an einem bestimmten Tag zu einer festgelegten Tageszeit den Telefondienst übernehmen.
>
> 1. Tageshälfte: 8 – 12 Uhr
> 2. Tageshälfte: 13 – 17 Uhr
>
> Besprochene Regelungen:
>
> | | |
> |---|---|
> | Herr Pompino | Montag, 1. Tageshälfte |
> | Frau Grob | Dienstag, 1. Tageshälfte |
> | Frau Schwätzer | Dienstag, 1. Tageshälfte |
> | Herr Rosental | Tag frei verfügbar, 2. Tageshälfte (nur zusammen mit Frau Özil) |
> | Frau Özil | Tag frei verfügbar, 2. Tageshälfte (nur zusammen mit Herrn Rosental) |
> | Frau Akzan | Dienstag, 2. Tageshälfte |
> | Frau Iglesias | Montag 1. und 2. Tageshälfte |
> | Herr Schipper | Dienstag und Freitag, je ½ Tag frei verfügbar |
> | Frau Kummer | Montag, 2. Tageshälfte, die 1. Tageshälfte ist frei verfügbar. |
>
> Die neuen Regelungen der Arbeitszeit treten am 1. September 20.. in Kraft.
>
> **TOP 2**
>
> **Arbeitsorganisation – Stressprävention**
>
> Maßnahmen, sich im Team zu unterstützen, sollen in zukünftigen Informationsveranstaltungen erarbeitet werden. Dabei handelt es sich vor allem um den Themenkreis physische und psychische Gesundheit am Arbeitsplatz, Vorbeugung von Belastungserscheinungen durch ergonomische Gestaltung von Arbeitsplatz und Arbeitsorganisation. Gesundheitsexperten für Arbeitsmedizin sollen als Berater eingeladen werden.

W4.2.1 Erarbeiten Sie zunächst mit Word den Einsatzplan in Form einer **Tabelle**, aus der die Namen der Mitarbeiter und die Einsatzzeiten (Wochentag und Tageshälfte) hervorgehen. Speichern Sie diese Tabelle unter einem von Ihnen gewählten Dateinamen für die Lösung für W4.2.1 ab.

Hinweise zur Tabelle:
– Wählen Sie eine passende Überschrift, die Sie in den Tabellenkopf integrieren.
– Der Tabellenkopf und die Vorspalte sollen in Fett erscheinen.
– Weitere Gestaltung der Tabelle nach eigener Wahl.

Aufgabe W4

W4.2.2 Öffnen Sie aus der „Datensammlung_MIKO" im Ordner „Vorlagen" das Dokument **„Ergebnisprotokoll_Vorlage.dotx"**.
Speichern Sie das Dokument unter einem von Ihnen gewählten Namen für die Lösung W4.2.2.

Schreiben Sie das Ergebnisprotokoll über die Regelungen, die bei dem Meeting beschlossen wurden.

Teilnehmer des Meetings:

Die in der Tabelle genannten Mitarbeiter
Herr Motz – Leiter Kundenservice und Vertriebsleiter
Herr Wächter – Betriebsratsvorsitzender
Ihr Name bzw. ein fiktiver Name – Protokollant/-in

Ort und Dauer des Meetings: wie in der Einladungs-E-Mail angegeben
Bezugszeichen nach eigener Wahl,
Datum des Protokolls – kurz nach der Besprechung

Fügen Sie in dieses Protokoll die zuvor in Ihrer Lösungsdatei zu W4.2.1 abgespeicherte Lösungstabelle ein.

Alle weiteren Angaben und Hervorhebungen können Sie frei wählen.

Verteiler: alle Teilnehmer des Meetings, Herr Mick Kowalski, Geschäftsleitung

Anlagen: keine

Aufgabe E4

Situation

Die MIKO GmbH führt jährlich Umfragen zu Belastungen am Arbeitsplatz durch. Dabei geht es hauptsächlich um die Bereiche Arbeitsplatz-Ergonomie, Selbstorganisation und Kommunikation. Zusätzlich sollen demnächst geeignete Seminare stattfinden.

Herr Kowalski: Einen guten Tag wünsche ich Ihnen!

Sie: Guten Tag, Herr Kowalski!

Herr Kowalski: Wir haben nun die Umfrageergebnisse der Belastungen am Arbeitsplatz erhalten. Außerdem haben wir die Anmeldelisten für die Seminare vorliegen. Können Sie bitte überprüfen, ob zwischen den Umfrageergebnissen und den Teilnehmerzahlen ein Zusammenhang besteht?

Sie: Sehr gerne, Herr Kowalski.

Im Sinne des Datenschutzes hat Ihre Kollegin aus der Personalabteilung die eingereichten Umfrageergebnisse anonymisiert und mit Nummern versehen. Diese Dateien stellt sie Ihnen zur Auswertung zur Verfügung.

Ermitteln Sie die Veränderung der Umfrageergebnisse zwischen der aktuellen Umfrage und den Ergebnissen des Vorjahres. Vergleichen Sie diese mit den Teilnehmerzahlen der Seminarvorschläge.

Öffnen Sie zum Bearbeiten dieser Aufgabe die Datei **„Umfrage_Belastungen.xlsx"** aus der „Datensammlung_MIKO" im Ordner „Tabellen".

E4.1 Bearbeiten Sie das Tabellenblatt „AWB". Gestalten Sie es wie in Abbildung 1 (auf der nächsten Seite) zu sehen. Geben Sie den beiden Tabellen jeweils eine passende Überschrift.

E4.2 Ermitteln Sie mit einer Funktion die Anzahl der Nennungen, die bei der aktuellen Umfrage herausgekommen sind (auf Grundlage der Daten aus dem Tabellenblatt „B_akt").

E4.3 Ordnen Sie den Aussagen die jeweilige Belastungsart zu. Wählen Sie dazu im Dropdown-Menü in den Zellen B3 bis B8 die richtige Bezeichnung aus.

E4.4 Ermitteln Sie mit einer Funktion die Zahl der Nennungen im Vorjahr und bei der aktuellen Umfrage bezogen auf die Belastungsart.

E4.5 Wechseln Sie zum Tabellenblatt „AWS" und übernehmen Sie das Umfrageergebnis des aktuellen Jahres in die dafür vorgesehene Spalte. Ermitteln Sie mit einer Funktion die Teilnehmerzahlen bei den verschiedenen Seminaren (auf Grundlage der Daten und dem Tabellenblatt „S_akt").

E4.6 Fügen Sie ein Textfeld hinzu und beschreiben Sie, inwieweit die Umfrageergebnisse mit den Teilnehmerzahlen an den verschiedenen Seminaren vergleichbar sind. Zählen Sie drei Gründe für eine mögliche Abweichung zwischen den Umfrageergebnissen und den Teilnehmerzahlen auf.

Aufgabe E4

		Überschrift in zwei Zeilen		
Abk.	Belastungsart	Aussagen	Anzahl der Nennungen Vorjahr	Anzahl der Nennungen aktuell
a)		Mir tut der Rücken weh, weil sich Schreibtisch, Stuhl und Monitor nicht richtig einstellen lassen.	14	
b)		Meine Schultern schmerzen von der monotonen Körperhaltung.	10	
c)		Manchmal reagieren Kollegen auf meine Worte anders als erwartet.	7	
d)		Ich habe zu viele Aufgaben, um sie im Rahmen meiner Arbeitszeit zu schaffen.	11	
e)		Manchmal vergesse ich wichtige Aufgaben oder Termine.	7	
f)		Ich empfinde den rauen Umgangston als belastend.	10	

	Überschrift	
Belastungsart	Anzahl der Nennungen Vorjahr	Anzahl der Nennungen aktuell
Selbstorganisation		
Arbeitsplatz-Ergonomie		
Kommunikation		
Gesamt		

Abbildung 1

Aufgabe W5

Situation

Nach dem Arbeitsschutzgesetz ist der Arbeitgeber verpflichtet, die körperliche und psychische Gesundheit der Beschäftigten sicherzustellen.

Die MIKO GmbH hat in ihrer Firmenphilosophie darüber hinaus humanitäre und soziale Grundsätze festgeschrieben. Die Verantwortung für die Gesundheit ihrer Mitarbeiter nimmt die MIKO GmbH daher sehr ernst. Das Unternehmen möchte jetzt seinen Mitarbeitern regelmäßige Informationsveranstaltungen zum Thema „Gemeinsam gegen Stress am Arbeitsplatz" anbieten. Die Stressprävention wurde als wesentlich für das Wohlbefinden der Mitarbeiter – und damit auch für den Erfolg des Unternehmens – erkannt.

W5.1 Verfassen Sie im Auftrag der Geschäftsleitung der MIKO GmbH ein **Rundschreiben** mit folgendem **Inhalt**:

- **Betreff: „Gemeinsam gegen Stress am Arbeitsplatz" – Einladung zur ersten Informationsveranstaltung**
- Empfänger: Alle Beschäftigten der MIKO GmbH
- Datum des Rundschreibens: nach eigener Wahl
- Ort, Datum und Uhrzeit der Veranstaltung: nach eigener Wahl
- Eingeladene Vortragsredner:
  - Herr Prof. Dr. Justus Moser, leitender Direktor der Akademie für Arbeitsschutz, Groß-Wiesenbach
  - Frau Dr. med. Ramona Gans, Fachärztin für Sozialmedizin, Hasenfeld
- Inhalte der Vorträge:
  - Symptome psychischer Belastung erkennen
  - Ursachen und Auslöser von Stress bewusst wahrnehmen
  - gesundheitlichen Risiken vorbeugen
- **Anlagen erwähnen:**
  Dem Rundschreiben sollen zwei Anlagen beigefügt werden, die im Text genannt werden:
  1. Ein Anmeldeformular für die Teilnahme an der Veranstaltung. Das Anmeldeformular soll bis zum 20..-..-.. (Datum Ihrer Wahl) an das Sekretariat der Geschäftsleitung (Name des Empfängers nach eigener Wahl) zurückgeschickt werden.
  2. Ein Fragebogen zu psychischen Belastungen am Arbeitsplatz. Das Ausfüllen des Fragebogens ist freiwillig. Der Fragebogen kann ohne Angabe der Personalien in den Briefkasten des Betriebsratsbüros eingeworfen werden.

W5.2 Entwerfen Sie ein **Anmeldeformular**, das dem Rundschreiben als E-Mail-Anhang beigefügt werden soll.

- Erstellen Sie eine Kopfzeile, linksbündig, mit der Angabe „Anmeldeformular".
- Inhalt des Formulars: Text und Form nach eigener Wahl, passend zu dem Inhalt der Informationsveranstaltung
- Das Formular soll sowohl handschriftlich als auch am PC ausgefüllt werden können. Fügen Sie entsprechende Textfelder und Kontrollkästchen ein.
- Wenden Sie den Dokumentenschutz für Formulare an.

Aufgabe W5

W5.3 Öffnen Sie aus der „Datensammlung_MIKO" im Ordner „Vorlagen" die Datei **„Fragebogen.docx"**.

- Fügen Sie eine Kopfzeile ein mit der linksbündigen Überschrift: Fragebogen
- Gestalten Sie auf der Grundlage dieser Datei einen Fragebogen mithilfe von Kontrollkästchen zum Ankreuzen der gewählten Antwort. Das Formular soll sowohl handschriftlich als auch am PC ausgefüllt werden können.
- Wenden Sie den Dokumentenschutz für Formulare an.
- Speichern Sie Ihre Lösung unter einem von Ihnen selbst gewählten Dateinamen.

W5.4 In einer Besprechung der Jugend- und Auszubildendenvertretung wird das Thema Fehlzeiten von Auszubildenden aufgrund von Krankheit thematisiert. Es scheint Beratungsbedarf zu bestehen, um den vielfältigen Belastungen während der Ausbildung gewachsen zu sein.

Entwerfen Sie einen Flyer über mögliche Ursachen von gesundheitlichen Belastungen Auszubildender und formulieren Sie eine Liste mit Maßnahmen, die dagegen ergriffen werden könnten. Nutzen Sie dazu die untenstehenden Beispiele.

Gestalten Sie den Flyer im Querformat mit drei Spalten nach dem folgenden handschriftlichen Muster. Verwenden Sie zur Veranschaulichung geeignete Piktogramme.

Linke Spalte: Informationen	**Mittlere Spalte:** Belastungen	**Rechte Spalte:** Strategien
Betrieb, Berufsschule & Co. können anstrengend sein...	...	Beispiele:
Auf den folgenden Seiten findest du typische Belastungsfaktoren und ein paar Tipps.	(Bitte Beispiele für Belastungen z. B. in Ausbildung oder privat formulieren)	• Zeitmanagement • Bewegung • ...
Du packst das!		(Bitte ergänzen) (Hier noch Info zu Ersteller (Zeichen und Name) ergänzen)

Beispiele für Belastungen:
- Anforderungen im Betrieb
- Konflikte im Team
- Leistungsdruck in der Berufsschule
- Prüfungsvorbereitungen
- Erwartungen der Familie (z. B. Eltern, Freunde, ...)

Strategien:
- Zeitmanagement verbessern
- auf Gesundheitsmanagement achten
- mehr Bewegung und Sport
- auf gesunde Ernährung achten
- ausreichend schlafen
- kompetente Ansprechpartner finden
- auf kooperative Zusammenarbeit in Betrieb und Berufsschule achten
- Online-Kurse zur Entspannung
- Suchtprävention

Aufgabe E5

Situation

Ein wichtiger Indikator für Belastungen am Arbeitsplatz kann auch die Fehlzeitenstatistik sein.

Frau Paulmann aus der Personalabteilung hat Ihnen eine Datei zur Verfügung gestellt, mit der Sie entsprechende Auswertungen vornehmen können. Die Kollegin bittet Sie, die entsprechenden Auswertungen vorzunehmen und ihr außerdem die wichtigsten Ergebnisse kurz schriftlich zusammenzufassen.

Ermitteln Sie die Veränderung der Fehlzeiten 2024 im Vergleich zu den Vorjahren und stellen Sie mögliche Gründe für die Abweichung fest.

Öffnen Sie zum Bearbeiten dieser Aufgabe die Datei **„Fehlzeiten.xlsx"** aus der „Datensammlung_MIKO" im Ordner „Tabellen".

E5.1 Bearbeiten Sie das Tabellenblatt „Auswertung". Gestalten Sie es gemäß der Vorlage Abbildung 1. Beachten Sie dabei die Angaben der Rahmenbedingungen (Seite 50). Geben Sie der Tabelle eine geeignete Überschrift.

E5.2 Ergänzen Sie die fehlenden Werte im Tabellenblatt „Auswertung". Berücksichtigen Sie auch die Angaben im Tabellenblatt „Fehltage".

E5.3 Wechseln Sie zum Tabellenblatt „Fehltage". Fügen Sie in Spalte D eine Funktion ein, um die Mitarbeiter, die mehr als 10 Krankentage haben, mit > 10 hervorzuheben. Mitarbeiter, die weniger als 6 Krankentage haben, heben Sie mit < 6 hervor.

E5.4 Wechseln Sie zum Tabellenblatt „Auswertung". Fügen Sie unterhalb der Tabelle ein Textfeld ein. Fassen Sie in Stichpunkten zusammen, bei welchen Abteilungen Sie im Vergleich zum Vorjahr Abweichungen feststellen konnten. Geben Sie drei Gründe an, wie solche Abweichungen zustande kommen können.

	A	B	C	D	E	F	G	H	I
1					Überschrift				
2	Abteilung	Anzahl der Mitarbeiter	Fehltage 2014	Fehltage pro Person 2014	Fehltage pro Person 2013	Fehltage pro Person 2012	Fehltage pro Person 2011	Fehltage pro Person 2010	Rangfolge der geringsten Fehltage pro Person 2014
3	Vertrieb	8	80	10	10	9,6	10	7	8
4	Einkauf	5	48	9,6	9,6	9,4	9,5	8	7
5	Personal	5	46,5	9,3	9,3	9,3	9,2	9	3
6	Buchhaltung	2	17	8,5	8,5	7,8	9	8	1
7	Controlling	1	9	9	9	8,3	7,2	9	2
8	Lager	9	84	9,4	9,4	9,4	9	8,5	4
9	Marketing	1	9,5	9,5	9,5	8,8	8,5	4,5	6
10	Service	3	28	9,4	9,4	8,7	9,5	11	4
11	**Gesamt**	34	322,0	9,4	9,4	9,0	9,0	8,2	

Abbildung 1

Aufgabe E6

Situation

Der neue Besprechungsraum der MIKO GmbH ist fertiggestellt. Neben moderner Einrichtung steht jetzt auch ein neues System für Videokonferenzen zur Verfügung.

Um den Mitarbeitern der Vertriebsabteilung das System vorzustellen und zu erklären, möchte der Abteilungsleiter Herr Motz in KW 40 einen 2-stündigen Termin ansetzen. Er bittet Sie darum, die Terminkalender der Kollegen auszuwerten. Seine eigenen Termine kann er leider nicht verschieben.

Hinweise zu den Abkürzungen:
MIKO = Der betreffende Kundentermin findet in der MIKO GmbH statt.
D = Der Kundentermin findet außerhalb statt (Dienstfahrt).
Tele = Der Termin ist ein Telefontermin.

Werten Sie die Terminkalender der Vertriebsmitarbeiter aus.

Öffnen Sie zum Bearbeiten dieser Aufgabe die Datei **„Terminkalender.xlsx"** aus der „Datensammlung_MIKO" im Ordner „Tabelle".

E6.1 Öffnen Sie das Tabellenblatt „Termine" und gestalten Sie es gemäß Abbildung 1.

E6.2 Ermitteln Sie mithilfe einer Funktion die Zahl der geplanten Termine je Tag und Uhrzeit in Spalte J.

E6.3 Nutzen Sie eine Funktion, um in Spalte K die möglichen Zeitfenster mit einem „X" zu markieren. Ein Zeitfenster ist dann geeignet, wenn höchstens ein Termin verschoben werden muss.

E6.4 Fügen Sie unterhalb der Tabelle ein Textfeld ein und empfehlen Sie einen Termin. Begründen Sie Ihre Entscheidung.

	KW 40	Zeit	Kröger	Volkov	Fabiani	Motz	Smith	Offermann		Anzahl der Termine	Mögliche Zeitfenster
2	Montag	08:00 Uhr bis 10:00 Uhr	MIKO				D				
3		10:00 Uhr bis 12:00 Uhr	MIKO	D	Tele		D				
4		12:00 Uhr bis 14:00 Uhr			Tele		Tele	MIKO			
5		14:00 Uhr bis 16:00 Uhr				**MIKO**					
6		16:00 Uhr bis 18:00 Uhr	MIKO	D	Tele						
7	Dienstag	08:00 Uhr bis 10:00 Uhr		D			Tele				
8		10:00 Uhr bis 12:00 Uhr	D			**MIKO**	Tele				
9		12:00 Uhr bis 14:00 Uhr	D		D	**MIKO**					
10		14:00 Uhr bis 16:00 Uhr	D		D			MIKO			
11		16:00 Uhr bis 18:00 Uhr		Tele			Tele				
12	Mittwoch	08:00 Uhr bis 10:00 Uhr	MIKO	D							
13		10:00 Uhr bis 12:00 Uhr		MIKO	D			D			
14		12:00 Uhr bis 14:00 Uhr	MIKO			**Tele**		D			
15		14:00 Uhr bis 16:00 Uhr	MIKO		**D**						
16		16:00 Uhr bis 18:00 Uhr		D	Tele	**D**		MIKO			
17	Donnerstag	08:00 Uhr bis 10:00 Uhr			D						
18		10:00 Uhr bis 12:00 Uhr			Tele	**Tele**					
19		12:00 Uhr bis 14:00 Uhr			D			D			
20		14:00 Uhr bis 16:00 Uhr	Tele	MIKO		Tele					
21		16:00 Uhr bis 18:00 Uhr	Tele								
22	Freitag	08:00 Uhr bis 10:00 Uhr		Tele		**MIKO**					
23		10:00 Uhr bis 12:00 Uhr	Tele	MIKO	D		Tele				
24		12:00 Uhr bis 14:00 Uhr				MIKO	D				
25		14:00 Uhr bis 16:00 Uhr	D		MIKO	**Tele**	D				
26		16:00 Uhr bis 18:00 Uhr	D			**Tele**					

Abbildung 1

Aufgabe W6

Situation

Sie sind im Vertrieb der MIKO GmbH für die Termin- und Tourenplanung der Außendienstmitarbeiter zuständig. Heute Morgen erhalten Sie folgende E-Mail des Außendienstmitarbeiters, Herrn Malte Kröger, die Sie per E-Mail beantworten sollen.

An …	Vertriebsorganisation Außendienst
Cc …	
Betreff:	Besuchstermine 37. und 38. KW

Sehr geehrter Herr Magnus,

nach Ihrem Außendienstplan für Kundenbesuche ist vorgesehen, dass ich in der 37. Kalenderwoche mehrere Kunden in Bremen und Bremerhaven aufsuche. In der 38. Kalenderwoche sind Besuche bei Kunden im Ostseeraum geplant.

Soeben erhielt ich einen Anruf von Frau Schäfer, der Geschäftsführerin der Dog's Better Life GmbH, Wismar, mit der dringenden Bitte, sie schnellstens wegen einer Reklamation zu besuchen. Es ist wichtig, dass wir diesen guten Kunden nicht verärgern, daher möchte ich so schnell wie möglich persönlich dort vorsprechen. Außerdem wurde mir von der Trab & Galopp GmbH in Rostock ein größerer Auftrag avisiert. Auch hier wäre kurzfristig ein persönlicher Besuch notwendig.

Ich schlage deshalb vor, das Besuchsprogramm so umzustellen, dass ich in der 37. Kalenderwoche zunächst bei den Kunden in Wismar und Rostock vorspreche. Bei dieser Gelegenheit kann ich natürlich auch mit anderen Kunden im Ostseeraum einen Besuchstermin vereinbaren. Zu den Bremer Kunden würde ich dann in der darauffolgenden Woche fahren.

Was halten Sie von diesen Terminänderungen?

Freundliche Grüße

i. A. Malte Kröger

Kundenberater Außendienst
MIKO GmbH
Tier- und Gartenbedarf
Orchideenweg 24
66907 Rehweiler

E-Mail: malte.kroeger@miko.de

Homepage: www.miko.de

Telefon: 06383 3033-39
Telefax: 06383 30354

Geschäftsführer: Mick Kowalski

Amtsgericht Kusel HRB 4711

W6.1 Öffnen Sie zunächst aus der „Datensammlung_MIKO" im Ordner „Tabellen" die Datei **„Besuche_Außendienst.xlsx"** und informieren Sie sich über die geplanten Besuche des Außendienstmitarbeiters.

Entscheiden Sie, welche Antwort Sie Herrn Kröger geben wollen. Schreiben Sie Herrn Kröger diese Antwort als Text einer E-Mail. Verwenden Sie dafür aus der „Datensammlung_MIKO" im Ordner „Vorlagen" die E-Mail-Vorlage **„W6.1_E-Mail_Vorlage.dotx"**. Speichern Sie Ihre Lösung zu Aufgabe W 6.1 unter einem selbst gewählten Namen.

Aufgabe W6

W6.2 Sie sollen die wichtigsten Schritte von Terminvereinbarungen dokumentieren. Dazu haben Sie bisher folgende Schritte notiert (vgl. Abbildung 1). Sie sollen daraus eine Übersicht nach dem nebenstehenden Schaubild erstellen (siehe Muster, Abbildung 2).

Öffnen Sie dazu die Datei „**W6.2_Vorlage_Ablauf.docx**". Vervollständigen Sie die Datei anhand der Vorgaben, indem Sie die Schritte in die richtige Reihenfolge bringen und die übrigen Beschriftungen ergänzen.

Schritte – in die richtige Reihenfolge zu bringen:

- Terminvereinbarung in Terminliste eintragen
- Zu erbringende Leistungen mit Kunden abstimmen
- Terminvereinbarung mit Kunden abstimmen
- Nachfolgende Arbeiten in Terminplanung erfassen und die Priorität (Dringlichkeit) der Aufgaben kennzeichnen
- Terminkontrolle der nachfolgenden Arbeiten durchführen
- Durch Rückruf sicherstellen, dass der Kunde zufriedengestellt wurde und ggf. weitere Kundenwünsche ermitteln

Abbildung 1

Aufgabe W6

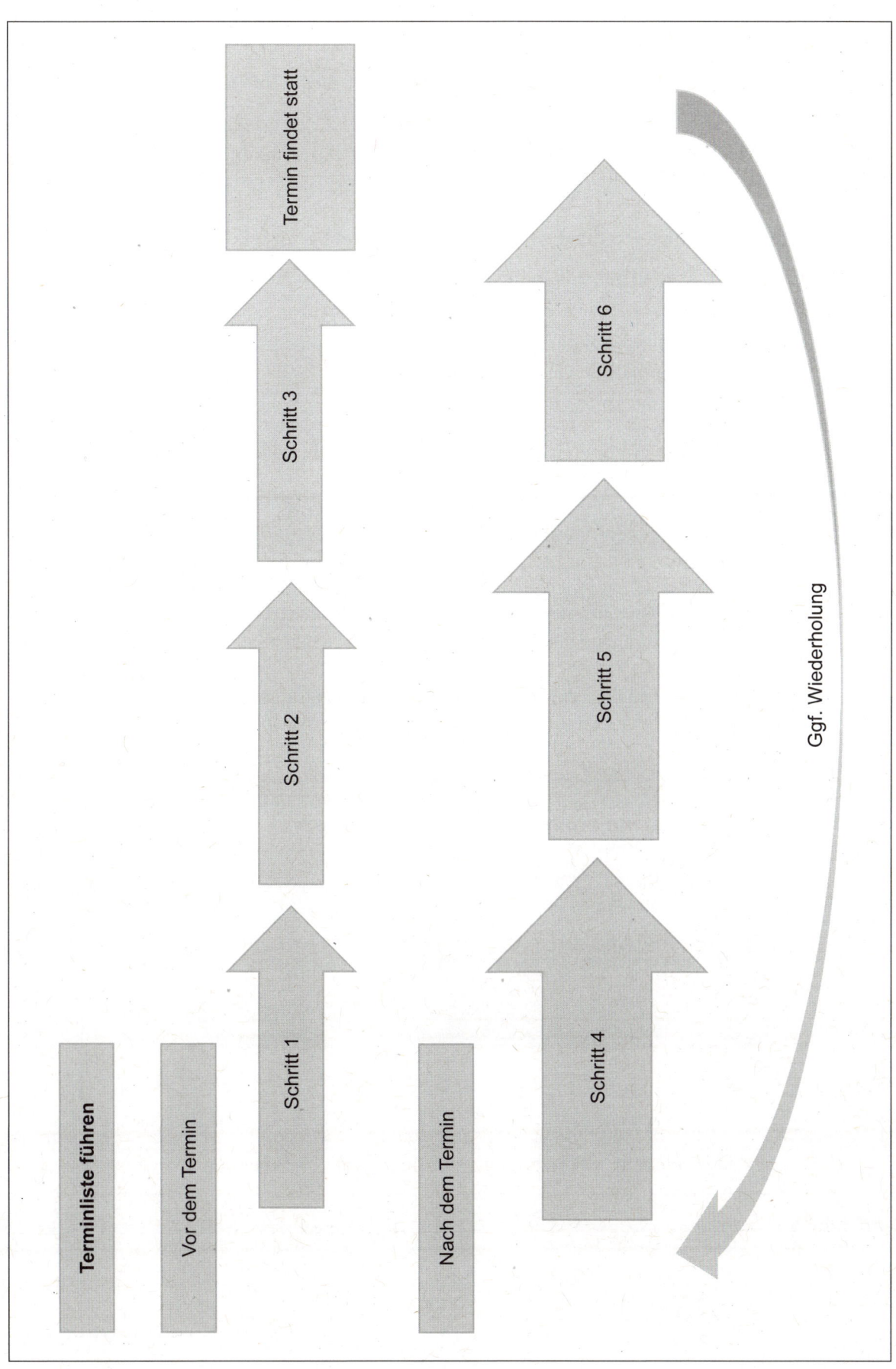

Abbildung 2

Aufgabe E7

Situation

Da im nächsten Monat einige neue Mitarbeiter das Team verstärken sollen, hat die Abteilung Beschaffung den Auftrag erhalten, eine Bestandserhebung durchzuführen.

Frau Pianotti hat Ihnen die Liste mit den Bestellanfragen der einzelnen Abteilungen zugeschickt und bittet Sie, die Bestelllisten zu vervollständigen.

Ermitteln Sie die Kosten für die Bestellung neuer Investitionen im Bereich BGA.

Öffnen Sie zum Bearbeiten dieser Aufgabe die Datei **„Investitionen_BGA.xlsx"** aus der „Datensammlung_MIKO" im Ordner „Tabellen".

E7.1 Öffnen Sie das Tabellenblatt „Bestellübersicht" und füllen Sie die Spalten D und E der oberen Tabelle mit geeigneten Funktionen aus. Beziehen Sie sich dabei auf das Tabellenblatt „Anforderung".

E7.2 Berechnen Sie in Spalte F der oberen Tabelle die Gesamtanzahl und in Spalte H die Gesamtkosten.

E7.3 Ermitteln Sie in Spalte C in der unteren Tabelle die Kosten je Kategorie. Formatieren Sie die Ergebnisse als Währung mit 2 Dezimalstellen nach dem Komma.

E7.4 Berechnen Sie in Spalte D in der unteren Tabelle den Kostenanteil in % der einzelnen Einrichtungskategorien. Formatieren Sie die Ergebnisse im Format „Prozent".

E7.5 Fügen Sie unterhalb der Tabellen ein gestapeltes 3D-Balkendiagramm (100 %) ein, das die Zusammensetzung der Kosten je Kategorie zeigt. Gestalten Sie es entsprechend der Vorlage Abbildung 1.

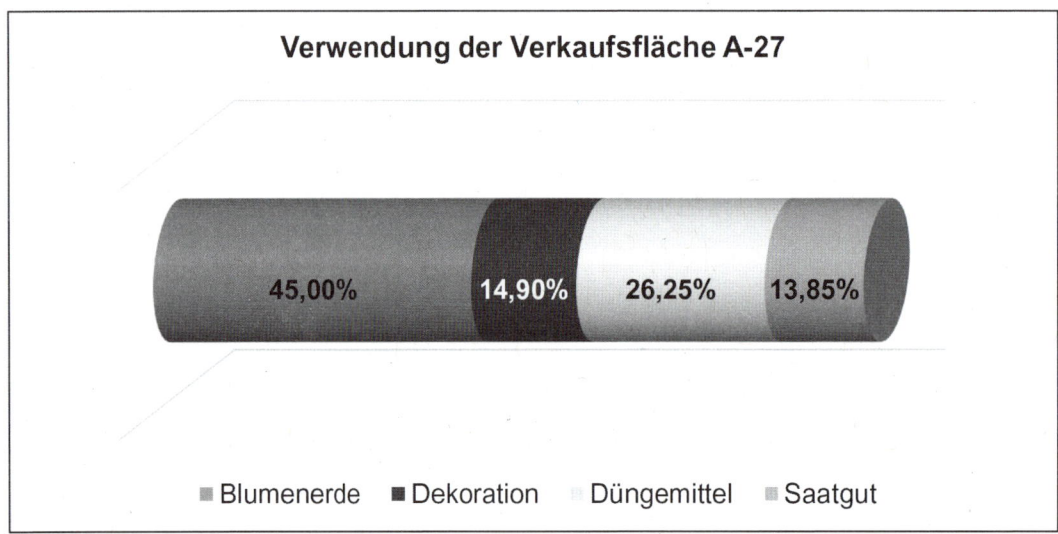

Abbildung 1

Aufgabe W7

Situation

Die MIKO GmbH will eine ihrer Filialen mit neuen Büromöbeln ausstatten. Als Auszubildende/r in der Abteilung Beschaffung erhalten Sie eine Rechnung über eine Lieferung von Büromöbeln, die Sie überprüfen sollen.

Ihnen liegt die als Beleg Nr. 1 abgedruckte Bestellkopie vor sowie die als Beleg Nr. 2 abgebildete Rechnung (siehe auf den nachfolgenden Seiten).

Außerdem haben Sie sich bereits vergewissert, dass die Ihnen zugesandte Bestellantwort vom 26. Mai mit der Bestellung übereinstimmt und die Lieferung in Art und Menge den Angaben der Rechnung entspricht.

W7.1 Schreiben Sie einen Geschäftsbrief an die Reinhold Schreiber GmbH, Berlin.

- Teilen Sie dem Lieferanten mit, welche zwei Unstimmigkeiten Sie zwischen Bestellung und Rechnung festgestellt haben und wie Sie die Angelegenheit regeln wollen.
- Der Betreff soll fett gedruckt werden; der Brief soll eine zentrierte Hervorhebung enthalten.
- Speichern Sie die Datei unter einem von Ihnen gewählten Namen ab.

Aufgabe W7

Beleg Nr. 1 - Bestellung

MIKO GmbH
Tier- und Gartenbedarf

Orchideenweg 24 | 66907 Rehweiler

MIKO GmbH · Orchideenweg 24 · 66907 Rehweiler
Reinhold Schreiber GmbH
Zum Kleinen Teich 42
13189 Berlin

Ihr Zeichen:	pi-sa
Ihre Nachricht vom:	20..-05-20
Unser Zeichen:	si
Unsere Nachricht vom:	
Name:	Maike Simon
Telefon-Durchwahl:	06383 3033-45
Fax:	06383 3034-0
E-Mail:	simon@miko.de
Datum:	20..-05-23

Kunden-Nr.	4813
Bestellnummer	6285
USt.-ID Kunde	DE328988242

Bestellung

Sehr geehrte Damen und Herren,

gemäß Ihrem Angebot vom 20. Mai 20.. bestellen wir folgende Artikel:

Pos.-Nr.	Art.-Nr.	Artikelbeschreibung	Menge/Einheit Stück	Preis je Einheit in Euro	Gesamtbetrag in Euro
1	1288	Schreibtisch Pygmalion	6	650,00	3.900,00
2	7327	Rollcontainer Pygmalion	6	450,00	2.700,00
3	6713	Druckertisch Pygmalion	6	225,00	1.350,00
				Summe	7.950,00
				+ 19 % USt.	1.510,50
				Gesamtsumme	**9.460,50**

Zahlung innerhalb 8 Tagen mit 2 % Skonto oder innerhalb 30 Tagen nach Rechnungserhalt ohne jeden Abzug.

Mit freundlichen Grüßen

MIKO GmbH

ppa.

Maike Simon

MIKO GmbH · Tier- und Gartenbedarf
Orchideenweg 24
66907 Rehweiler
Geschäftsführer
Mick Kowalski

Telefon 06383 3033-0
Telefax 06383 3034-0
Internet www.miko.de
HRB 4711 Amtsgericht Kusel
USt.-IdNr. DE328988242

Bankverbindung
BLZ
Konto
IBAN
BIC

Pfälzer Bank AG
523 644 30
760 896 00
DE92 5236 4430 0076 0896 00
PFAEDED6555

Aufgabe W7

Beleg Nr. 2 - Rechnung

Reinhold Schreiber GmbH
Zum Kleinen Teich 42
13189 Berlin

Reinhold Schreiber GmbH · Zum Kleinen Teich 42 · 13189 Berlin
MIKO GmbH
Tier- und Gartenbedarf
Orchideenweg 24
66907 Rehweiler

Ihr Zeichen	si
Ihre Bestellung vom	20..-05-23
Ihre Bestell-Nr.	6285
Unser Zeichen:	k-ha
Unsere Nachricht vom:	20..-05-26
Name:	Kathrin Kabel
Telefon-Durchwahl:	☏ +49 030 1234-98
E-Mail:	kabel@schreiber.de
Datum:	20..-06-26

Rechnung Nr. 5311   Lieferschein Nr. 5312

Lieferungs- und Rechnungsdatum	20..-06-26
Bestelldatum	20..-05-23
Kunden-Nr.	007-1001

Pos.	Art.-Nr.	Beschreibung	Anzahl	Einzelpreis in Euro	Gesamtbetrag in Euro
1	1288	Schreibtisch Pygmalion Breite 1800 mm Tiefe 800 mm, höhenverstellbar von 65 cm bis 85 cm Platte und Kante hellgrau Stahlgestell mit Kabelmanagement-Vorrichtung	6	650,00	3.900,00
2	7327	Rollcontainer Pygmalion mit 3 Schubladen 1 Materiallade 430 mm x 570 mm x 580 mm	6	485,00	2.910,00
3	6713	Druckertisch Pygmalion mit klappbarem Papierfangkorb 500 mm x 400 x 460 mm	5	225,00	1.125,00
				Summe	7.935,00
				+ 19 % USt.	1.507,65
				Brutto gesamt	**9.442,65**

Zahlbar innerhalb von 30 Tagen ab Rechnungsdatum ohne jeden Abzug;
innerhalb von 8 Tagen 2 % Skonto

Die Waren bleiben bis zur Zahlung des Gesamtbetrages unser Eigentum.

Unternehmenssitz	Registergericht	Geschäftsführer	USt-IdNr.	Bankverbindung
Zum Kleinen Teich 42 13189 Berlin Internet www.schreiber.de	Amtsgericht Berlin HRB 33777	Thorsten Schreiber Maren Reich	DE471111032	Postbank Berlin IBAN DE10 5003 3856 0278 3133 00

Aufgabe W7

W7.2 Öffnen Sie aus der „Datensammlung_MIKO" im Ordner „Vorlagen" die unten abgebildete Datei **„Infos_Checkliste.docx"**.

- Gestalten Sie eine Checkliste mit genauen Handlungsanweisungen für Mitarbeiter der MIKO GmbH, die damit beauftragt sind, Rechnungen zu prüfen.

  Diese Checkliste soll den Text enthalten, der in der Datei „Infos_Checkliste.docx" erfasst ist.

- Entwerfen Sie die Checkliste so, dass jeder Mitarbeiter weiß, worauf er zu achten hat. Nutzen Sie zur Verdeutlichung die Hervorhebungsmöglichkeiten, die das Textverarbeitungsprogramm bietet.

  Nach dem Absatz „Folgende Angaben muss die Rechnung enthalten" sollen alle Angaben mit Gliederungspunkten versehen sein. Die Wahl der Gliederungspunkte steht Ihnen frei.

- Speichern Sie das Dokument unter einem von Ihnen gewählten Namen.

Infos_Checkliste

Pflichtangaben auf Rechnungen
Rechnungskontrolle – Checkliste

Um die Berechtigung zum Vorsteuerabzug sicherzustellen, müssen Rechnungen die unten aufgeführten 12 Punkte enthalten.

Bitte haken Sie auf dem Rechnungsformular alle Punkte ab, um die Vollständigkeit sicherzustellen!
Falls Angaben fehlen, machen Sie bitte einen Vermerk auf der Rechnung und informieren Sie sofort den Absender.
Grundsätzlich können Rechnungen bei fehlenden Bestandteilen nicht beglichen werden; die Buchhaltung hat Anweisung, solche Rechnungen zurückzuweisen.

Folgende Angaben muss die Rechnung enthalten:

Absender: Name des Lieferanten
Steuernummer oder Umsatzsteuer-Identifikationsnummer des Lieferanten
Empfänger: Name des Rechnungsempfängers
Ausstellungsdatum der Rechnung
Rechnungsnummer
Art und Menge der gelieferten Ware bzw. Beschreibung der Leistung
Nettorechnungsbetrag
Lieferdatum bzw. Tag der Leistung
Rabatte, Boni, Skonti (bzw. Zahlungsbedingungen)
Steuersätze (19 % bzw. 7 %) oder Steuerbefreiungshinweis
Umsatzsteuer-Beträge aufgeteilt nach 19 % und 7 % bzw. Steuerbefreiungshinweis
Bruttorechnungsbetrag

Datum: 20..-..-..
Geschäftsleitung
Zeichen: mk-lk

Aufgabe W8

Situation

Im Rahmen Ihrer Ausbildung zum Kaufmann/zur Kauffrau für Büromanagement sind Sie zurzeit in der Abteilung Beschaffung der MIKO GmbH eingesetzt.

Auf der letzten Hausmesse Tier- und Gartenbedarf, am 4. Februar 20.., erteilte die MIKO GmbH der Flopsy Pet Home Designs GmbH, 87656 Schwangau, einen Auftrag über 15 Kleintierställe Typ „Rita Hase". Dieses Modell wurde als Messeneuheit angeboten. Als Innovation bietet es eine integrierte Kamera, mit der man sich jederzeit über das Wohlergehen der Tiere vergewissern kann.

Als Lieferzeit wurde der 1. März 20.. fix vereinbart, damit die Artikel noch rechtzeitig zum Ostergeschäft zur Verfügung stehen. Der Termin wurde von dem Lieferer am 5. Februar 20.. schriftlich bestätigt.

Heute, am 15. Februar 20.., erfahren Sie durch einen Telefonanruf von Herrn Nager, Vertriebsabteilung der Flopsy Pet Home Designs GmbH, dass aufgrund eines Produktionsengpasses nur 10 Stück dieses Artikels zum 1. März 20.. geliefert werden können, die restlichen 5 Stück stehen frühestens zum 30. März 20.. (nach Ostern) zur Verfügung, sodass eine Auslieferung zu Ostern nicht mehr möglich wäre. Da es sich um eine Neuheit handelt, die nur von diesem Lieferanten bezogen werden kann, ist ein Ausweichen auf eine andere Lieferquelle nicht möglich.

W8.1 Überlegen Sie zunächst, wie sich die Rechtslage bei Lieferungsverzug verhält. Machen Sie sich Notizen, welche Besonderheiten bei einem Fixgeschäft zu beachten sind.

W8.2 Schreiben Sie eine interne Mitteilung an die Abteilungsleiterin der Abteilung Beschaffung, Frau Bündig. Informieren Sie Ihre Vorgesetzte über die Liefersituation und unterbreiten Sie einen Lösungsvorschlag für das Problem.

W8.3 Frau Bündig ruft Sie an und teilt Ihnen mit, sie sei mit Ihren Vorschlägen einverstanden. Sie erhalten den Auftrag, der Flopsy Pet Home Designs GmbH, Herrn Nager, 87656 Schwangau, einen Geschäftsbrief zu schreiben und darin die Wünsche der MIKO GmbH darzulegen. Frau Bündig möchte vor dem Versand dieses Briefes die Datei als Anhang per E-Mail von Ihnen bekommen.

W8.3.1 Verfassen Sie zunächst eine Gesprächsnotiz über das Telefongespräch mit Frau Bündig. Verwenden Sie dafür die Datei **„W8_Gesprächsnotiz_Vorlage.dotx"** aus der „Datensammlung_MIKO" im Ordner „Vorlagen".

W8.3.2 Schreiben Sie einen Geschäftsbrief an die Flopsy Pet Home Designs GmbH, Herrn Nager, 87656 Schwangau, in dem Sie die neuen Bedingungen für diesen Geschäftsabschluss mitteilen. Namen und Daten nach eigener Wahl.

Aufgabe E8

Situation

Im Bereich Gartenbau hatte die MIKO GmbH in den vergangenen beiden Jahren einige Kosten zu tragen, die durch die Lieferung falscher Waren, mangelnder Qualität der gelieferten Waren, falsche Kennzeichnung oder Lieferung falscher Mengen verursacht wurden.

Frau Pianotti bittet Sie, eine Einschätzung für dieses Jahr vorzunehmen, welche Lieferanten die zuverlässigsten sind.

Führen Sie eine ABC-Analyse Ihrer Lieferanten durch.

Öffnen Sie zum Bearbeiten dieser Aufgabe die Datei „ABC-Analyse.xlsx".

E8.1 Öffnen Sie das Tabellenblatt „ABCaktuell". Ermitteln Sie mithilfe einer Funktion die Kosten für Reklamationen, die die einzelnen Lieferanten im letzten und vorletzten Jahr verursacht haben (Spalte C und D).

E8.2 Ergänzen Sie die Werte in den Spalten E und F.

E8.3 Ermitteln Sie in Spalte G die Veränderung der Kosten der einzelnen Lieferanten zwischen dem letzten und vorletzten Jahr in €. Berechnen Sie in Spalte H passend dazu den jeweiligen Anteil der Veränderung in % der einzelnen Lieferanten.

E8.4 Führen Sie in Spalte I eine ABC-Analyse auf Basis der Kostenanteile durch.

E8.5 Fügen Sie unterhalb der Tabelle ein Textfeld ein. Beschreiben Sie, was Reklamationen sind und wie Kosten bei Reklamationen entstehen können. Notieren Sie außerdem einen Grund, weshalb die hier durchgeführte ABC-Analyse alleine nicht aussagekräftig sein könnte.

Aufgabe W9

Situation

Im Rahmen ihrer regelmäßigen Datenpflege möchte die MIKO GmbH ihre Kontaktdaten aktualisieren. Dies soll in Verbindung mit einer Werbeaktion geschehen, die sowohl der Kundenbindung als auch der Aktualisierung der Daten dienen soll.

Die Kunden sollen mit einem Informationsschreiben auf die Aktion aufmerksam gemacht werden.

W9.1 Der Text des Informationsschreibens liegt Ihnen vor. Öffnen Sie dazu aus der „Datensammlung_MIKO" im Ordner „Vorlagen" die Datei **„Infoschreiben_Hauptdokument.docx"** (siehe auch Abdruck auf der folgenden Seite). Bereiten Sie das Dokument mithilfe der Serienbrieffunktion so auf, dass es an die entsprechenden Kunden verschickt werden kann.

Speichern Sie das Dokument unter einem von Ihnen gewählten Namen.

- Öffnen Sie nun aus der „Datensammlung_MIKO" im Ordner „Vorlagen" die Datei **„Infoschreiben_Anschriften.docx"** und erstellen Sie aus dieser Datei eine geeignete Datenquelle in Excel für diesen Serienbrief. Speichern Sie die Datenquelle unter einem von Ihnen gewählten Namen.

- Fügen Sie die Seriendruckfelder und das Bedingungsfeld für die Anrede DIN-gerecht in den Serienbrief ein.

- Drucken Sie die von Ihnen als Hauptdokument abgespeicherte Version mit den Seriendruckfeldern sowie die vier Briefe aus.

Infoschreiben_Hauptdokument

MIKO GmbH
Tier- und Gartenbedarf

Orchideenweg 24 | 66907 Rehweiler

MIKO GmbH · Orchideenweg 24 · 66907 Rehweiler

Ihr Zeichen:
Ihre Nachricht vom:
Unser Zeichen: si
Unsere Nachricht vom:

Name: Maike Simon
Telefon: 06383 3033-45
Fax: 06383 3034-0
E-Mail: simon@miko.de

Datum: 20..-..-..

**Frühjahrsputz bei MIKO – alte Daten müssen raus
– Gutscheine für den Tier- und Gartenliebhaber!**

alles fließt – auch Kontaktdaten ändern sich! Wir möchten Sie immer rechtzeitig beliefern können und bei Bedarf Rücksprache nehmen – das ist sicher auch in Ihrem Sinne. Aktuelle Daten sind dafür die Voraussetzung.

Besuchen Sie unseren Webshop unter www.miko.de und nehmen Sie die Gelegenheit wahr, uns über Ihre aktuellen Kontaktdaten zu informieren.

Auf unserer Website finden Sie wertvolle Tipps für den Tier- und Gartenliebhaber. Es lohnt sich, dort einmal vorbeizuschauen: Zurzeit verlosen wir wertvolle Gutscheine für Ihre Einkäufe! Besuchen Sie unseren Shop im Internet und nehmen Sie an der Verlosung teil!

Mit freundlichen Grüßen

MIKO GmbH
Tier- und Gartenbedarf

i. A.

Maike Simon

MIKO GmbH · Tier- und Gartenbedarf
Orchideenweg 24
66907 Rehweiler
Geschäftsführer
Mick Kowalski

Telefon 06383 3033-0
Telefax 06383 3034-0
Internet www.miko.de
HRB 4711 Amtsgericht Kusel
USt.-IdNr. DE328988242

Bankverbindung
BLZ
Konto
IBAN
BIC

Pfälzer Bank AG
523 644 30
760 896 00
DE92 5236 4430 0076 0896 00
PFAEDED6555

Aufgabe W9

W9.2 Die MIKO GmbH möchte ihr Adressmanagement verbessern, da im Vertriebsbereich immer mehr Postsendungen mit veralteter Anschrift als unzustellbar registriert werden.

Mathis Maier möchte daher von der Intergalactic Postal Service, einem Postdienstleistungsunternehmen, ein Angebot für eine effiziente Adresspflege einholen.

Angaben zum Sendungsaufkommen:
ca. 200 000 Sendungen monatlich
Mailings, Rechnungen, Paketsendungen

Die wichtigsten Anforderungen an diese Dienstleistung:

– Zustellbarkeitsprüfung vor Ort:
Die Adressdaten sollen vor Ort vom Zusteller geprüft und mit Datum der Unzustellbarkeit dokumentiert werden.

– Digitale Adressverwaltung:
Adressen, die nicht mehr stimmen, sollen mithilfe aktueller Datenbanken elektronisch abgeglichen und auf den neuesten Stand gebracht werden

- Schreiben Sie eine E-Mail an das Postdienstleistungsunternehmen und bitten Sie um ein Angebot. Öffnen Sie dazu aus der „Datensammlung_MIKO" im Ordner „Vorlagen" die Datei **„W9.2_E-Mail_Vorlage.dotx"**.
- Speichern Sie Ihre Lösung zur Aufgabe W9.2 unter einem von Ihnen gewählten Namen.

Aufgabe E9

Situation

Sie sind derzeit im Vertrieb eingesetzt. Da ein Kollege erkrankt ist, sollen Sie die Rücklaufquote der Angebote, die er im Januar verschickt hat, kontrollieren.

Heute ist der 02.01.2025. Sie haben die Angebote bereits in einer Liste zusammengefasst, allerdings müssen Sie noch ein paar Daten vervollständigen.

Vervollständigen Sie das vorliegende Tabellenblatt und ermitteln Sie die aktuelle Auftragssumme.

Öffnen Sie zum Bearbeiten dieser Aufgabe die Datei **„Angebote.xlsx"** aus der „Datensammlung_MIKO" im Ordner „Tabellen".

- **E9.1** Öffnen Sie das Tabellenblatt „Angebote". Ermitteln Sie mithilfe einer Funktion aus dem Tabellenblatt „Stammdaten" die Namen der einzelnen Unternehmen.

- **E9.2** Ermitteln Sie mithilfe einer Funktion die Angebotssumme in Zelle C20.

- **E9.3** Tragen Sie die nachfolgend genannten Angebote ebenfalls ein:
  - Am 24.12.2024 ging der Auftrag zu den Angeboten Nr. 507026 und 507143 ein.
  - Am 30.12.2024 ging der Auftrag zu den Angeboten Nr. 507032 und 507116 ein.

- **E9.4** Fügen Sie eine Funktion in Spalte G ein, um die verbleibende Laufzeit bei den Angeboten zu ermitteln, für die noch kein Auftrag erteilt wurde.

- **E9.5** Nutzen Sie eine Funktion, um in Spalte H ein „Fällig" einzutragen, wenn die Laufzeit abgelaufen ist. Wenn noch Restzeit übrig ist, soll die Zelle leer bleiben.

- **E9.6** Berechnen Sie in Zelle C21 die Summe aller bisher eingegangenen Aufträge in Euro, sowie in Zelle C22 die Auftragsquote in %.

Aufgabe E10

Situation

Das Sortiment der MIKO GmbH umfasst unter anderem auch Reitkleidung. Beim Artikel RH302-1 haben sich die Absatzzahlen verändert. Daher muss die optimale Bestellmenge neu berechnet werden.

Ermitteln Sie anhand der vorliegenden Daten die optimale Bestellmenge.

Öffnen Sie zum Bearbeiten dieser Aufgabe die Datei **„Reitkleidung.xlsx"** aus dem Ordner „Tabellen".

E10.1 Öffnen Sie das Tabellenblatt „RH302-1". Vervollständigen und gestalten Sie dieses Tabellenblatt gemäß der Vorlage Abbildung 1.

E10.2 Füllen Sie die Grunddaten mithilfe des Tabellenblatts „Sortiment R" aus. Formatieren Sie Preise als „Währung" und Stück als „Zahl" mit 1.000er Trennzeichen und ohne Dezimalstellen.

E10.3 Führen Sie in der oberen Tabelle die fehlenden Berechnungen durch.

E10.4 In Spalte G (Zellen G3 bis G14) soll ein „X" angezeigt werden bei der preiswertesten Anzahl von Bestellungen. Die restlichen Zellen sollen leer bleiben.

E10.5 Fügen Sie unterhalb der Tabelle mit den Grunddaten ein Textfeld ein. Schreiben Sie eine kurze Notiz, in der Sie angeben, bei wie vielen Bestellungen Sie die optimale Bestellmenge sehen. Nennen Sie drei Gründe, aus denen Lagerkosten entstehen können.

	A	B	C	D	E	F	G
1	Optimale Bestellmenge Artikel-Nr. RH302-1						
2	Anzahl der Bestellungen	Bestell-kosten	Bestell-menge	ø Lager-bestand in Stück	Kosten für Lagerung	Kosten gesamt	Preiswerteste Option
3	1						
4	2						
5	3						
6	4						
7	5						
8	6						
9	7						
10	8						
11	9						
12	10						
13	11						
14	12						
15							
16	Grundlage für die Berechnung:						
17		Grunddaten					
18	Art.-Nr.					RH302-1	
19	Bezeichnung						
20	Bezugspreis pro Stück						
21	Bestellkosten pro Bestellung					12,80 €	
22	Jahresbedarf						
23	Lagerkostensatz					11,00%	
24							

Abbildung 1

Aufgabe W10

Situation

Die Auszubildenden der MIKO GmbH haben eine neue Idee: Sie wollen das Angebot für Tierhalter und Gartenliebhaber erweitern. Sie planen, ökologische, funktionelle Kleidung für „Outdoor Activities" in das Sortiment aufzunehmen. Der Bedarf an „Green Clothing" scheint bei der Zielgruppe vorhanden zu sein. Der Name der Produktlinie steht schon fest: „MIKO Perfect Outfits". Ayshe Demir ist mit der Projektleitung betraut worden. Ein Meeting ist geplant und wird anschließend durchgeführt.

Thema des Meetings: MIKO Perfect Outfits – Funktionskleidung für Naturliebhaber

W10.1 Erstellen Sie mit Ihrem Textverarbeitungsprogramm eine **Checkliste** zur Vorbereitung des Meetings mit den wesentlichen Punkten. Diese Checkliste soll mit Checkboxen versehen sein, die am Computer ausgefüllt werden können.

W10.2 Das Meeting hat inzwischen stattgefunden. Darüber ist ein **Ergebnisprotokoll** zu erstellen. Die Liste der Teilnehmer finden Sie auf der folgenden Seite.

Inhalt des Meetings

Präsentation der Fakten

Ayshe Demir stellt eine PowerPoint-Präsentation über das Thema ökologische, funktionelle Kleidung (Green Clothing) vor. Diese Präsentation wird allen Teilnehmern in digitaler Form zur Verfügung gestellt.

Inhalte der Präsentation:

- Atmungsaktive Kleidung kann giftige Substanzen enthalten, waschechte Farbtöne und knitterfreie Eigenschaften erfüllen nicht immer ökologische Anforderungen
- Fair produzierte und fair gehandelte Artikel sorgen für bessere Arbeits- und Umweltbedingungen in den produzierenden Ländern
- Ökologisches Bewusstsein der Zielgruppe, die MIKO Produkte kauft, lässt auf wachsende Marktchancen schließen
- Anforderungen an die Textilprodukte und Schuhe
  - Fair produziert, ökologisch zertifiziert:
    Die Rohstoffe sollen aus ökologischem Anbau kommen, Herstellung und Vertrieb aus fairer Produktion und fairem Handel
  - Sportliches modernes Design
  - Für Kunden interessant, die ein aktives Leben in der Natur führen
  - Im mittleren Preisbereich, keine „Öko-Luxus-Produkte"

Die Teilnehmer der Besprechung übernehmen in Zweiergruppen die folgenden Aufgabenbereiche (Gruppeneinteilung nach eigener Wahl):

- Ermittlung von Bezugsquellen und Preisvergleiche für fair produzierte und gehandelte Artikel
- Entwicklung eines Videoclips zur Bedeutung von ökologischer Kleidung (Green Clothing)
- Konzeption einer Werbekampagne für die neue Produktlinie

Aufgabe W10

Folgende **Teilnehmer** stehen auf der Anwesenheitsliste:

Ayshe Demir	Projektleitung, Auszubildende – Kauffrau für Büromanagement
Justus Drees	Auszubildender – Fachkraft für Lagerlogistik
Tamira Lagerfeld	Auszubildende – Fachkraft für Lagerlogistik
Mathis Maier	Management-Assistent Kundenservice, Ausbilder
Hanna Nowak	Auszubildende – Fachinformatikerin
Pablo Pronto	Auszubildender – Kaufmann für Büromanagement
Vivian Scheel	Auszubildende – Kauffrau für Büromanagement und Protokollführerin

Gestalten Sie zunächst ein allgemeines Formular für ein Ergebnisprotokoll.

Entwerfen Sie ein Formular in tabellarischer Form, das in Zukunft in der MIKO GmbH als Vorlage für ein Ergebnisprotokoll benutzt werden soll.

Dieses Formular soll folgende Punkte enthalten:
- Überschrift: Protokoll
- Meeting des/der Teams
- Thema
- Datum
- Uhrzeit (von/bis)
- Ort
- Leiter/in des Meetings
- Protokollführer/in
- Teilnehmer/Teilnehmerinnen
- Tagesordnungspunkte (TOP/Inhalte/Beschlüsse)
- Termin der nächsten Sitzung
- Unterschriften, die bei einem Protokoll erforderlich sind
- Datum des Protokolls
- Verteiler
- Anlagen

Weitere Angaben und Gestaltung nach eigener Wahl.

Verwenden Sie die Schriftart Arial, 11 Punkt. Hervorhebungen nach eigener Wahl.

Setzen Sie „Formularfelder" ein und schränken Sie die Bearbeitung so ein, dass **nur die Formularfelder ausgefüllt werden können** (Ausfüllen von Formularen); eine weitere Änderung des Dokumentes (des „Grundgerüstes") soll aber nicht erfolgen können. Das Dokument muss also teilweise schreibgeschützt werden.

W10.3 **Füllen Sie das von Ihnen entworfene Formular aus.** Termine nach eigener Wahl.

Es handelt sich hier um ein **Ergebnisprotokoll**, in dem Sie lediglich die **Ergebnisse bzw. Beschlüsse** notieren sollen. Sie müssen also entscheiden, welche der umfangreichen Punkte der Besprechung hier nur gekürzt wiedergegeben werden bzw. nicht aufgeführt zu werden brauchen.

Hinweis: Ein wichtiger Punkt in einem Ergebnisprotokoll ist es, festzuhalten, wer bis wann etwas zu erledigen hat! Formulierungen nach eigener Wahl.

Notizen

Notizen

Notizen

Sabine Knauer · Patricia Müller

Kaufmann/Kauffrau für Büromanagement

Prüfungstrainer
Informationstechnisches Büromanagement

Übungsaufgaben und erläuterte Lösungen

Lösungsteil

Bestell-Nr. 2301

u-form Verlag · Hermann Ullrich GmbH & Co. KG

Deine Meinung ist uns wichtig!

Du hast Fragen, Anregungen oder Kritik zu diesem Produkt?

Das u-form Team steht dir gerne Rede und Antwort.

Einfach eine kurze E-Mail an

feedback@u-form.de

Dateien zum Download und ggf. Korrekturen findest du übrigens unter diesem Link:

www.u-form.de/addons/2301-2025.zip

BITTE BEACHTEN:

Zu diesem Prüfungstrainer gehören auch noch ein **Aufgabenteil** sowie **Dateien zum Download**.

6. Auflage 2025 · ISBN 978-3-95532-301-1

Alle Rechte liegen beim Verlag bzw. sind der Verwertungsgesellschaft Wort, Untere Weidenstr. 5, 81543 München, Telefon 089 514120, zur treuhänderischen Wahrnehmung überlassen. Damit ist jegliche Verbreitung und Vervielfältigung dieses Werkes – durch welches Medium auch immer – untersagt.

 © u-form Verlag | Hermann Ullrich GmbH & Co. KG
Cronenberger Straße 58 | 42651 Solingen
Telefon: 0212 22207-0 | Telefax: 0212 22207-63
Internet: www.u-form.de | E-Mail: uform@u-form.de

Inhaltsverzeichnis

Lösungen — Seite

Aufgabe 1
E1 Absatzanalyse durchführen .... 7 – 20
W1 Formularerstellung – Interne Mitteilung .... 21 – 24

Aufgabe 2
W2 Anfrage: Serienbrief erstellen .... 25 – 31
E2 Kostenberechnung durchführen .... 32 – 34

Aufgabe 3
E3 Angebotsvergleich durchführen .... 35 – 36
W3 Bestellung tätigen .... 37 – 39

Aufgabe 4
W4 Internes Meeting (Vor- und Nachbereitung) .... 40 – 47
E4 Auswertung von Umfrageergebnissen .... 48 – 51

Aufgabe 5
W5 Formularerstellung – Anmeldeformular und Fragebogen .... 52 – 60
E5 Fehlzeitenstatistik aufstellen und auswerten .... 61 – 64

Aufgabe 6
E6 Terminkalender abstimmen .... 65 – 67
W6 Außendiensttermine koordinieren .... 68 – 72

Aufgabe 7
E7 Investitionen in Betriebs- und Geschäftsausstattung .... 73 – 79
W7 Rechnungsprüfung .... 80 – 82

Aufgabe 8
W8 Lieferungsverzug reklamieren .... 83 – 86
E8 ABC-Analyse durchführen .... 87 – 89

Inhaltsverzeichnis

Seite

Aufgabe 9

W9   Kundendatenpflege .... 90 – 93

E9   Rücklaufquote von Angeboten auswerten .... 94 – 96

Aufgabe 10

E10   Optimale Bestellmenge ermitteln .... 97 – 100

W10   Formularerstellung – Checkliste und Ergebnisprotokoll .... 101 – 105

Formelsammlung .... 106 – 108

Lösungen

Programmversion Microsoft 365

Zu allen Aufgaben finden Sie **fertige Lösungsdateien** zum Download unter

www.u-form.de/addons/2301-2025.zip

Vergleichen Sie diese Lösungen mit den von Ihnen selbst erstellten Lösungen und lesen Sie die Erläuterungen dazu hier im Lösungsteil.

Technische Vorbemerkungen

Technische Vorbemerkungen

In den Erläuterungen zu den Lösungen werden die einzelnen Schritte nur stichwortartig in Kurzform dargestellt, um den Zusammenhang der Lösung nachvollziehen zu können. Es wird davon ausgegangen, dass Ihnen aus der Arbeit mit Office die Grundlagen geläufig sind.

Das Anwendungsfenster bei Office zeichnet sich durch ein **Menüband** aus, mit Schaltflächen und Symbolen, aus denen die Funktionen leicht zu erkennen sind.

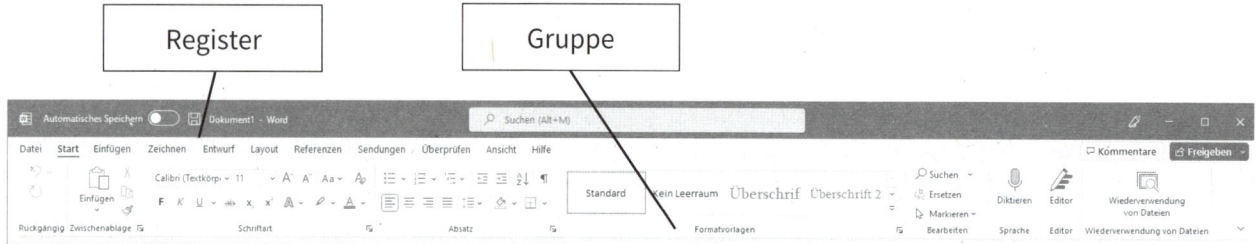

In Word und Excel kann der Arbeitsbereich individuell eingerichtet werden. Es können Register hinzugefügt und unter diesen Registern eigene Gruppen eingerichtet werden. (Siehe dazu unter Datei – Optionen – Menüband anpassen.)

Lösung Aufgabe E1

Lösung von Aufgabe E1 – Absatzanalyse

Wenn Sie die Datei **„Kundenuebersicht_Kleintierbedarf.xlsx"** öffnen, ist das Tabellenblatt „Absatz" bereits mit einigen Werten gefüllt. Speichern Sie die Datei vor der weiteren Bearbeitung zunächst unter einem sinnvollen Dateinamen ab, z. B. „E1_Absatzanalyse.xlsx". Klicken Sie hierzu auf Datei → Speichern unter.

Zu E1.1:

Sie sollen eine Funktion nutzen, um die Gesamtabsatzmenge des Jahres für jeden Kunden zu ermitteln. Wenn Sie bereits den Schnellkurs bearbeitet haben, kennen Sie die Funktion SUMME bereits. Falls nicht, lesen Sie sich bitte den Infokasten zur Funktion SUMME auf Seite 107 hier im Lösungsteil durch.

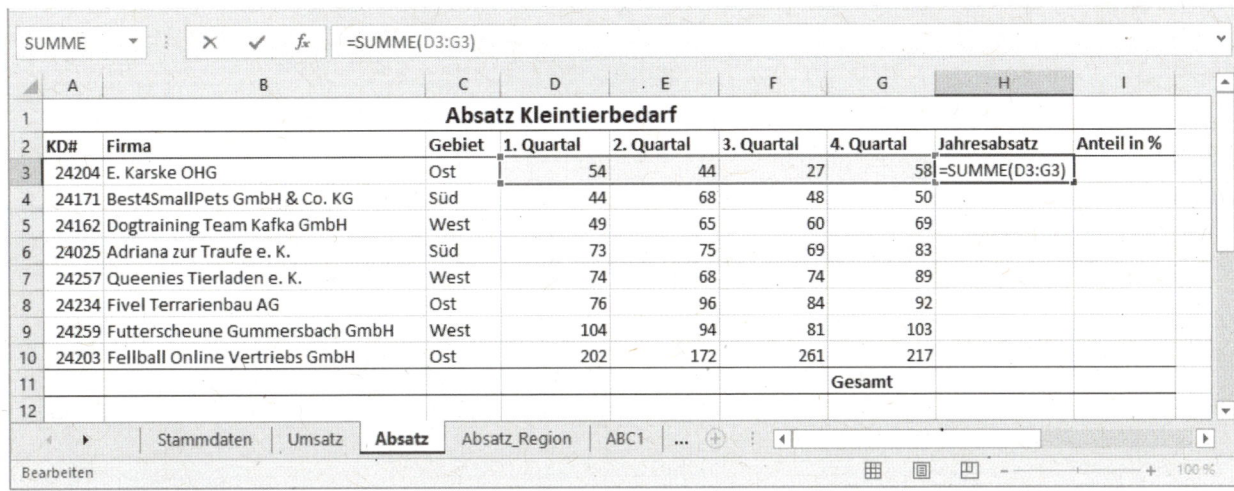

Sie können die Funktion in Zelle H3 mit dem Funktionsassistenten erstellen. Sie können die Funktion auch per Hand eintippen oder die AutoSumme verwenden:

=SUMME(D3:G3)

Wichtig ist, dass Sie darauf achten, alle Werte (1. Quartal – 4. Quartal) mit der Funktion abzudecken.

Drücken Sie nach dem Eingeben der Funktion auf [Enter]. Es erscheint das Ergebnis 183.

Da die Funktion in diesem Fall auch ohne feste Bezüge kopierbar ist, können Sie sie direkt in die übrigen Felder übertragen.

Lösung Aufgabe E1

Markieren Sie jetzt die Zelle H3 mit dem angezeigten Ergebnis. Klicken Sie auf die rechte untere Ecke der Zelle und ziehen Sie sie über die Zellen H4 – H10, um die Ausfüllfunktion von Excel zu nutzen.

G	H	I
4. Quartal	Jahresabsatz	Anteil in %
58	183	
50		
69		
83		
89		
92		
103		
217		
Gesamt		

G	H	I
4. Quartal	Jahresabsatz	Anteil in %
58	183	
50	210	
69	243	
83	300	
89	305	
92	348	
103	382	
217	852	
Gesamt		

Schritt 2 zu dieser Aufgabe ist die Ermittlung der Gesamtabsatzmenge aller Kunden.

Dazu verwenden Sie wieder die Funktion SUMME. Wählen Sie Zelle H11 an. Geben Sie die SUMME-Funktion so ein, dass diese die Zahlen aus den Zellen H3 – H10 summiert.

=SUMME(H3:H10)

Das Gesamtergebnis ist 2823 Stück.

Zu E1.2:

Bei dieser Aufgabe sollen Sie für jeden Kunden den Anteil am Gesamtabsatz in % ermitteln.

$$\text{Prozentsatz} = \frac{\text{Prozentwert} \times 100\,\%}{\text{Grundwert}}$$

Der Grundwert ist in dieser Aufgabe die Gesamtabsatzmenge aller Kunden, also Zelle H11 bzw. die Zahl 2823. Prozentwert ist jeweils der Jahresabsatz der einzelnen Kunden. Für den ersten Kunden in der Tabelle ist das Zelle H3 bzw. die Zahl 183.

Wählen Sie Zelle I3 aus und ermitteln Sie mit der zuvor genannten Formel den Absatzanteil.

=H3/$H$11*100

Das Ergebnis ist für die Zeile 3 der Prozentsatz 6,48.

Achten Sie vor dem Übertragen der Formel darauf, die festen Bezüge richtig zu setzen. Haben Sie die Formel für das Kopieren vorbereitet, übertragen Sie sie auf die übrigen Zellen I4 – I10 mithilfe der Ausfüllfunktion.

Lösung Aufgabe E1

Wenden Sie zur besseren Lesbarkeit auf die Zellen I3 – I10 das Zahlenformat an.

Führen Sie am Ende eine Kontrolle durch, indem Sie mit der Summenfunktion in Zelle I11 die Summe aus den Ergebnissen der Zellen I3 – I10 bilden. Wenn diese 100 anzeigt, haben Sie alles richtig gemacht.

	A	B	C	D	E	F	G	H	I
1			Absatz Kleintierbedarf						
2	KD#	Firma	Gebiet	1. Quartal	2. Quartal	3. Quartal	4. Quartal	Jahresabsatz	Anteil in %
3	24204	E. Karske OHG	Ost	54	44	27	58	183	6,48
4	24171	Best4SmallPets GmbH & Co. KG	Süd	44	68	48	50	210	7,44
5	24162	Dogtraining Team Kafka GmbH	West	49	65	60	69	243	8,61
6	24025	Adriana zur Traufe e. K.	Süd	73	75	69	83	300	10,63
7	24257	Queenies Tierladen e. K.	West	74	68	74	89	305	10,80
8	24234	Fivel Terrarienbau AG	Ost	76	96	84	92	348	12,33
9	24259	Futterscheune Gummersbach GmbH	West	104	94	81	103	382	13,53
10	24203	Fellball Online Vertriebs GmbH	Ost	202	172	261	217	852	30,18
11							Gesamt	2823	100,00

Somit haben Sie auch diese Aufgabe erfolgreich beendet.

Zu E1.3:

Öffnen Sie das angegebene Tabellenblatt „Absatz_Region". Darin ist folgende Tabelle vorbereitet:

	A	B	C	D
1				
2		Auswertung Absatz nach Region		
3		Region	Prozentanteil am Gesamtjahresabsatz	Anzahl der Kunden
4		Ost		
5		Süd		
6		West		
7				

Der Tabelle entnehmen Sie, dass Sie die Kunden nach Regionen zusammenfassen sollen. In Spalte C sollen Sie den Prozentanteil am Gesamtjahresabsatz für die einzelnen Regionen ermitteln. In Spalte D sollen Sie zählen, wie viele Kunden der jeweiligen Region zugeordnet werden können.

Mit der Funktion SUMMEWENN können Sie die Tabelle „Absatz" nach der Region durchsuchen und die einzelnen Anteile am Gesamtjahresabsatz automatisch zusammenrechnen lassen.

Lösung Aufgabe E1

Mit der Funktion ZÄHLENWENN können Sie die Tabelle „Absatz" ebenfalls nach der Region durchsuchen lassen und die Anzahl der Kunden ermitteln, die den einzelnen Regionen zuzuordnen sind.

(Die ausführliche Erklärung dieser Funktionen finden Sie in der Formelsammlung am Ende des Lösungsteils.)

Als Erstes wählen Sie Zelle C4 aus und öffnen den Funktionsassistenten. Wählen Sie die Funktion SUMMEWENN aus.

Bereich: Wählen Sie hier die Regionen im Tabellenblatt „Absatz" aus, Zellen C3 bis C10.

Suchkriterien: Wählen Sie hier die Zelle aus, in der die Region, die Sie suchen wollen, angegeben ist (in diesem Fall Zelle B4).

Summe_Bereich: Wählen Sie hier den Bereich aus, dessen Inhalte zusammengezählt werden sollen, wenn in der zugehörigen Zeile das Suchkriterium gefunden wurde. Das ist in diesem Fall das Tabellenblatt „Absatz", Zellen I3 – I10.

Ihr Funktionsassistent sollte jetzt diese Angaben enthalten:

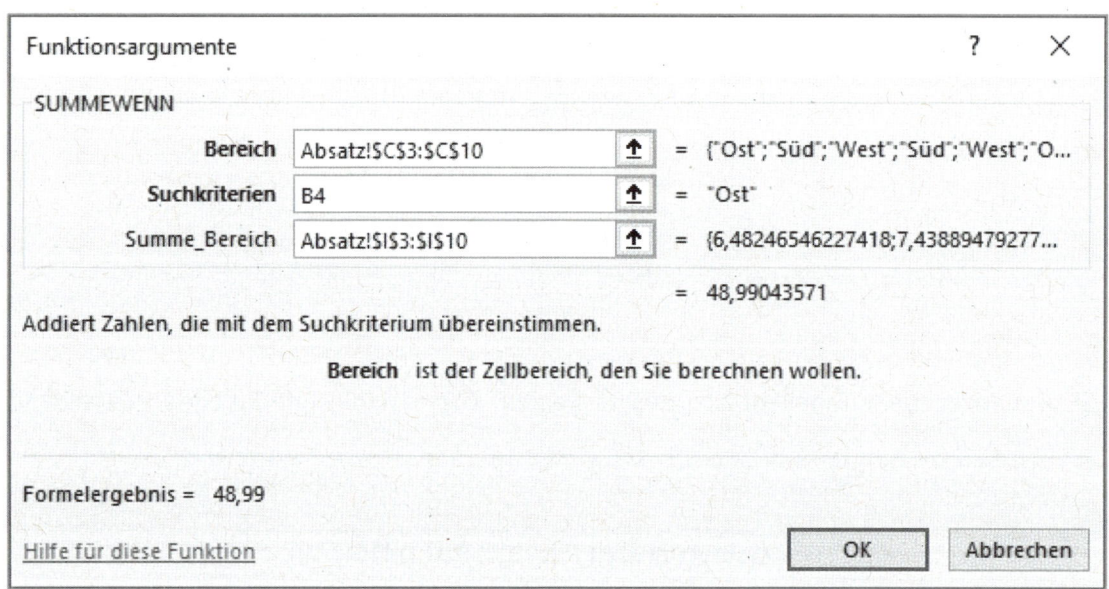

Klicken Sie auf OK. Die Zelle zeigt jetzt die Zahl 48,99.

Formel: =SUMMEWENN(Absatz!$C$3:$C$10;B4;Absatz!$I$3:$I$10)

Lösung Aufgabe E1

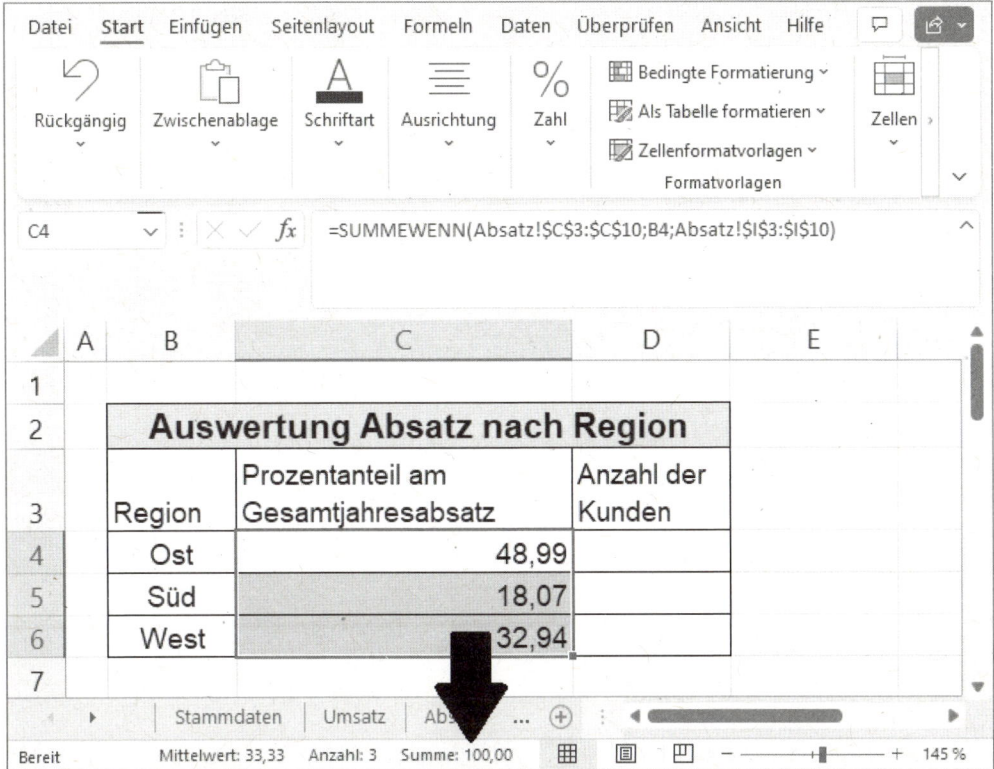

Übernehmen Sie die Formel in die Zellen C5 und C6. Markieren Sie die Zellen C4 – C6 und kontrollieren Sie, ob die Zellinhalte zusammen Summe 100 ergeben.

Wählen Sie als Nächstes Zelle D4 aus und rufen Sie im Funktionsassistenten die Funktion ZÄHLENWENN auf.

Als **Bereich** geben Sie den gleichen Bereich an, wie bereits zuvor bei der SUMMEWENN-Funktion.

Als **Suchkriterien** wählen Sie ebenfalls Zelle B4 aus.

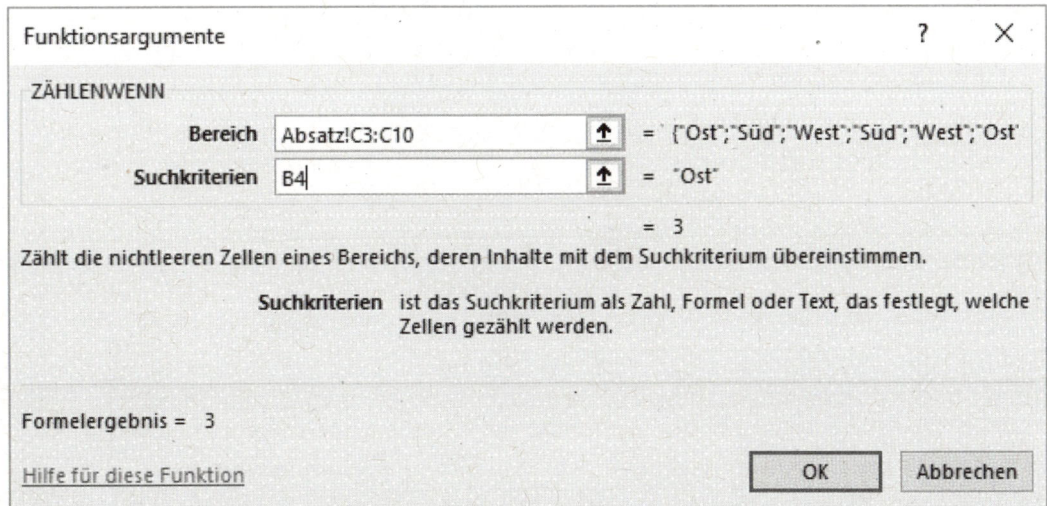

Geben Sie die festen Bezüge innerhalb der Funktion mit $-Zeichen an.

=ZÄHLENWENN(Absatz!$C$3:$C$10;B4)

Übernehmen Sie die Funktion auf die Zellen D5 und D6.

Lösung Aufgabe E1

Ihr Ergebnis sollte nun so aussehen:

	A	B	C	D
1				
2		**Auswertung Absatz nach Region**		
3		Region	Prozentanteil am Gesamtjahresabsatz	Anzahl der Kunden
4		Ost	48,99	3
5		Süd	18,07	2
6		West	32,94	3

Zu E1.4:

Markieren Sie die Zellen B4 – C6, also die Spalten „Region" und „Prozentanteil am Gesamtjahresabsatz".

Wählen Sie oben, über der Symbolleiste, das Register „Einfügen" aus. Klicken Sie in der Gruppe „Diagramme" rechts neben „Empfohlene Diagramme" auf das Kreisdiagramm und wählen Sie unter „2D-Kreis" den ersten Diagrammtyp aus.

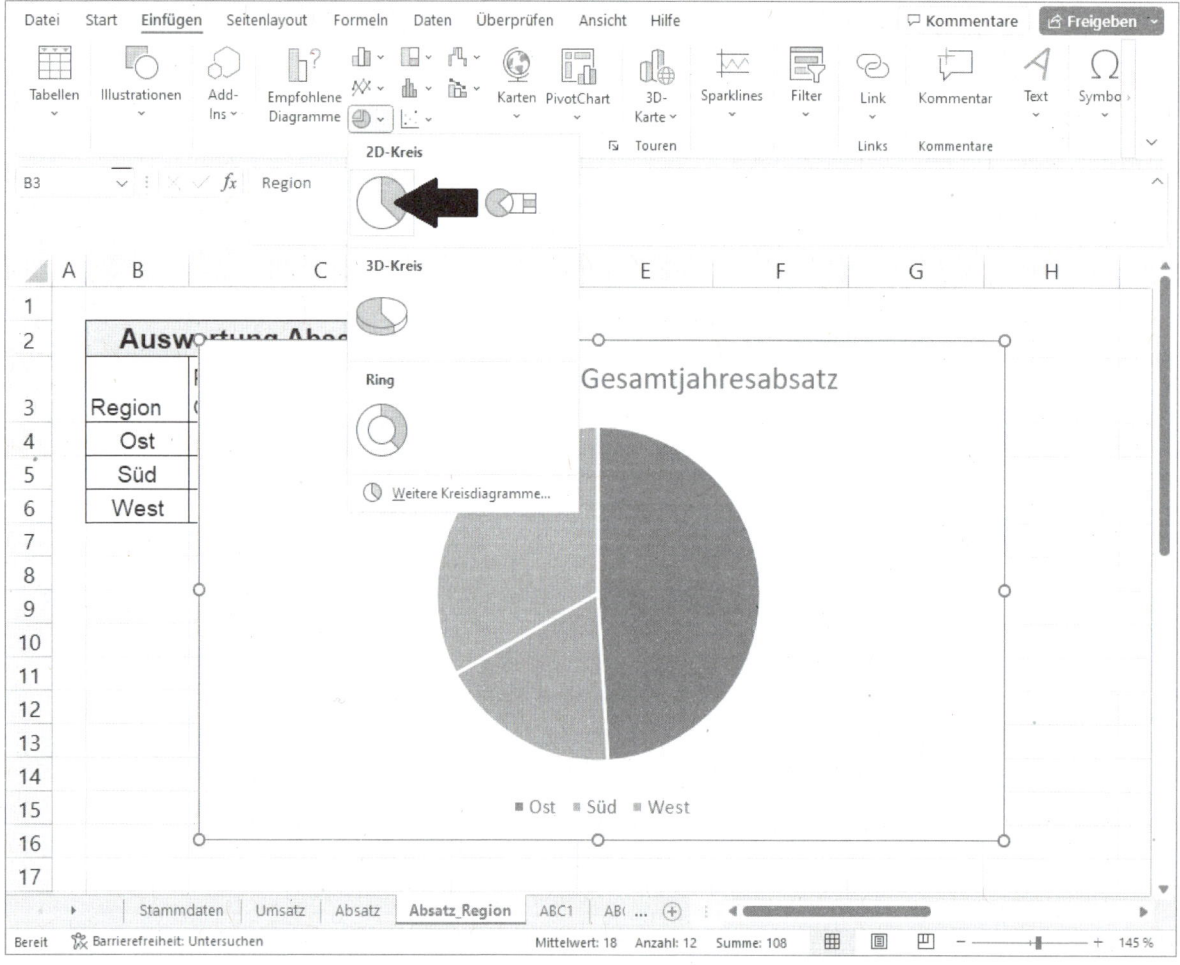

Verschieben Sie ihr soeben erstelltes Kreisdiagramm, indem Sie es anklicken, die Maustaste gedrückt halten und es unter der Tabelle platzieren.

Inhaltlich erfüllt Ihr Kreisdiagramm die Anforderungen von Aufgabe E1.4 bereits. Sie müssen es nun entsprechend der Vorlage anpassen.

Lösung Aufgabe E1

Durch die Rahmenbedingungen (Aufgabenteil S. 50) wissen Sie, dass die Schriftart hier Arial 10 pt sein soll, mit Ausnahme der Überschriften (12 pt und Fettschrift).

Zudem sind auch in der Vorlage die Schriftfarben überwiegend schwarz.

Sie sollen dem Diagramm eine sinnvolle Überschrift geben. Die Legende muss oberhalb des Kreisdiagramms angegeben sein. Außerdem sind in der Vorlage die einzelnen Diagrammfelder in Grautönen gehalten. Im Inneren sind die Prozentzahlen ohne Nachkommastellen angezeigt.

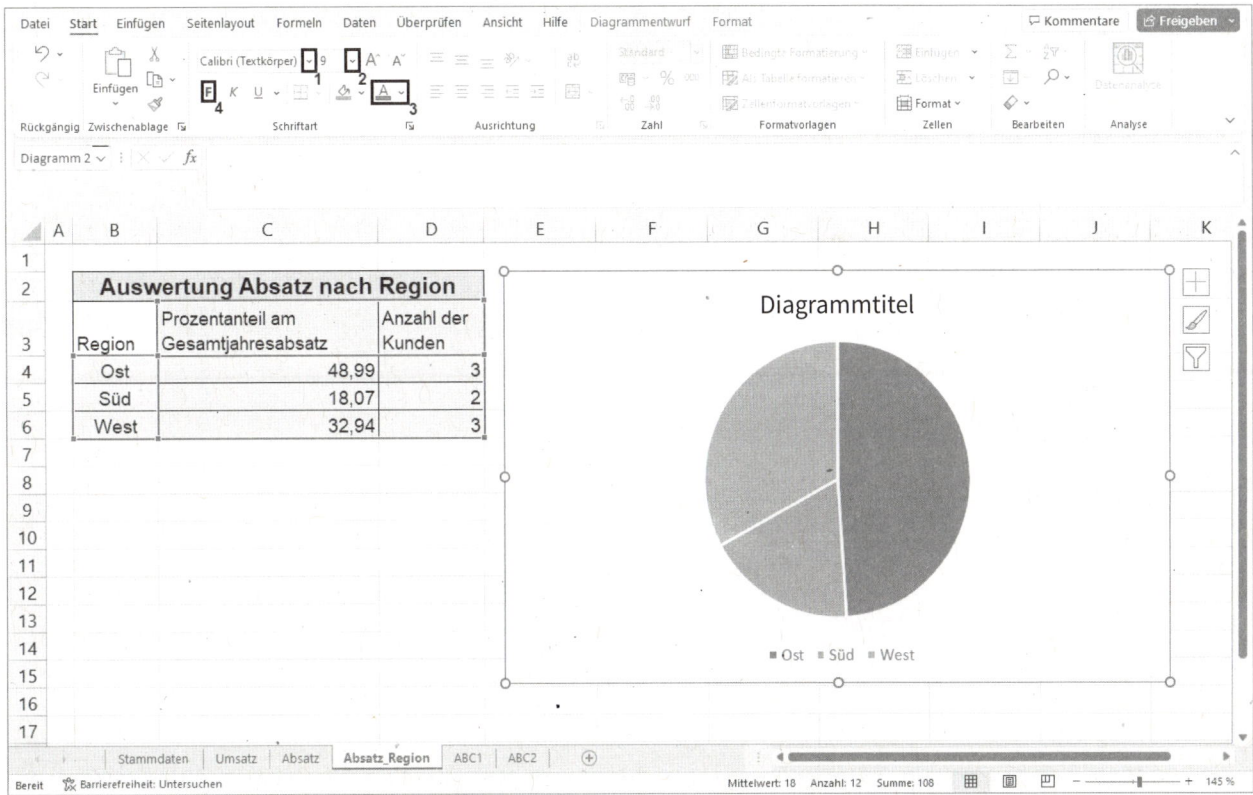

Schritt 1: Beginnen Sie mit der optischen Anpassung der Schriften. Markieren Sie das Diagramm, wählen Sie als Schriftart Arial aus [1] und passen Sie die Schriftgröße auf 10 pt an [2]. Färben Sie die Schrift schwarz ein [3].

Klicken Sie nun auf die Überschrift „Diagrammtitel". Stellen Sie die Schriftgröße hier auf 14 pt [2]. Fügen Sie Fettschrift ein [4].

Schritt 2: Entwerfen Sie eine sinnvolle Überschrift. Wichtig ist, dass Sie sich dabei auf den Inhalt beziehen. Falls Ihnen nichts einfällt, lesen Sie sich noch einmal die Aufgabenstellung durch.

„Fügen Sie in das Tabellenblatt „Absatz_Region" ein Kreisdiagramm unterhalb der Tabelle ein. Zeigen Sie mit dessen Hilfe, wie sich der Gesamtabsatz in % auf die drei Regionen verteilt. Gestalten Sie es entsprechend der hier angegebenen Musterabbildung."

Aus dem markierten Satz können Sie formulieren: „Absatzanteile der drei Regionen in %".

Andere Beispiele:
- Anteile der Regionen Ost, Süd und West am Gesamtabsatz in %
- Darstellung der Absatzanteile in % der Regionen Ost, Süd und West

Lösung Aufgabe E1

Die Begriffe **%** bzw. **Prozent** und **Absatz** sollten Sie verwenden, damit Sie zeigen, dass Sie verstanden haben, was Sie mit dem Diagramm zeigen sollen.

Hinweis:

Üblicherweise beziehen sich die Prüfungsaufgaben auf spezielle Jahre oder sogar auf die Abweichung in Bezug auf das Vorjahr. In diesem Fall sollten Sie in der Überschrift erwähnen, auf welches Jahr sich das von Ihnen erstellte Diagramm bezieht.

Schritt 3: Verschieben Sie die Legende in den Bereich oberhalb des Kreises. Wählen Sie Ihr Diagramm aus und führen Sie einen Rechtsklick aus.

Klicken Sie auf „Diagrammbereich formatieren…"

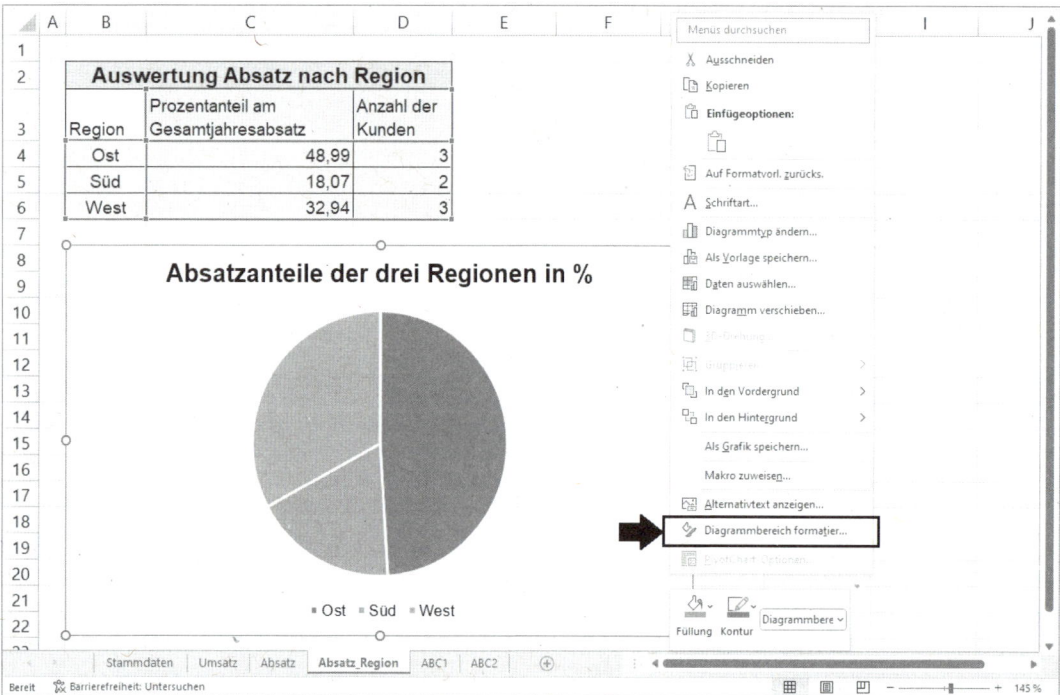

Im rechten Bereich Ihres Fensters öffnet sich der Bearbeitungsbereich des Diagramms.

Wenn Sie die einzelnen Bestandteile Ihres Diagramms anklicken, zeigt Ihnen dieses Formatierungs-Tool andere Optionen an.

Falls Sie zum ersten Mal ein Diagramm erstellen, klicken Sie einmal durch die Navigation rechts und lassen Sie sich die verschiedenen Änderungsmöglichkeiten anzeigen.

Lösung Aufgabe E1

Klicken Sie zum Beginn der Einstellungen in Ihrem Diagramm auf die Legende.

Wählen Sie die Legendenoptionen aus [1] und stellen Sie die Legendenposition auf „Oben" [2].

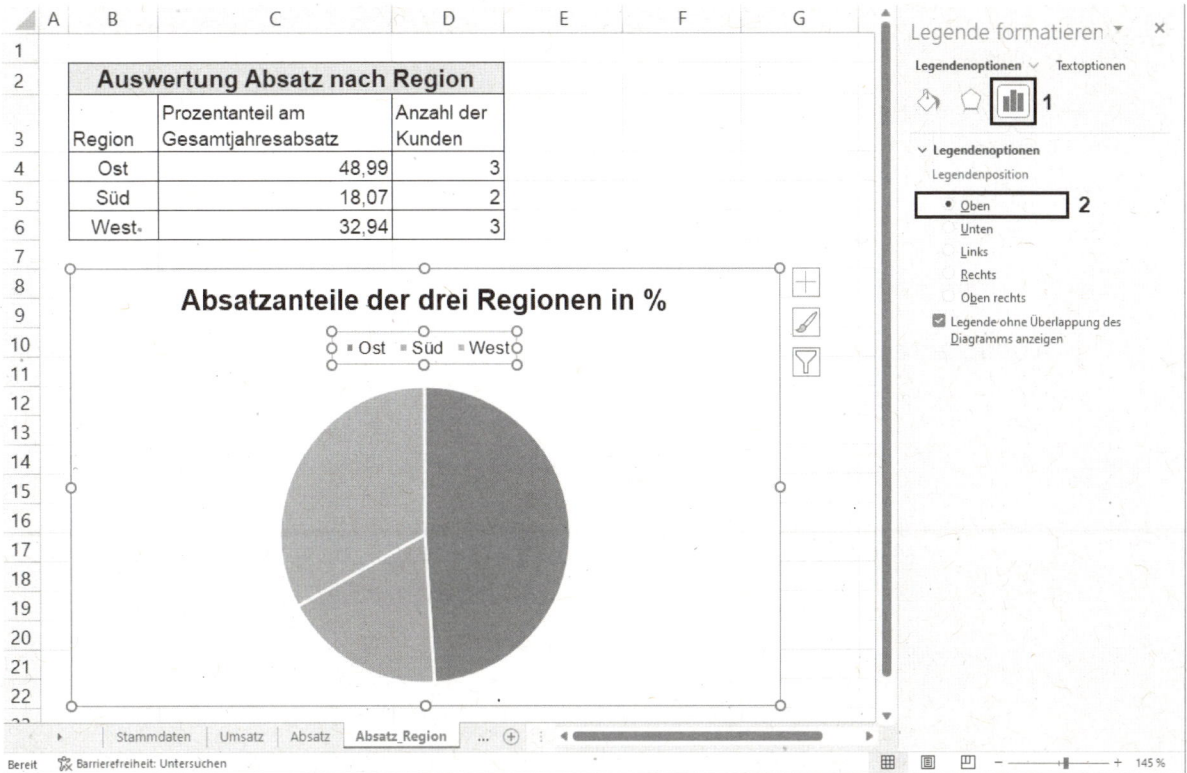

Schritt 4: Klicken Sie jetzt auf den Diagrammbereich bzw. das Kreisdiagramm selbst. Führen Sie einen Rechtsklick aus und wählen Sie „Datenbeschriftung hinzufügen" aus.

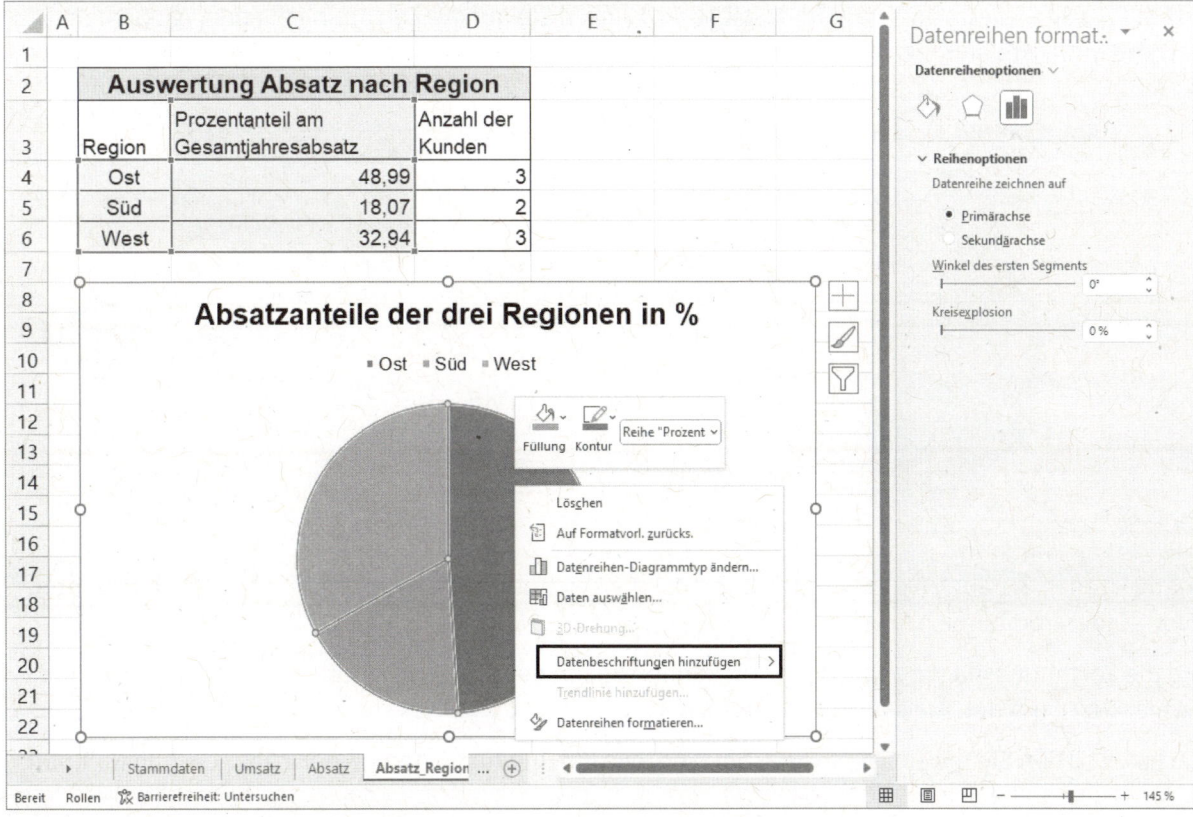

Lösung Aufgabe E1

Die Datenbeschriftung sieht noch nicht so aus wie in der Vorlage. Das können Sie anpassen, indem Sie, wie in der Abbildung zu sehen, auf die Datenbeschriftung klicken, den Haken „Wert" bei [3] entfernen und den Haken bei [4] „Prozentsatz" setzen.

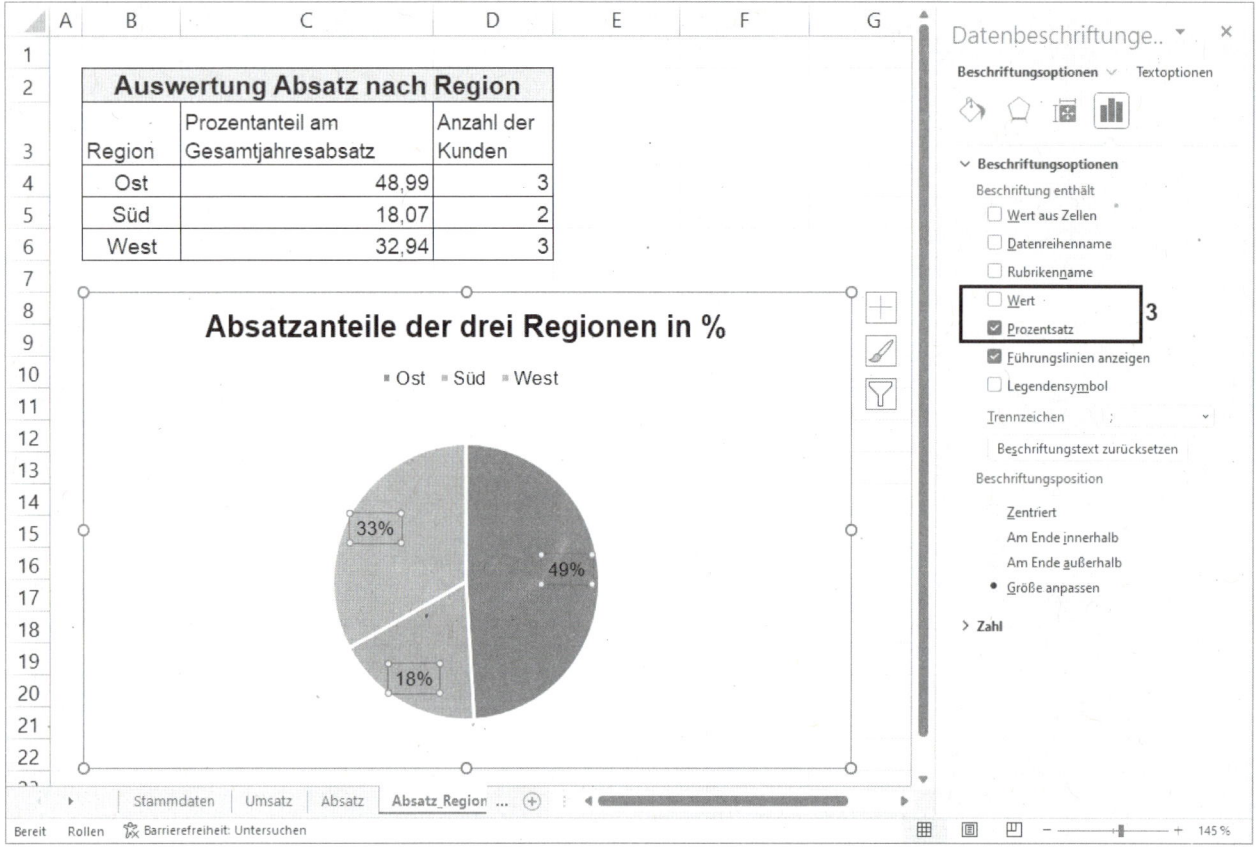

Schritt 5: Passen Sie jetzt das Diagramm selbst an. Klicken Sie auf die Zeichnungsfläche (vgl. Screenshot). Diese umfasst den Kreis mit einem Viereck.

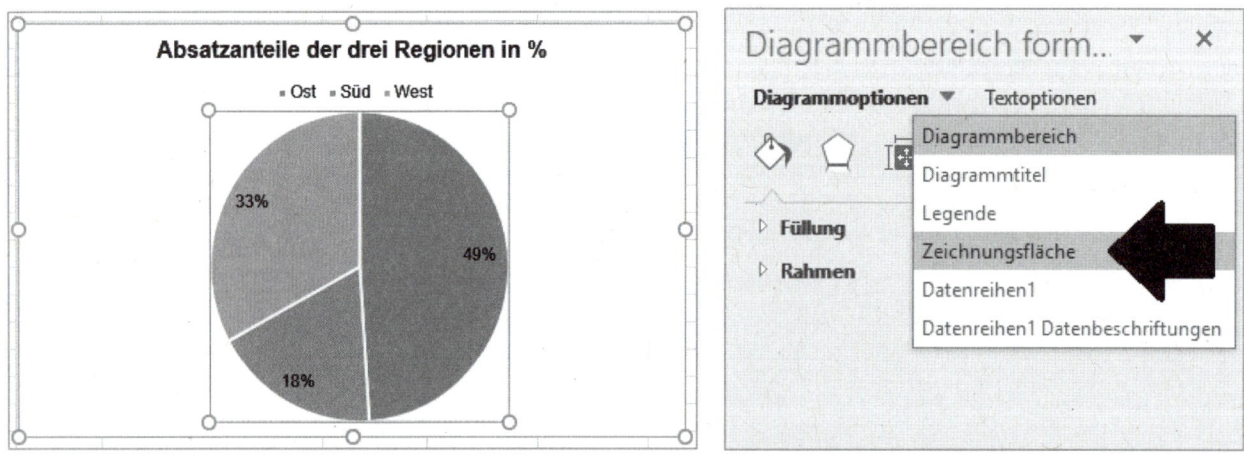

Alternativ können Sie auch (vgl. Screenshot rechts) die Zeichnungsfläche im Bearbeitungsbereich unterhalb von „Diagrammbereich formatieren" auswählen.

Sobald die Zeichnungsfläche angezeigt wird, können Sie an den Ecken der Markierung ziehen (durch Kreise markiert), um den Kreis etwas zu vergrößern.

Als Nächstes färben Sie die einzelnen Kreisbestandteile ein und fügen gemäß der Vorlage einen Rahmen hinzu.

Lösung Aufgabe E1

Klicken Sie dazu mit einem Rechtsklick auf den Kreis. Öffnen Sie den Bereich „Rahmen" durch Klicken auf [1].

Passen Sie den Rahmen an, indem Sie „Einfarbige Linie" [2] auswählen und als Farbe [3] Schwarz auswählen. Passen Sie bei Stärke [4] die Dicke des Rahmens an, bis er ungefähr so aussieht wie in der Musterabbildung.

Wählen Sie jetzt die einzelnen Kreisbestandteile aus. Unter „Füllung" [5] können Sie die Füllung auf „Einfarbige Füllung" stellen [6]. Wählen Sie als Farbe [7] eine Farbe entsprechend der Musterabbildung aus.

Schritt 6: Klicken Sie im dunkelsten Abschnitt auf die Datenbeschriftung und stellen Sie die Schriftfarbe auf Weiß.

So sollte Ihr Ergebnis jetzt aussehen.

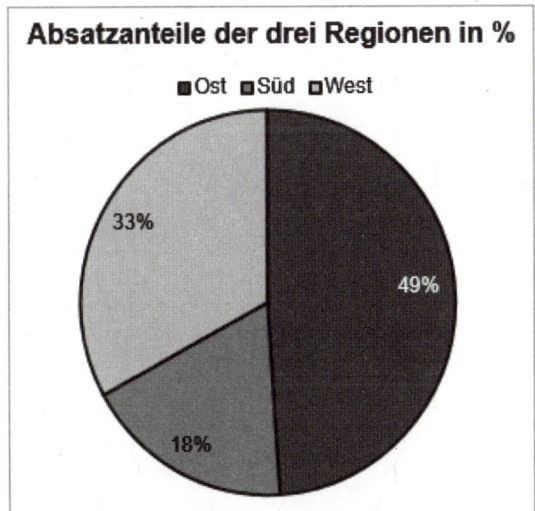

Speichern Sie Ihre Datei ab und Sie haben eine weitere Aufgabe gelöst.

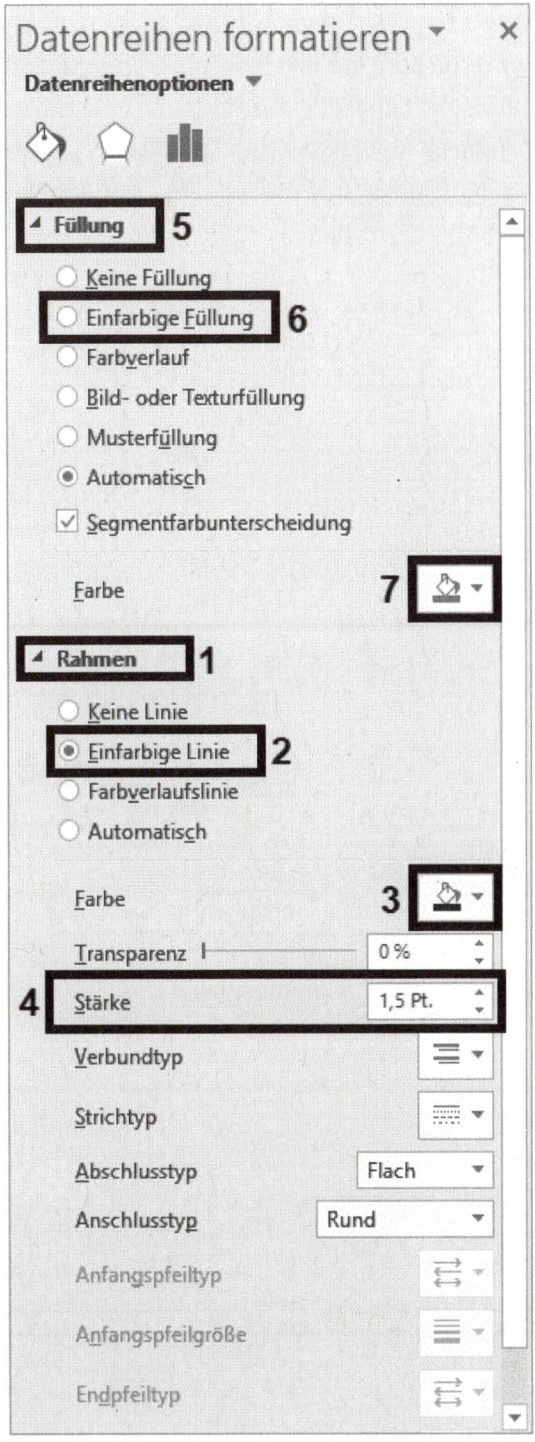

Lösung Aufgabe E1

Zu E1.5:

Für diese Aufgabe fügen Sie als Erstes ein Textfeld unterhalb des Kreisdiagramms ein, wie es in der Aufgabe angegeben ist.

Gehen Sie auf das Register „Einfügen", klicken Sie in der Gruppe „Illustrationen" auf „Formen" und wählen Sie das Textfeld aus. Wird es Ihnen nicht unter „Zuletzt verwendete Formen" [1] angezeigt, finden Sie es unter „Standardformen" [2].

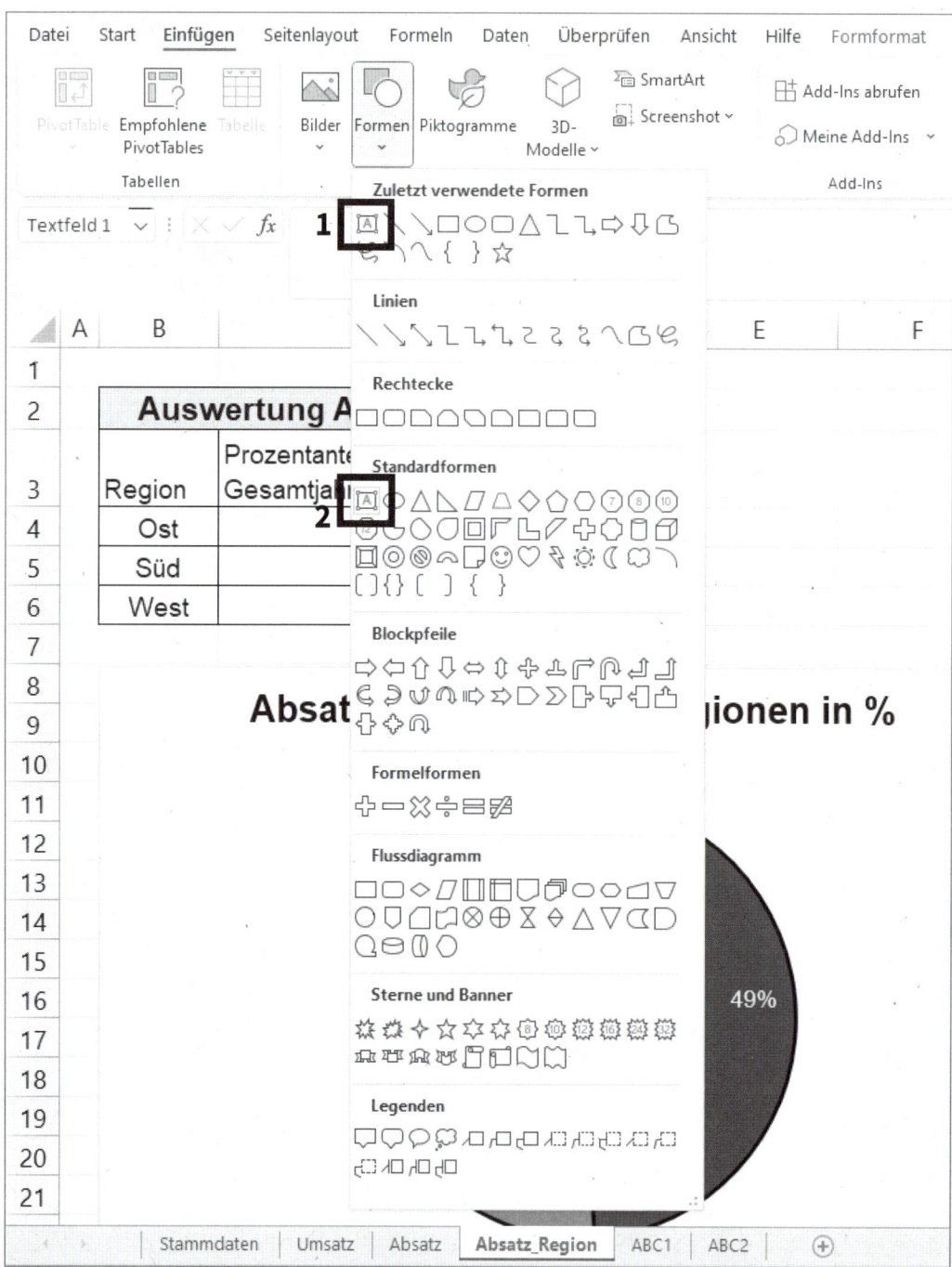

Zeichnen Sie das Textfeld unterhalb des Kreisdiagramms ein.

Lösung Aufgabe E1

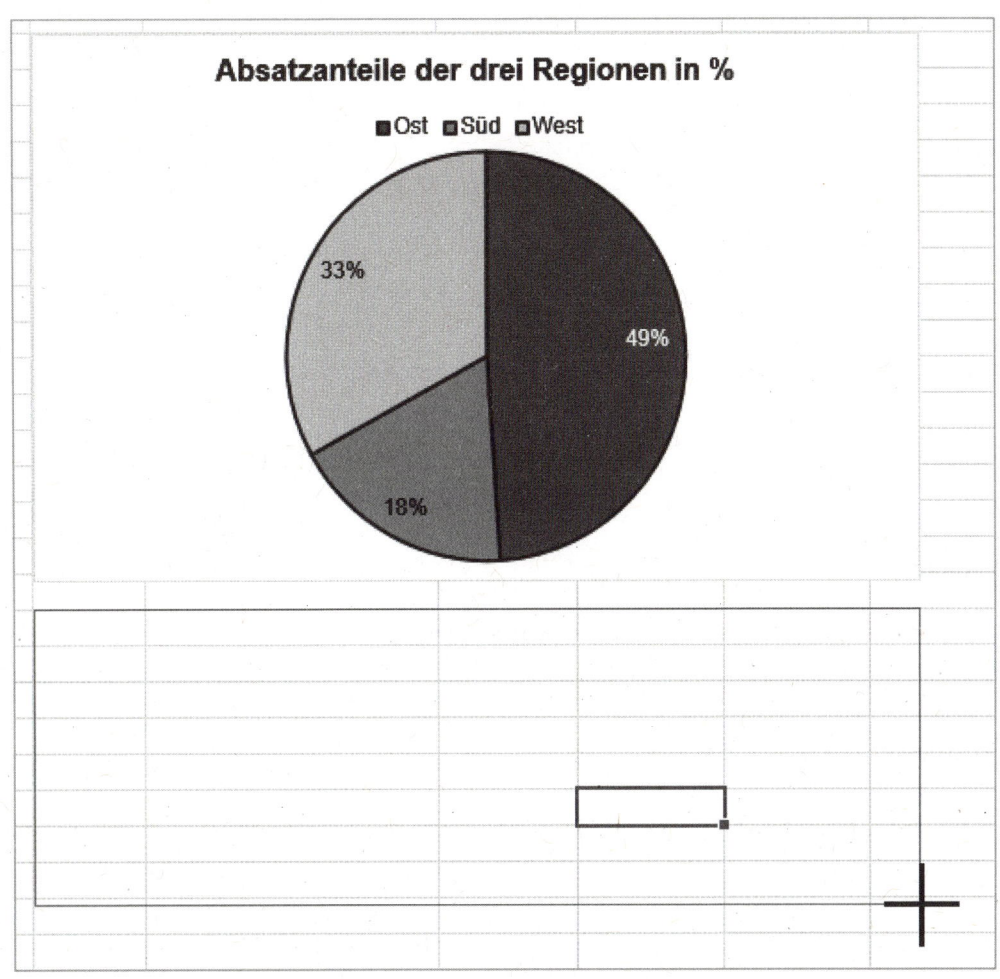

Zuerst sollen Sie die Verteilung des Umsatzes je Region beschreiben.

Fassen Sie dazu in Worte, was Ihnen die Zahlen zeigen.

Beispiele:
- Der Absatzanteil der Kunden aus der Region Ost ist mit 49 % am höchsten, während Region Süd mit 18 % den geringsten Anteil hat. Region West liegt mit 33 % im Mittelfeld.
- Region West hat mit 33 % einen geringeren Anteil am Gesamtabsatz als Region Ost mit 49 %. Region Süd hat den geringsten Anteil mit 18 %.

Der zweite Teil dieser Aufgabe ist komplizierter.

Sehen Sie sich dazu auch noch einmal die Tabelle an – in der Aufgabe steht nicht, dass Sie sich ausschließlich auf das Kreisdiagramm beschränken müssen.

	A	B	C	D
1				
2		\multicolumn{2}{Auswertung Absatz nach Region}	
3		Region	Prozentanteil am Gesamtjahresabsatz	Anzahl der Kunden
4		Ost	48,99	3
5		Süd	18,07	2
6		West	32,94	3

Lösung Aufgabe E1

Folgendes könnte Ihnen anhand der Tabelle auffallen:

- Region Süd hat den geringsten Anteil – aber hier gibt es auch nur zwei Kunden und nicht drei wie bei den übrigen Regionen.
- Die Anzahl an Kunden aus Region West und Ost ist gleich. Trotzdem schneidet Region Ost besser ab.

Sie sollen Vorschläge formulieren, wie der Umsatz in den schwächeren Regionen verbessert werden kann.

Grundsätzlich kann Werbung die Absatzchancen verbessern. Folglich können Sie das bereits als Vorschlag notieren.

Da Region Süd die wenigsten Kunden hat, können Sie auch gezielt in dem Bereich nach neuen Kunden suchen.

In Region West können Sie die Kunden durch gezielte Rabatte zu höheren Abnahmemengen motivieren.

Beispiele:

- In den Regionen Süd und West sollten wir unsere Produkte aus dem Sortiment Kleintierbedarf stärker bewerben.
- In Region Süd sollte man nach weiteren Kunden suchen.
- Durch gezielte Rabattaktionen, wie zum Beispiel Neukundenrabatte, kann man leichter neue Kunden in den Regionen Süd und West finden.
- Durch Mengenrabatte können die Kunden aus den Regionen Süd und West zu höheren Abnahmemengen motiviert werden.
- Durch das Verschicken von Proben an unsere Kunden im Bereich Süd können sich die Kunden ein besseres Bild von unseren Produkten machen und bestellen so vielleicht noch weitere Produkte.

> **Hinweis:**
>
> Wenn Sie in Ihrer Prüfung ebenfalls Vorschläge formulieren sollen, z. B. zur Optimierung der Lieferwege oder zur Verbesserung des Beschaffungsprozesses o. Ä., lassen Sie sich Punkte entgehen, wenn Sie nichts dazu schreiben!
>
> Selbst, wenn Ihnen aus den Daten einmal keine Begründung ersichtlich sein sollte, können Sie dennoch Ihr vorhandenes Wissen verwenden. Formulieren Sie dann bezogen auf das Thema zumindest das bekannte Grundlagenwissen.
>
> Wie bei diesem Beispiel, bei dem Sie Vorschläge zur Verbesserung der Absatzzahlen unterbreiten sollen. Verstärkte Neukundengewinnung, Rabatte, Werbung sind Angaben, die Sie machen können, um wenigstens einen Teil der Punkte zu bekommen.

Lösung Aufgabe W1

Lösung von Aufgabe W1 – Interne Mitteilung

Allgemeines zur Formulargestaltung

Bei der Gestaltung von Formularen sind die Regeln der DIN 5008:2020, Punkt 15.4 Formulare und Checklisten, zu berücksichtigen. Diese werden im Folgenden anhand der Lösung W1 erläutert.

Wichtig ist vor allem die **Übersichtlichkeit**. Diese wird erzielt durch eine klare Gliederung des Inhalts durch Absätze und Hervorhebungen.

Ausreichend Platz für die notwendigen Eintragungen vorsehen! Es ist darauf zu achten, dass auch die denkbar längsten Eintragungen mühelos vorgenommen werden können. Dabei ist zu berücksichtigen, dass viele Formulare handschriftlich ausgefüllt werden.

Vermeiden Sie die Fehler, die in der Formulargestaltung so häufig gemacht werden: Unübersichtlichkeit, fehlender Platz für Einfügungen, schwer verständlicher Stil, unpassende Schriftgröße.

Zur Vorgehensweise

Erläuterungen zum Muster W1

Als vorgegebenes Muster dient **Muster W1** im Aufgabenteil. Daraus können Sie den Aufbau des Formulars erkennen, d. h. die erforderlichen Zeilen und Spalten der Tabelle, die die Struktur bilden, sowie die einzufügenden Leitwörter und Kästchen.

Entsprechend der DIN 5008 enthält das Muster den Namen des Unternehmens (hier: **MIKO GmbH**) sowie eine aussagekräftige Überschrift (hier: **Interne Mitteilung**).

Der obere Teil des Formulars enthält die Kommunikationsangaben sowie Anweisungen zur Bearbeitung.

Der Leittext steht links vor dem Schreibtext oder über dem Schreibtext.

Bedeutung der Begriffe „Leittext" und „Schreibtext"

Leittext: – der in dem Formular vorgegebene, vom Ausfüllenden nicht zu verändernde Text (zum Formularschutz s. Lösung W5)
Schreibtext: – der Text, der frei in die Schreibfelder eingetragen wird

Die Kontrollkästchen sind dem dazugehörigen Text vorangestellt und nicht bereits markiert vorgegeben. Dies entspricht der DIN 5008.

Der Platz für den frei zu formulierenden Text ist angemessen für eine kurze interne Mitteilung.

Lösungsweg

Zu W1.1:

Öffnen Sie ein Word-Dokument. Speichern Sie das Dokument unter dem Dateinamen, den Sie für diesen Teil der Lösung wählen. Legen Sie die Seitenränder fest, wie in der Aufgabenstellung angegeben. Gehen Sie ins Register „Layout", Gruppe „Seite einrichten", Symbol „Seitenränder".

Lösung Aufgabe W1

Zu W1.2:

Word bietet verschiedene Möglichkeiten zum Erstellen von Tabellen.

Gehen Sie auf das Register „Einfügen", Gruppe „Tabellen" und entscheiden Sie dann, ob Sie das Grundgerüst der Tabelle – also die benötigte Anzahl von Spalten und Zeilen – mit dem Befehl „Tabelle einfügen" automatisch von Word erstellen lassen möchten oder mit dem Befehl „Tabelle zeichnen" die Tabellenlinien manuell selbst erzeugen.

In beiden Fällen müssen Sie die Größe der Tabellenspalten und -zeilen noch nach dem Muster W1 nachbearbeiten.

Zu W1.3:

Im oberen Teil des ersten Tabellenfaches fügen Sie die Grafik für den Briefkopf ein:

Setzen Sie dazu den Cursor in das Tabellenfach und wählen Sie aus dem Register „Einfügen", Gruppe „Illustrationen" den Menüpunkt „Bilder". Suchen Sie im Vorlagenordner die Abbildung „Grafik_Briefkopf_MIKO_GmbH.jpg" und klicken Sie auf „Einfügen".

Der Name des Dokumentes – Interne Mitteilung – wurde als Überschrift in zentrierter Form eingefügt.

Zu W1.4:

Fügen Sie die Leitwörter (Zeichen, Telefon, …) gemäß Muster W1 ein.

Datum als Schnellbaustein einfügen

Das Datum können Sie auch als Schnellbaustein einfügen.

Register: Einfügen
Gruppe: Text
Auswählen: Schnellbausteine → Feld

Wählen Sie jetzt den Feldnamen „Date" aus und wählen Sie das passende Datumsformat (vgl. Screenshot unten). Klicken Sie auf OK, um das Feld einzufügen.

Bei jedem Öffnen des Dokuments passt sich das Datum jetzt dem aktuellen Datum an.

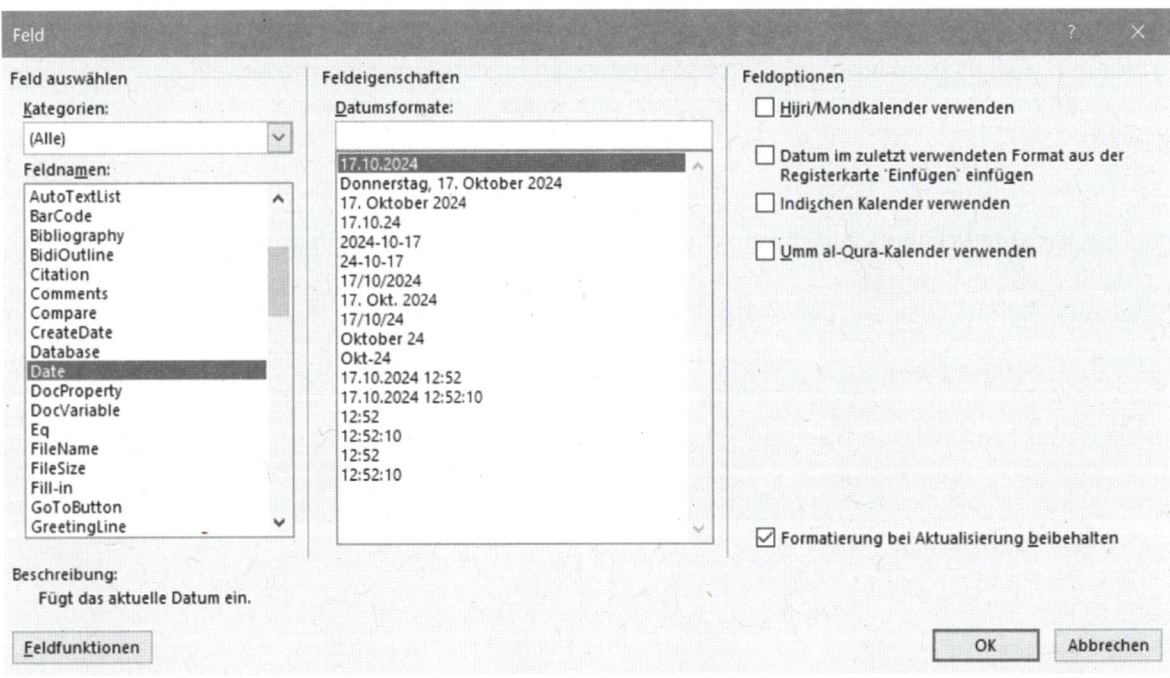

Lösung Aufgabe W1

Zu W1.5:

Es sollen Kontrollkästen eingefügt werden, die am PC angekreuzt werden können.

Register: Entwicklertools
Gruppe: Steuerelemente
Kontrollkästchensteuerelement auswählen

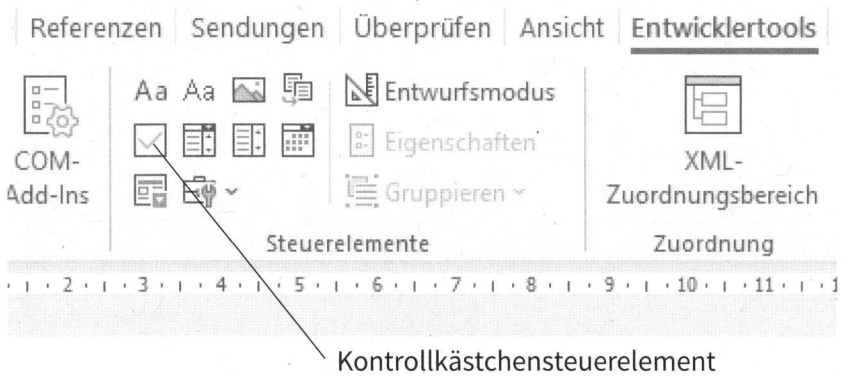

Kontrollkästchensteuerelement

Die Gruppe Steuerelemente bietet Schaltflächen, die für die Einrichtung der Formularfelder verwendet werden können.

Zu W1.6:

Im unteren Tabellenfach, dem Fach für den Haupttextteil, tragen Sie Ihre Mitteilung an Herrn Dr. Henne ein.

Zur Form: Auch eine Interne Mitteilung hat einen Betreff und eine Anrede.
Zum Inhalt: Es soll nur ein kurzer Begleittext zu der Excel-Datei sein. Es genügt ein kurzer Hinweis auf diese Information, die als Anlage beigefügt wird.

Eine Musterlösung zu Aufgabe W1 finden Sie auf der folgenden Seite.

Lösung Aufgabe W1

Lösung_W1_Interne_Mitteilung

Orchideenweg 24 | 66907 Rehweiler

Interne Mitteilung

Von: Jasmin Roth	Zeichen: jr Telefon: 54 E-Mail: roth@miko.de Datum: 2025-01-05
An: Herrn Dr. Ralf Henne	Abteilung: Vertrieb – Kleintierbedarf
Mit der Bitte um: ☒ Kenntnisnahme ☐ Rücksprache ☐ Erledigung	Bemerkungen: ☒ Anlage(n)

Absatzanalyse Jahresumsätze 20.. – Bereich Kleintierbedarf

Sehr geehrter Herr Dr. Henne,

Sie erhalten hier wunschgemäß die Excel-Übersicht über die Jahresumsätze der einzelnen Regionen.

Meinen Anmerkungen unter dem Kreisdiagramm können Sie entnehmen, welche Ergebnisse daraus für mich zu erkennen sind. Gleichzeitig finden Sie dort einige Vorschläge, wie wir als Team des Vertriebs darauf reagieren könnten. Ich würde mich freuen bald von Ihnen zu hören, wie Ihnen meine Vorschläge gefallen haben.

Freundliche Grüße

Unterschrift

Lösung Aufgabe W2

Lösung von Aufgabe W2 – Serienbrief

Erstellung eines Serienbriefes (Allgemeine Grundsätze)

In vielen Geschäftsfällen bietet es sich an, Briefe mit gleichlautendem Inhalt (einem Standardtext) zu schreiben, in den variable Textteile eingefügt werden (z. B. Adresse, persönliche Anrede, ein Termin usw.) Die Serienbrieffunktion lässt sich unabhängig vom verwendeten Textverarbeitungsprogramm auf folgendes Prinzip zurückführen:

- Der **Standardtext (das Hauptdokument)** wird als Serientextdatei angelegt; darin werden „Platzhalter" für die variabel einzufügenden Angaben vorgesehen, die Seriendruckfelder.

- Eine **Datenquelle** wird erstellt mit den Einträgen, die an die Stelle der „Platzhalter" gesetzt werden sollen (z. B. „Frank Schulze KG" statt «NAME»). Diese Daten werden als Felder kompletter Datensätze in einer Tabelle erfasst (i. d. R. mithilfe eines Tabellenkalkulationsprogramms, eines Datenbankprogramms etc). Damit die Datenquelle die gewünschten Angaben an das Hauptdokument abgeben kann, muss sie in bestimmter Weise strukturiert werden (siehe dazu die folgende Abbildung der Datenquelle zu dem Serienbrief Aufgabe W2.1).

Lösung_W2.1_Datenquelle

Firma	Straße, Nr.	PLZ	Ort	Anrede	Vorname	Nachname	Produkt
M + M Computer GmbH Ned & Rosalia Marchesi	Falkenweg 3	83026	Rosenheim	Frau	Rosalia	Marchesi	Nuntius 2-in-1
Alice O'Brien e. K. IT-Service	Häckergasse 24	52072	Aachen	Frau	Alice	O'Brien	Tabella Two-in-One
Systemhaus Rodrigo Sanchez GmbH	Cyberhof 2	04288	Leipzig	Herr	Rodrigo	Sanchez	Successio Prima 2-in-1
Computer Maus Ariane Maus e. K.	Steinacker 36	99867	Gotha	Frau	Ariane	Maus	Artemis Zwei in Eins

Die **Datenquelle** besteht aus

einem **Steuersatz** (Kopf der Tabelle)

und

Datensätzen.

Ein Datensatz umfasst den kompletten Satz Daten, der in ein Dokument eingefügt werden soll. Jeder Datensatz der Datenquelle muss gleich aufgebaut sein.

- Ein Datensatz besteht aus **Feldern (Seriendruckfeldern)**. Da jeder Datensatz gleich aufgebaut ist, ergibt sich dieselbe Anzahl Felder für alle Datensätze. Einzelne Felder können auch leer sein.

- Die **Seriendruckfelder** aus der Datenquelle werden in das Hauptdokument an die Stelle der jeweiligen Platzhalter eingefügt.

Lösung Aufgabe W2

Erläuterung zur Vorgehensweise zur Lösung W2.2 – W2.3

Sie haben eine **Datenquelle** als tabellarische Liste erstellt und abgespeichert („Lösung_W2.1_Datenquelle.xlsx").

Öffnen Sie die Vorlage „MIKO_Geschäftsbrief.dotx" und verfassen Sie das **Hauptdokument**.

Schreiben Sie den Text Ihres Briefes. Das Anschriftfeld bleibt zunächst unbeschriftet. Ebenso bleibt die Zeile für die Anrede im Brieftext noch frei. Wenn Sie den Text des Briefes verfasst haben, fügen Sie anschließend die noch fehlenden Angaben als Seriendruckfelder ein.

Dazu gehen Sie in

Register: Sendungen
Gruppe: Seriendruck starten
Symbol: Seriendruck starten

Wählen Sie aus: Briefe

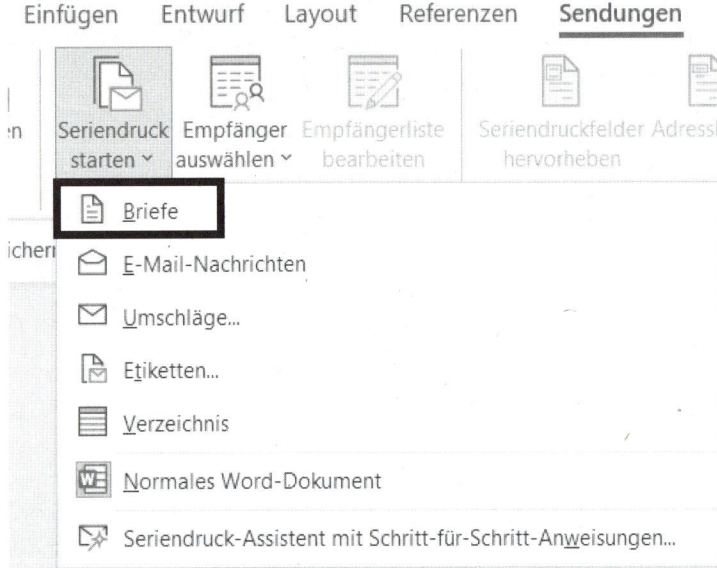

Nun gehen Sie auf

Symbol: Empfänger auswählen
           Vorhandene Liste verwenden

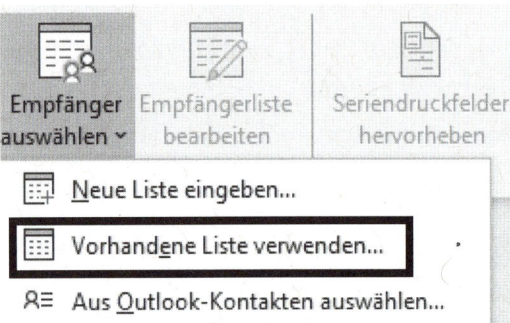

Wählen Sie die Datei aus: „Lösung_W2.1 Datenquelle.xlsx"

Lösung Aufgabe W2

Hinweis:

Diese Möglichkeit, eine **vorhandene** Tabelle/Liste als Datenquelle zu wählen, ist die gebräuchlichere, da Serienbriefe oft an einen großen Kundenkreis versandt werden und man deshalb bestehende Adresslisten nutzt. Sie haben gemäß Aufgabenstellung W2.1 eine entsprechende Datenquelle angelegt und können diese verwenden.

Fügen Sie die **Seriendruckfelder** an die entsprechenden Stellen in Ihrem Hauptdokument ein. Gehen Sie dazu im Register „Sendungen"; Gruppe „Schreib- und Einfügefelder" in den Menüpunkt „**Seriendruckfeld einfügen**". Es erscheinen als Seriendruckfelder die in Ihrer tabellarischen Liste (Datenquelle) als Steuersatz (Kopf der Tabelle) festgelegten Bezeichnungen.

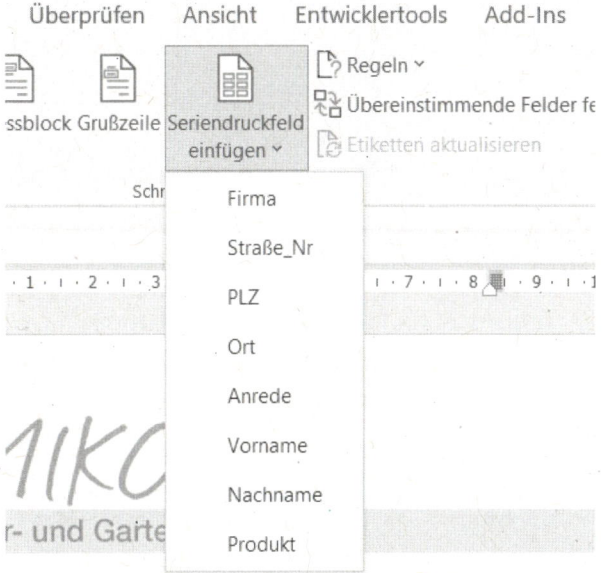

Beachten Sie beim **Vorbereiten der Anschriftzone**, dass der Ansprechpartner richtig angegeben ist. Laut DIN 5008 werden männliche Empfänger mit „Herrn" angeschrieben (früher hieß es: „An Herrn Rodrigo Sanchez" – das „an" ist inzwischen weggefallen, das „Herrn" ist geblieben). Hierfür kann eine Regel verwendet werden. Gehen Sie dazu in der Anschriftzone mit dem Cursor direkt vor «Vorname».

Die Regeln finden Sie im Register „Sendungen"; Gruppe „Schreib- und Einfügefelder"
– Regeln
– Wenn… Dann… Sonst…

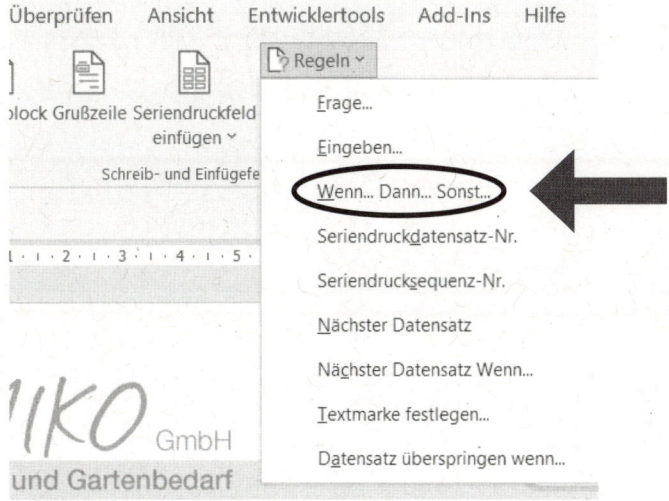

Lösung Aufgabe W2

Diese Regel funktioniert in Word ähnlich wie in Excel.

1. **Wenn:** Als Feldname wählen Sie „Anrede" aus. Wenn dieses „Herr" enthält, dann…
2. **Dann:** … dann soll „Herrn" als Text eingefügt werden.
3. **Sonst:** „Frau". Klicken Sie auf OK.

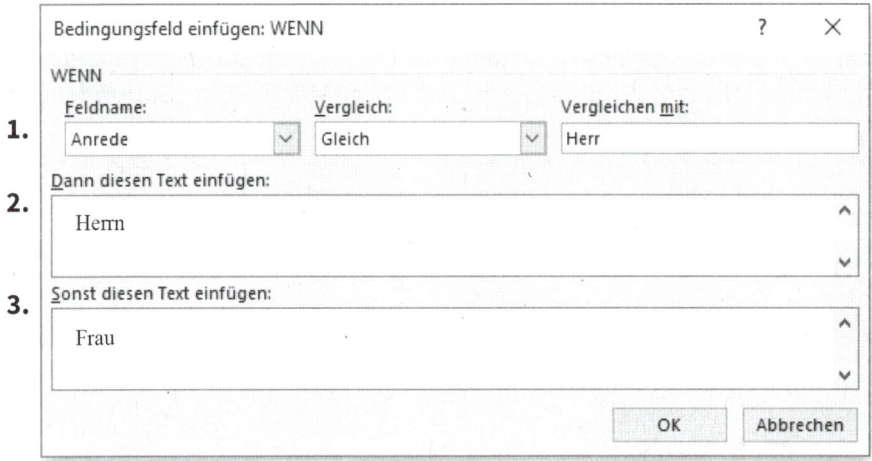

Eine andere Möglichkeit zur Einrichtung der Anschriftzone ist die Verwendung des Symbols „Adressblock" im Register „Sendungen"; Gruppe „Schreib- und Einfügefelder". Hier wird Ihnen die Vorschau einer automatisch formatierten Anschriftzone angezeigt, an der Sie bei Bedarf noch Änderungen vornehmen können.

Für die **Anrede** im Brief „Sehr geehrte Frau … / Sehr geehrter Herr …" können Sie auch mit der o. g. Regel vorgehen. Gehen Sie in der Anredezeile (unterhalb der Betreffzeile mit zwei Zeilen Abstand) mit dem Cursor einen Leerschritt vor «Nachname» (Wichtig: Hinter «Nachname» ein Komma setzen!). Wählen Sie wieder die „Wenn… Dann… Sonst…" Regel aus.

1. **Wenn:** Als Feldname wählen Sie „Anrede" aus. Wenn dieses „Herr" enthält, …
2. **Dann:** … dann soll „Sehr geehrter Herr" als Text eingefügt werden.
3. **Sonst:** „Sehr geehrte Frau". Klicken Sie auf OK.

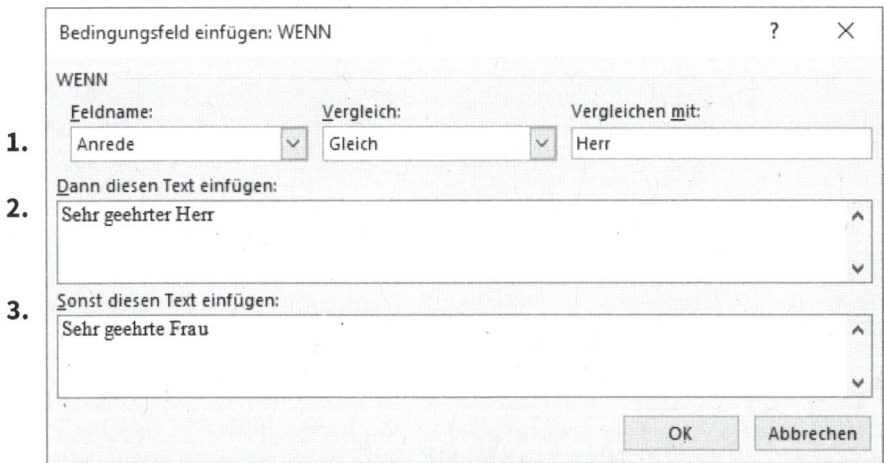

Eine andere Möglichkeit ist die Verwendung des Symbols „Grußzeile" im Register „Sendungen"; Gruppe „Schreib- und Einfügefelder". Hier wird Ihnen die Vorschau einer automatisch formatierten Grußzeile angezeigt, an der Sie bei Bedarf noch Änderungen vornehmen können.

Lösung Aufgabe W2

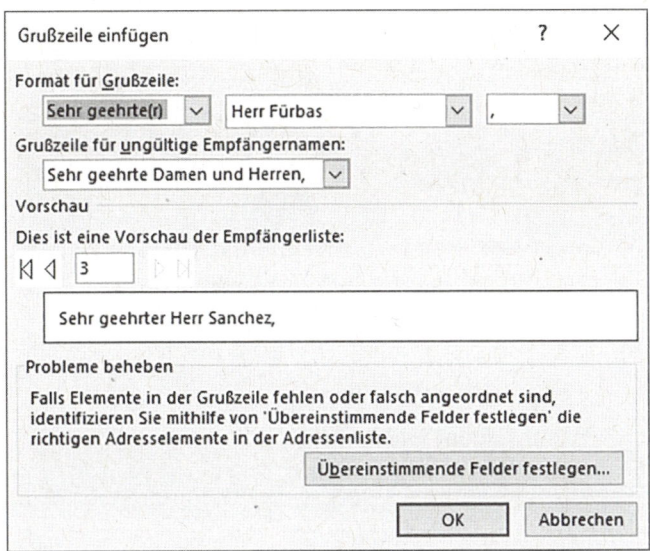

Nachdem Sie nun das Hauptdokument erstellt haben, speichern Sie dies ab.

Im Register „Sendungen"; Gruppe „Vorschau Ergebnisse" klicken Sie auf das Lupensymbol **Vorschau Ergebnisse**. Sie bekommen ein Dokument angezeigt mit den ausgefüllten Seriendruckfeldern. Unter **Empfänger suchen** können Sie anhand der Pfeiltasten und der numerischen Anzeige die Empfänger aufrufen und die Dokumente öffnen.

Mit der Tastenkombination Alt + F9 können Sie sich alle **Feldfunktionen** anzeigen lassen.

Musterlösung für Aufgabe W2 siehe nächste Seiten!

© u-form Verlag – Kopieren verboten!

Lösung Aufgabe W2

Lösung_W2_Seriendruck Hauptdokument

GmbH
Tier- und Gartenbedarf

Orchideenweg 24 | 66907 Rehweiler

MIKO GmbH · Orchideenweg 24 · 66907 Rehweiler
«Firma»
Frau «Vorname» «Nachname»
«Straße_Nr»
«PLZ» «Ort»

Ihr Zeichen:
Ihre Nachricht vom:
Unser Zeichen: nn
Unsere Nachricht vom:

Name: Nick Nemec
Telefon: 06383 3033-42
Fax:
E-Mail: nemec@miko.de

Datum: 20..-..-..

Wenn... Dann... Sonst (Markierung bei Frau «Vorname» «Nachname»)

Anfrage

Sehr geehrte Frau «Nachname»,

*Achtung: Dieses **Komma** nicht vergessen!*

wir möchten unsere Auszubildenden mit einem Tablet PC ausstatten, um ihnen ein leistungsfähiges Lernmittel für ihre mobile Informationsverarbeitung zur Verfügung zu stellen. Bei unseren Recherchen ist uns das von Ihnen vertriebene Tablet

«PRODUKT»

aufgefallen. Bitte lassen Sie uns ein Angebot mit Ihren Preis- und Lieferbedingungen für dieses Produkt bei einer Abnahme von 10 Tablets der gleichen Ausführung zukommen.

Mit freundlichen Grüßen

MIKO GmbH
Tier- und Gartenbedarf

i. A.

Nick Nemec

MIKO GmbH · Tier- und Gartenbedarf
Orchideenweg 24
66907 Rehweiler
Geschäftsführer
Mick Kowalski

Telefon 06383 3033-0
Telefax 06383 3034-0
Internet www.miko.de
HRB 4711 Amtsgericht Kusel
USt.-IdNr. DE328988242

Bankverbindung
BLZ
Konto
IBAN
BIC

Pfälzer Bank AG
523 644 30
760 896 00
DE92 5236 4430 0076 0896 00
PFAEDED6555

Lösung_W2 Ausdruck Briefe

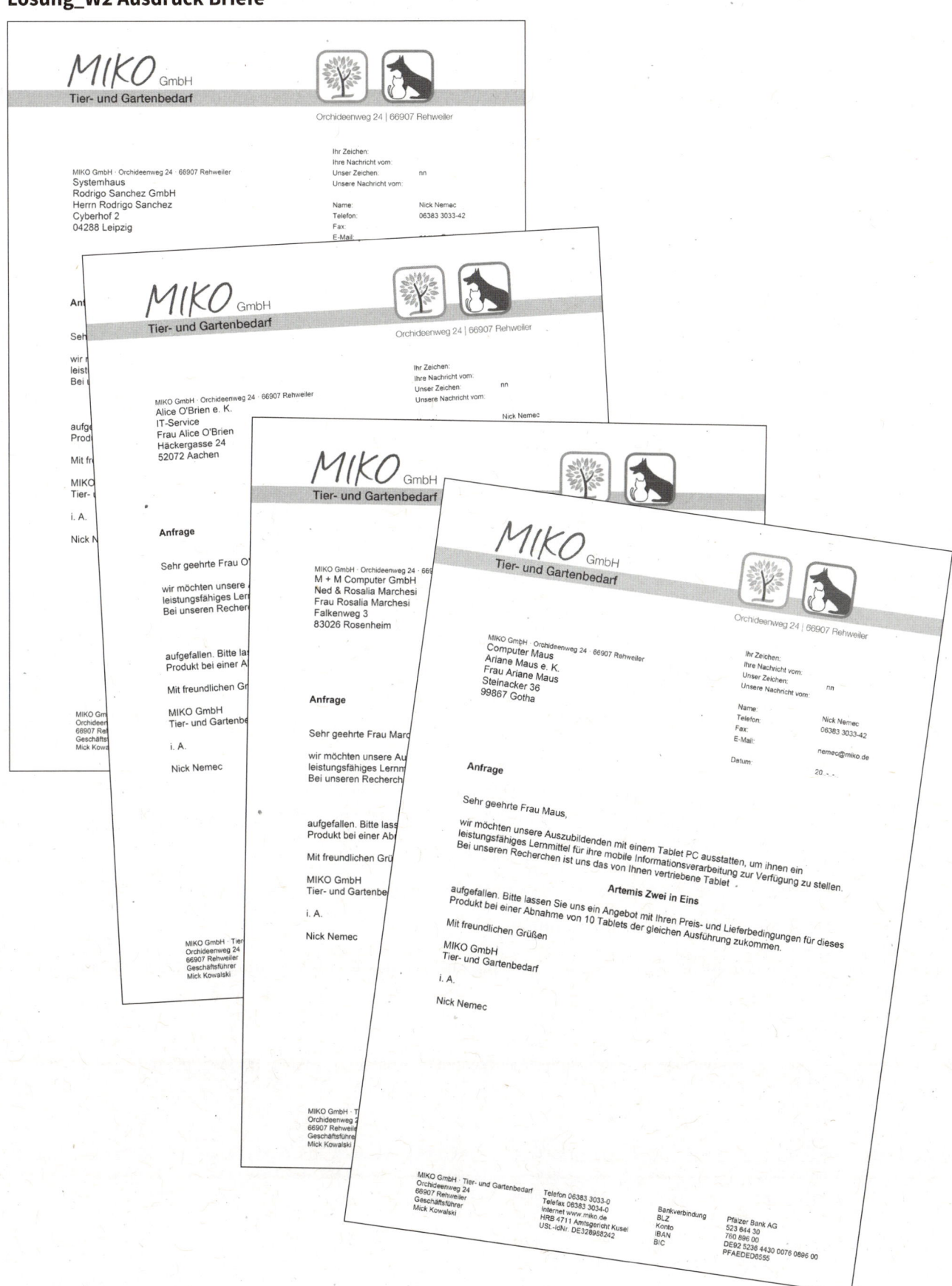

Lösung Aufgabe E2

Lösung von Aufgabe E2 – Kostenberechnung eines Workshops

Zu E2.1:

Öffnen Sie die Datei „Schulungskosten_AMT.xlsx" und speichern Sie sie vor der weiteren Bearbeitung unter einem sinnvollen Namen ab.

Schritt 1: Markieren Sie das vollständige Tabellenblatt „Auswertung". Wählen Sie die Schriftart Arial aus, Schriftgröße 10 pt. Die Tabellenüberschriften passen Sie auf 12 pt an, Formatierung fett. In den Zellen A7 und A15 formatieren Sie „Gesamt" ebenfalls fett.

Schritt 2: Verbinden Sie die Zellen, in denen die Tabellenüberschriften stehen, gemäß Vorlage. Zentrieren Sie die Überschriften.

Schritt 3: Hinterlegen Sie die Zeilen 7 und 15 innerhalb der Tabelle grau (vgl. Abbildung).

Zu E2.2:

Schritt 1: Wählen Sie die Zelle B3 aus. Ermitteln Sie mit der Funktion SUMMEWENN aus dem Tabellenblatt „Übersicht" die Schulungskosten. Übernehmen Sie die Funktion auf die Zellen B4 – B6.

=SUMMEWENN(Übersicht!$C$3:$C$13;Auswertung!A3;Übersicht!$D$3:$D$13)

Schritt 2: Ermitteln Sie die übrigen Kosten ebenfalls mit der Funktion SUMMEWENN.

Schritt 3: Bilden Sie jeweils die Gesamtsummen.

Schritt 4: Formatieren Sie die gesamten Euro-Beträge im Währungsformat mit zwei Dezimalstellen nach dem Komma.

Kostenübersicht							
Abteilung	Schulungs-kosten	Fahrtkosten Pkw	Fahrtkosten ÖPNV	Kosten Menü 1	Kosten Menü 2	Kosten Menü 3	Kosten-summe
Vertrieb	330,00 €	73,80 €	17,90 €	5,40 €	6,20 €	8,60 €	441,90 €
Lager	190,00 €	30,60 €	28,00 €	5,40 €	0,00 €	4,30 €	258,30 €
Einkauf	260,00 €	28,80 €	58,10 €	10,80 €	6,20 €	0,00 €	363,90 €
Verwaltung	190,00 €	7,20 €	12,20 €	5,40 €	6,20 €	0,00 €	221,00 €
Gesamt	970,00 €	140,40 €	116,20 €	27,00 €	18,60 €	12,90 €	1.285,10 €

Lösung Aufgabe E2

Zu E2.3:

Schritt 1: Die Schulungskosten des Vertriebs (Zelle B11) übernehmen Sie, indem Sie =B3 eingeben.

Schritt 2: Die Fahrtkosten ermitteln Sie über die Funktion SUMME, ebenso wie die Menükosten.

Schritt 3: Formatieren Sie die gesamten Euro-Beträge im Währungsformat.

Abteilung	Zusammensetzung der Kosten			
	Schulungs-kosten gesamt	Fahrtkosten gesamt	Kosten Menüs gesamt	Kosten-summe
Vertrieb	330,00 €	91,70 €	20,20 €	441,90 €
Lager	190,00 €	58,60 €	9,70 €	258,30 €
Einkauf	260,00 €	86,90 €	17,00 €	363,90 €
Verwaltung	190,00 €	19,40 €	11,60 €	221,00 €
Gesamt	970,00 €	256,60 €	58,50 €	1.285,10 €

Zu E2.4:

Schritt 1: Markieren Sie die Zellen A10 – D14. Wechseln Sie zum Register Einfügen, Gruppe Diagramme. Klicken Sie auf „Säulen- oder Balkendiagramme einfügen" und wählen Sie unter 2D Balken den Diagrammtyp „Gestapelte Balken" aus.

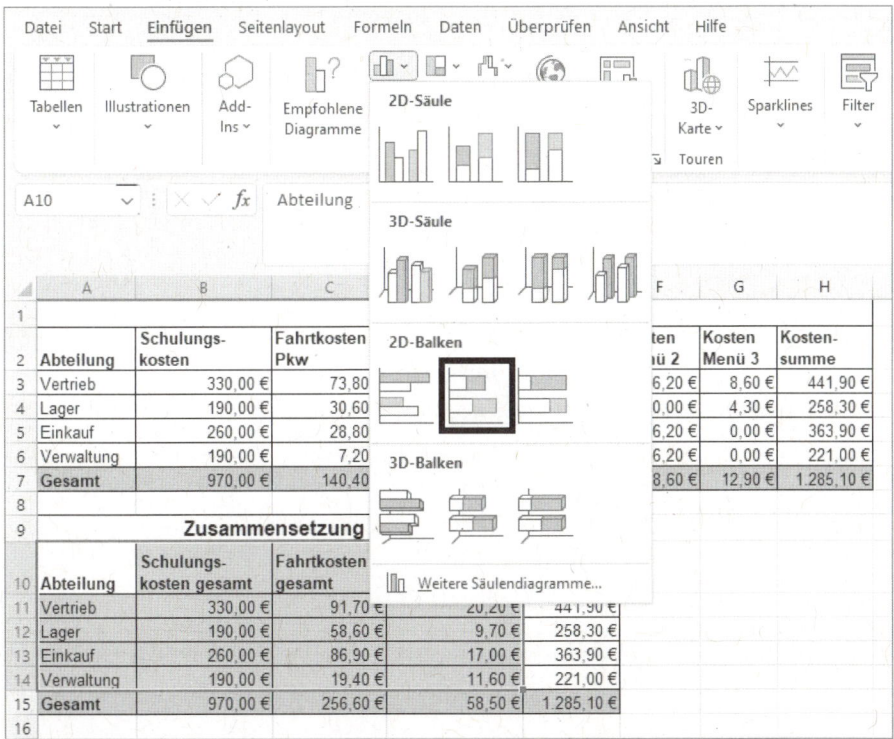

Hinweis:

Es kann vorkommen, dass in Ihrer Excel-Version ein anderer Standard für Diagrammarten eingestellt ist. Dann wählen Sie bitte „Weitere Säulendiagramme…" aus, um eine vollständige Übersicht angezeigt zu bekommen. Wählen Sie hier dann die richtige Darstellungsform aus.

Sollte Ihr Diagramm dennoch anders erscheinen, kontrollieren Sie bitte, ob Sie den richtigen Diagrammbereich ausgewählt haben.

Die Spalte „Kostensumme" (E10 – E14) darf hier nicht mit ausgewählt sein, da die im Balkendiagramm dargestellten Kostenarten (Schulungskosten gesamt + Fahrtkosten gesamt + Kosten Menüs gesamt) zusammen die Kostensumme ergeben!

Lösung Aufgabe E2

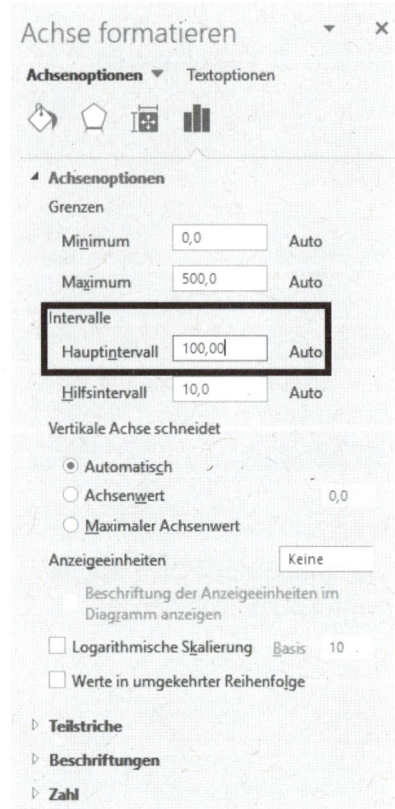

Schritt 2: Markieren Sie das Diagramm, wählen Sie als Schriftart Arial aus, Schriftgröße 10. Formatieren Sie die Überschrift fett und ändern Sie hier die Schriftgröße auf 12.

Schritt 3: Finden Sie eine sinnvolle Überschrift, z. B. „Verteilung der Workshopkosten für das AMT".

Schritt 4: Färben Sie die Balken von links nach rechts in hellgrau, schwarz und dunkelgrau.

Schritt 5: Klicken Sie auf die senkrechten Linien des Hauptgitternetzes, führen Sie einen Rechtsklick aus und wählen Sie „Achse formatieren…". Ändern Sie hier das Hauptintervall von 50,00 auf 100,00, damit das Diagramm dem Muster Vorlage 2 ähnelt, falls es das nicht bereits zu Beginn tat.

Schritt 5: Markieren Sie das gesamte Diagramm und fügen Sie einen schwarzen Rahmen hinzu.

Lösungsvorschlag:

Kostenübersicht							
Abteilung	Schulungs-kosten	Fahrtkosten Pkw	Fahrtkosten ÖPNV	Kosten Menü 1	Kosten Menü 2	Kosten Menü 3	Kosten-summe
Vertrieb	330,00 €	73,80 €	17,90 €	5,40 €	6,20 €	8,60 €	441,90 €
Lager	190,00 €	30,60 €	28,00 €	5,40 €	0,00 €	4,30 €	258,30 €
Einkauf	260,00 €	28,80 €	58,10 €	10,80 €	6,20 €	0,00 €	363,90 €
Verwaltung	190,00 €	7,20 €	12,20 €	5,40 €	6,20 €	0,00 €	221,00 €
Gesamt	970,00 €	140,40 €	116,20 €	27,00 €	18,60 €	12,90 €	1.285,10 €

Zusammensetzung der Kosten				
Abteilung	Schulungs-kosten gesamt	Fahrtkosten gesamt	Kosten Menüs gesamt	Kosten-summe
Vertrieb	330,00 €	91,70 €	20,20 €	441,90 €
Lager	190,00 €	58,60 €	9,70 €	258,30 €
Einkauf	260,00 €	86,90 €	17,00 €	363,90 €
Verwaltung	190,00 €	19,40 €	11,60 €	221,00 €
Gesamt	970,00 €	256,60 €	58,50 €	1.285,10 €

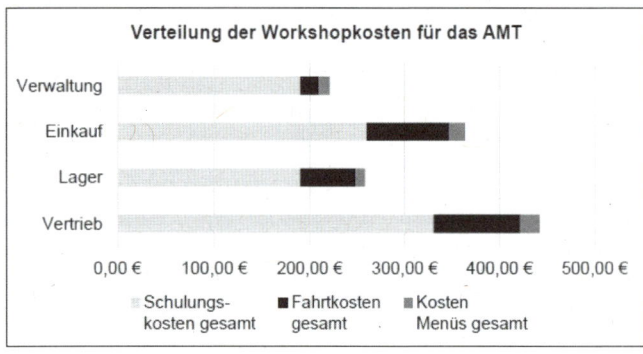

Lösung Aufgabe E3

Lösung von Aufgabe E3 – Angebotsvergleich

Zu E3.1:

Öffnen Sie die Datei „Angebotsvergleich.xlsx".

Schritt 1: Geben Sie in die Felder B7 – E7 die Namen der Anbieter ein.

Schritt 2: Markieren Sie das gesamte Tabellenblatt und wählen Sie Arial als Schriftart aus. Stellen Sie die Schriftgröße auf 10 pt. Passen Sie die Überschrift „Angebotsvergleich" auf 12 pt. an.

Schritt 3: Fügen Sie Fettschrift entsprechend Abbildung 1 hinzu. Färben Sie die entsprechenden Zellen grau.

Schritt 4: Verbinden und zentrieren Sie die Zellen A3 und B3 sowie die Zellen A20 und B20.

Schritt 5: Übernehmen Sie im Eingabebereich den Produkttyp und die Anzahl entsprechend der Vorlage.

Schritt 6: Übernehmen Sie die Grunddaten Stückpreis, Lieferantenrabatt in %, Lieferantenskonto in % und Bezugskosten gemäß den vorliegenden Angeboten.

	A	B	C	D	E
7		M + M Computer GmbH	Alice O'Brien e. K.	Systemhaus R. Sanchez GmbH	Computer Maus
8	Stückpreis netto	1.432,00 €	953,00 €	964,00 €	545,00 €
9	Lieferantenrabatt in %	3%	5%	8%	10%
10	Lieferantenskonto in %	3%	2%	2%	0%
11	Bezugskosten	0,00 €	0,00 €	0,00 €	0,00 €

Zu E3.2:

Die Tabelle mit dem Angebotsvergleich ist so vorbereitet, dass Sie in die grauen Zellen die Grunddaten eingeben können und mithilfe von Formeln und Funktionen die Berechnungen automatisch stattfinden. In der Praxis ist dies sinnvoll, da Sie mit einer in dieser Weise vorbereiteten Tabelle jederzeit neue Angebotsvergleiche vornehmen können, oder bei geänderten Angaben, z. B. neuen Rabattkonditionen, sehr schnell Aktualisierungen vornehmen können.

Schritt 1: Fügen Sie in Zelle B12 die Berechnung des Listeneinkaufspreises der gesamten Bestellung durch. Beziehen Sie sich dabei auf die Inhalte der Zellen B5 und B8. B5 enthält die Anzahl, B8 den Stückpreis. Die Formel ist eine einfache Multiplikation: =$B$5*B8. Übernehmen Sie die Formeln in die Zellen C12, D12 und E12.

Schritt 3: Der Lieferantenrabatt beträgt bei der M + M Computer GmbH 3 % vom Listeneinkaufspreis. In Zelle B13 ist daher diese Formel einzutragen und in die Zellen C13, D13 und E13 zu kopieren: =B12*B9.

Schritt 4: Der Zieleinkaufspreis berechnet sich, indem der Lieferantenrabatt vom Listeneinkaufspreis abgezogen wird: =B12-B13.

Schritt 5: Die Berechnung des Skontobetrags erfolgt, indem Sie den Zielverkaufspreis mit dem Prozentsatz des Lieferantenskontos multiplizieren (vgl. Rabattberechnung): =B14*B10.

Schritt 6: Bareinkaufspreis =B14-B15.

Schritt 7: Die Bezugskosten können einfach aus Zeile 11 übernommen werden: =B11.

Schritt 8: Der Bezugspreis (gesamt) ergibt sich aus dem Bareinkaufspreis zuzüglich eventuell anfallender Bezugskosten: =B16+B17.

Lösung Aufgabe E3

Zu E3.3:

In Zelle B21 sollen Sie den höchsten Preis automatisch ausgeben lassen. Das machen Sie mithilfe der Funktion MAX. Tragen Sie in die Zelle B21 folgendes ein:

=MAX(B18:E18)

In Zelle B22 soll der niedrigste Preis ausgegeben werden. Das können Sie mit der Funktion MIN machen. Tragen Sie daher ein:

=MIN(B18:E18)

Jetzt können Sie in Zelle B23 eingeben:

=B21-B22

So berechnet sich die Ersparnis, also die Differenz zwischen dem teuersten und dem preiswertesten Angebot automatisch.

MIN

Gibt aus einer Menge an Werten den geringsten Wert zurück. Kann auch auf einen Wertebereich angewendet werden.

=MIN(Zahl 1, Zahl 2, ...)

MAX

Gibt aus einem Wertebereich oder aus einer Menge an Werten den größten Wert zurück. Funktioniert nicht bei Texten oder logischen Werten.

=MAX(Zahl 1, Zahl 2, ...)

Zu E3.4:

Ihr Tabellenblatt sollte jetzt so aussehen, wie in der Lösungsdatei „Lösung_E3_Angebotsvergleich.xlsx" angegeben.

Unterhalb des Ausgabefeldes fügen Sie nun ein Textfeld ein und notieren, wie groß die Ersparnis zwischen dem preiswertesten und dem teuersten Angebot ist. Außerdem sollen Sie Gründe aufzählen, weshalb die Preise voneinander abweichen.

Lösungsvorschlag:

„Die Ersparnis beträgt 8.568,69 €. Das Angebot von M+M Computer ist somit ca. 3x so teuer als das preiswerteste Angebot von Computer Maus.

Die Preisdifferenz hängt von der unterschiedlichen Qualität der Tablets ab. Die Modelle unterscheiden sich im Hinblick auf Zusatzausstattung (Tastatur), technische Spezifikationen (Arbeitsspeicher), Bildschirmgröße und Auflösung (Schärfe des Bildes) sowie Gewicht.

Außerdem könnten Umweltschutz und die soziale Verantwortung eine Rolle spielen. Wurde bei der Produktion auf Ressourcenschonung und auf die Einhaltung von angemessenen Arbeitsschutzmaßnahmen geachtet, ist ein Produkt in der Regel teurer."

Lösung Aufgabe W3

Lösung von Aufgabe W3 – Bestellung

Zu W3.2:

Fügen Sie die in der Aufgabenstellung genannten Angaben in die entsprechenden Tabellenzellen ein.

- Spalte Menge/Stück:
  10
- Spalte Preis €/Stück:
  905,35 €
  (Angebotspreis: 905,35 € abzüglich 5 % Rabatt bei einer Mindestabnahmemenge von 10 Stück = 905,35 €)
- Spalte Gesamtbetrag € ohne MwSt.:
  Formel =A3*B3
- Spalte MwSt. 19 % in €:
  Formel =C3/100*19
- Spalte Gesamtbetrag € inkl. MwSt.:
  Formel =C3+D3
- Spaltenbreite automatisch anpassen:
  Markieren Sie die Spalten A – E
  Register Start, Gruppe Zellen, Format, Zellengröße, Spaltenbreite automatisch anpassen

	A	B	C	D	E
1	Tabella Two-in-One				
2	Menge/ Stück	Preis €/ Stück	Gesamtbetrag € ohne MwSt.	MwSt. 19 % in €	Gesamtbetrag € inkl. MwSt.
3	10	905,35 €	9.053,50 €	1.720,17 €	10.773,67 €

Zu W3.1/W3.3:

Siehe Lösungsbeispiel auf der folgenden Seite. Der Kaufvertrag wird abgeschlossen, wenn die Bestellung inhaltlich mit dem Angebot übereinstimmt.

Lösung Aufgabe W3

Lösung_W3.3_Bestellung

Orchideenweg 24 | 66907 Rehweiler

Miko GmbH · Orchideenweg 24 · 66907 Rehweiler

Alice O'Brien e. K.
IT-Service
Frau Alice O'Brien
Häckergasse 24
52072 Aachen

Ihr Zeichen:	br
Ihre Nachricht vom:	20..-..-..
Unser Zeichen:	nn
Unsere Nachricht vom:	20..-..-..
Name:	Nick Nemec
Telefon:	06383 3033-42
Fax:	
E-Mail:	nemec@miko.de
Datum:	20..-..-..

Bestellung – TABELLA Two-in-One
Unsere Bestell-Nr. 22102

Sehr geehrte Frau O'Brien,

wir bestellen gemäß Ihrem Angebot vom 20..-..-.. zur schnellstmöglichen Lieferung:

Tabella Two-in-One				
Menge/ Stück	Preis €/ Stück	Gesamtbetrag € ohne MwSt.	MwSt. 19 % in €	Gesamtbetrag € inkl. MwSt.
10	905,35 €	9.053,50 €	1.720,17 €	**10.773,67 €**

Technische Ausführung gemäß Ihrem Angebot vom 20..-..-..

Zahlung innerhalb von 30 Tagen netto, bei Zahlung innerhalb von 14 Tagen 2 % Skonto
Lieferzeit: innerhalb von 2 Wochen, versandkostenfrei

Mit freundlichen Grüßen

MIKO GmbH
Tier- und Gartenbedarf

i. A.

Nick Nemec

Gesellschaftsrechtliche Angaben

Lösung Aufgabe W3

Zu W3.4

MIKO GmbH
Tier- und Gartenbedarf

Orchideenweg 24 | 66907 Rehweiler

Interne Mitteilung

Abteilung Beschaffung

Unser Zeichen: nn
Name: Nick Nemec
Telefon: 06383 3033-42
E-Mail: nemec@miko.de

Datum: 20..-..-..

Angebotsvergleich – Qualitative Faktoren

Liebe Kollegen und Kolleginnen,

wer die Wahl hat, hat die Qual! Bei einem Angebotsvergleich sind außer den messbaren Kriterien (z. B. Preis) auch nicht messbare Kriterien (qualitative Faktoren) zu bewerten. Diese können bei der Auswahl eines Lieferanten eine wichtige Rolle spielen.

Beispiele:

- Zuverlässigkeit bei Terminabsprachen
- Qualität der Ware: hochwertige Qualität
- persönliche Geschäftsbeziehungen, die auf Gegenseitigkeit beruhen (der Lieferant ist gleichzeitig Kunde des Unternehmens)
- fachmännischer Service
- Erfüllung sozialer und ökologischer Standards durch den Lieferanten
- regionale Erzeugnisse, kurze Lieferwege (z. B. bei Agrarprodukten relevant)

Wir bitten Sie, bei der Auswahl der Lieferanten diese Kriterien entsprechend zu gewichten.

Freundliche Grüße

Nick Nemec

Lösung Aufgabe W4

Lösung von Aufgabe W4 – Internes Meeting

Zu W4.1:

Einladungen zu internen Meetings werden in der Regel per E-Mail versandt. Eine organisatorische Erleichterung bietet die Organisationssoftware des Unternehmens, z. B. Outlook. Hier können unter dem Bereich „Besprechung" Besprechungsanfragen versandt werden, mit der Auswahl von Antwortoptionen. Auch die Buchung von Besprechungsräumen ist darüber möglich.

Eine Musterlösung zur Einladung finden Sie auf der übernächsten Seite.

E-Mail (Allgemeines zu Form und Aufbau)

Die DIN 5008 enthält auch Regelungen zum Bereich „E-Mail". Diese Norm betrifft aber nicht die internen E-Mails, sondern nur die E-Mails, die als Ersatz für einen Geschäftsbrief anzusehen sind.

Eine E-Mail wird mit einzeiligem Zeilenabstand geschrieben.

E-Mail-Kopf

Anschrift, Verteiler und Betreff sind die Bestandteile eines E-Mail-Kopfes.

[Der Absender **„Von"** erscheint automatisch nach Versenden der E-Mail als E-Mail-Adresse des Absenders und braucht nicht manuell eingegeben zu werden.]

An ... Hierhin schreibt der Absender die genaue E-Mail-Anschrift des Empfängers bzw. fügt Anschriften von Empfängern einer vorher definierten Gruppe ein.

Verteilerfelder: Cc bzw. Bcc:

Cc ... Abk. engl. carbon copy = Kopie. Hier wird die E-Mail-Adresse des Empfängers bzw. der Empfänger eingetragen, an den/die eine Kopie der E-Mail gehen soll. Der Hauptempfänger der E-Mail kann unter dem Vermerk „Cc" sehen, wer noch informiert wurde.

Bcc ... Abk. engl. blind carbon copy = Blindkopie. Die E-Mail-Adressen, die hier eingefügt werden, kann der Hauptempfänger der E-Mail nicht lesen, daher „Blindkopie".

Betreff:

Das Feld „Betreff" muss immer ausgefüllt werden. Wie bei einem Geschäftsbrief gibt der Betreff eine stichwortartige Inhaltsangabe wieder. Diese Angabe ist für die weitere Bearbeitung der E-Mails wichtig und hilft dem Empfänger bei der weiteren Verwaltung der Nachricht.

Fortsetzung nächste Seite

Lösung Aufgabe W4

Textfeld

Anrede

Da die E-Mail die Funktion eines Geschäftsbriefes erfüllt, ist eine Anrede zwingend erforderlich. Die Anrede beginnt an der Fluchtlinie, danach folgt eine Leerzeile.

Text

Der Text der E-Mail wird als Fließtext, ohne Worttrennung geschrieben. Die Zeilenumbrüche richten sich nämlich nach der E-Mail-Software des Empfängers. Absätze werden wie bei einem Geschäftsbrief durch Leerzeilen voneinander getrennt.

Abschluss

Den Abschluss der E-Mail bildet die Autosignatur. Das ist im Allgemeinen ein elektronischer Textbaustein, der nach entsprechender Einrichtung automatisch eingefügt wird.

Gemäß DIN 5008 enthält die Autosignatur die Grußformel sowie Namen des Absenders, außerdem Firmenangaben mit allen Kommunikationsangaben, wie Telefon, Telefax, E-Mail- und ggf. Internetadresse sowie Postanschrift. Die Angabe der E-Mail-Adresse und/oder Internet-Adresse wird gem. DIN 5008 als zwingend notwendig erachtet. Außerdem sind ggf. noch gesetzliche Regelungen zu beachten.

Die Pflichtangaben für E-Mails sind im Gesetz über elektronische Handelsregister- und Genossenschaftsregister sowie das Unternehmensregister (EHUG) geregelt.

Immer angegeben werden müssen in einer gewerblichen E-Mail – unabhängig von der Rechtsform:

- die Firma mit Rechtsform
- der Ort der Handelsniederlassung
- das zuständige Registergericht
- die Handelsregisternummer

Bei bestimmten Gesellschaftsformen sind weitere Angaben erforderlich (wie bei den Geschäftspapieren):

- Bei einer GmbH sind alle Geschäftsführer mit Familiennamen und mindestens einem Vornamen aufzuführen.
- Bei einer Aktiengesellschaft ist neben den Vorständen auch der Vorsitzende des Aufsichtsrats zu nennen (Vor- und Familiennamen). Dasselbe gilt für eine GmbH mit Aufsichtsrat.

Lösung Aufgabe W4

Lösung_W4.1_E-Mail_Einladung

An …	Kundenservice; Betriebsratsvorsitz
Cc …	Geschäftsführung
Betreff:	Einladung zu einem Abteilungsmeeting am 22. Juli 20..

Liebe Kolleginnen und Kollegen,

wie Sie bereits aus mündlichen Informationen erfahren haben, ist geplant, den telefonischen Kundenservice für die Kunden bedarfsgerechter zu gestalten. Dazu sollen die telefonischen Sprechzeiten, zu denen Fachberater zur Verfügung stehen, ausgeweitet werden.

Um die ab 1. September 20.. geltenden Arbeitszeiten zu vereinbaren, wollen wir uns zusammensetzen, damit wir individuelle Wünsche so weit wie möglich berücksichtigen können. Wir laden daher alle Mitarbeiter und Mitarbeiterinnen der Abteilung Kundenservice sowie den Betriebsratsvorsitzenden, Herrn Wächter, zu einem internen Meeting ein. Dieses Meeting soll am 22. Juli 20.., um 09:00 Uhr, im Besprechungsraum Kundenservice stattfinden. Als Dauer sind zwei Stunden vorgesehen.

Bitte bestätigen Sie mir kurz Ihre Teilnahme bis zum 15. Juli 20.. Das Thema ist für uns alle sehr wichtig, daher bitten wir Sie, diesen Termin mit höchster Priorität in Ihrer Terminplanung zu behandeln.

Mit freundlichen Grüßen

i. A. Mathis Maier
Management-Assistent
Kundenservice (KS)

MIKO GmbH
Tier- und Gartenbedarf
Orchideenweg 24
66907 Rehweiler

E-Mail: mathis.maier@miko.de

Homepage: www.miko.de

Telefon: 06383 3033-32
Telefax: 06383 30352

Geschäftsführer: Mick Kowalski

Amtsgericht Kusel HRB 4711

Lösung Aufgabe W4

Zu W4.2.1:

Tabellen nach DIN 5008

DIN 5008 legt auch Regelungen zu Tabellen fest.

- Tabellen sollen einschließlich des Rahmens innerhalb der Seitenränder (des übrigen Dokumentes) stehen.
- Vor und nach der eingefügten Tabelle ist ein angemessener Abstand vorzusehen.
- Eine Tabelle sollte eine Überschrift haben. Diese Überschrift darf in den Tabellenkopf integriert werden. Wenn der Inhalt der Tabelle aus dem vorangehenden Text des Dokumentes hervorgeht, kann die Überschrift entfallen.
- Nähere Details zur normgerechten Gestaltung siehe DIN 5008.

Lösung_W4.2.1_Tabelle_Einsatzplan

Telefonservice		
Tag	**1. Tageshälfte** 8 – 12 Uhr	**2. Tageshälfte** 13 – 17 Uhr
Montag	Herr Pompino Frau Iglesias	Frau Kummer Frau Iglesias
Dienstag	Frau Grob Frau Schwätzer	Frau Akzan Herr Schipper
Freitag	Frau Kummer Herr Schipper	Frau Özil Herr Rosental

Überschrift
Tabellenkopf
Waagerecht: **Zeilen**

Senkrecht: **Spalten**

1. Spalte = **Vorspalte**

Ein einzelnes Feld einer Tabelle bezeichnet man als **„Zelle"**.

Lösung Aufgabe W4

Zu W4.2.2:

Protokollarten

Protokolle sind Niederschriften über den Verlauf und die Ergebnisse von Konferenzen, Verhandlungen, Besprechungen usw. Sie dienen dazu, das festzuhalten, was dort besprochen und beschlossen worden ist. Das Protokoll hat damit dokumentarischen Charakter. Es wird in der Regel im Präsens verfasst. Je nachdem, wie ausführlich protokolliert wird, unterscheidet man

- wörtliche Protokolle
- ausführliche Protokolle (Verlaufsprotokolle)
- Kurzprotokolle
- Ergebnis- und Beschlussprotokolle

Bei **wörtlichen Protokollen** wird jeder Rede- oder Diskussionsbeitrag eines Teilnehmers wörtlich aufgenommen und wiedergegeben. Dies ist vor allem bei Parlamentsdebatten und bedeutsamen nationalen und internationalen Verhandlungen, aber auch bei wichtigen Versammlungen von Verbänden und Organisationen üblich. Die Aufnahme und Ausfertigung derartiger Protokolle leisten besonders ausgebildete Parlaments- und Verhandlungsstenografen.

Ausführliche Protokolle (Verlaufsprotokolle) geben den Fortgang der Verhandlungen wieder sowie wesentliche Beiträge, Einwände, Argumente. Die Namen der Redner werden dabei ebenfalls genannt. Die Redebeiträge werden in der Form der indirekten Rede wiedergegeben. Aus einem ausführlichen Protokoll ist ersichtlich, **wie** es zu bestimmten Ergebnissen und Beschlüssen gekommen ist.

Kurzprotokolle beschränken sich in der Darstellung des Verlaufs einer Sitzung auf die wichtigsten Punkte, sodass klar wird, wie es zu bestimmten Ergebnissen und Beschlüssen gekommen ist. Es handelt sich um eine verkürzte Form des Verlaufsprotokolls.

Ergebnis- und Beschlussprotokolle geben lediglich die Ergebnisse, Anträge und Beschlüsse wieder. Es kann daraus nicht nachvollzogen werden, wie es zu den Beschlüssen kam.

Erläuterungen zur Datei „Ergebnisprotokoll_Vorlage.dotx"

Für die Gestaltung des **Protokolls** gelten die Regelungen der DIN 5008, Punkt 24.

Die Vorlage richtet sich nach dem in der DIN 5008 unter Punkt 24.2 dargelegten Protokollrahmen. Es werden drei Teile unterschieden:

- Protokollkopf
- Protokollabschluss (Protokollfuß)
- Protokollinhalt

Protokollkopf

Er enthält

- Angabe des Unternehmens bzw. der Abteilung
- Art des Protokolls (hier: Ergebnisprotokoll)
- Anlass
- Datum, Uhrzeit (Beginn und Ende der Sitzung)
- Teilnehmer (An- und Abwesende bzw. Verweis auf Teilnehmerliste)
- Namen des Sitzungsleiters und des Protokollführers
- Thema (ggf. unter Verweis auf Tagesordnung)

Lösung Aufgabe W4

Protokollabschluss (Protokollfuß)

Die Mindestangaben umfassen:

- Datum der Ausfertigung
- Name und Unterschrift des Sitzungsleiters (handschriftlich oder rechtsverbindlich elektronisch)
- Name und Unterschrift des Protokollführers (handschriftlich oder rechtsverbindlich elektronisch)
- ggf. Verteiler, sofern nicht deckungsgleich mit den Teilnehmern
- ggf. Anlagenvermerk: Liste der Anlagen

Bei regelmäßig stattfindenden Sitzungen ist es sinnvoll, im Protokollabschluss ggf. Vereinbarungen über den nächsten Termin aufzunehmen.

Protokollinhalt

Dieser Teil umfasst die Tagesordnungspunkte (TOP). Die Ausführlichkeit und Darstellung richten sich nach der Art des Protokolls. Bei einem Ergebnisprotokoll (wie in der vorliegenden Aufgabe) werden lediglich die Ergebnisse/Beschlüsse kurz dargelegt.

Für alle Protokollarten gilt, dass die Inhalte chronologisch, vollständig (je nach Protokollart die wesentlichen Punkte zusammenfassend), verständlich sowie objektiv (ohne eigene Bewertung) im Präsens wiederzugeben sind.

Sofern das Protokoll nicht erst bei der nächsten Sitzung beschlossen (d. h. genehmigt) wird, sollte auf eine mögliche Einspruchsfrist hingewiesen werden.

Zur Vorlage „Ergebnisprotokoll_Vorlage.dotx"

In der Vorlagendatei wurden Haltepunkte eingefügt (Tastenkombination STRG+ F9). Damit können beim Ausfüllen der Dokumentvorlage sofort die entsprechenden Positionen angesteuert werden. Die Haltepunkte können durch die Tastenkombination Alt + F9 sichtbar oder unsichtbar gemacht werden. Ein Anspringen der Haltepunkte ist durch F11 möglich.

Die Musterlösung zu W4.2.2 finden Sie auf den nächsten Seiten.

Lösung Aufgabe W4

Lösung_W4.2.2_Ergebnisprotokoll

MIKO GmbH
Tier- und Gartenbedarf

Orchideenweg 24 | 66907 Rehweiler

Ergebnisprotokoll

Ort	Besprechungsraum Kundenservice
Datum	22. Juli 20..
Uhrzeit	09:00 Uhr – 11:00 Uhr
Teilnehmer/Teilnehmerinnen	Herr Motz – Leiter Abteilung Kundenservice
	Herr Wächter – Betriebsratsvorsitzender
	<u>Abteilung Kundenservice</u>
	Frau Akzan, Frau Grob, Frau Iglesias, Frau Kummer,
	Herr Maier, Frau Özil, Herr Pompeo, Herr Rosental,
	Herr Schipper, Frau Schwätzer
Thema	Telefonberatung ab 1. September 20..
Leitung des Meetings	Eckbert Motz
Protokollführung	Mathis Maier

TOP 1   Einsatzplan – neue Arbeitszeiten

Es wird beschlossen, dass bis auf Weiteres folgender Einsatzplan ab 1. September 20.. in Kraft tritt:

Telefonservice		
Tag	**1. Tageshälfte** **8 – 12 Uhr**	**2. Tageshälfte** **13 – 17 Uhr**
Montag	Herr Pompino Frau Iglesias	Frau Kummer Frau Iglesias
Dienstag	Frau Grob Frau Schwätzer	Frau Akzan Herr Schipper
Freitag	Frau Kummer Herr Schipper	Frau Özil Herr Rosental

Diese Regelungen werden von allen Teilnehmern akzeptiert.

Lösung_W4.2.2_Ergebnisprotokoll

MIKO GmbH
Tier- und Gartenbedarf

Orchideenweg 24 | 66907 Rehweiler

TOP 2: Arbeitsorganisation – Stressprävention

Es sind Informationsveranstaltungen geplant zum Themenkreis:

- physische und psychische Gesundheit am Arbeitsplatz
- Vorbeugung von Belastungserscheinungen durch ergonomische Gestaltung von Arbeitsplatz und Arbeitsorganisation.

Dazu werden Gesundheitsexperten für Arbeitsmedizin eingeladen. Herr Motz bietet in allen Fragen der Arbeitsorganisation seine Unterstützung an.

Ort, Datum
Rehweiler, 23. Juli 20..

Protokollführung
Name   Unterschrift

Mathis Maier

Leitung des Meetings
Name   Unterschrift

Eckbert Motz

Verteiler
Alle Teilnehmer der Besprechung
Herr Mick Kowalski, Geschäftsleitung

Anlagen
keine

2

Lösung Aufgabe E4

Lösung von Aufgabe E4 – Auswertung zu Belastungen am Arbeitsplatz

Zu E4.1:

Öffnen Sie die Datei „Umfrage_Belastungen.xlsx" und wählen Sie das Tabellenblatt „**AWB**" aus. (Achtung: Nicht mit AWS verwechseln!)

Schritt 1: Markieren Sie das vollständige Tabellenblatt und wählen Sie als Schriftart Arial aus. Ändern Sie die Schriftgröße der Überschriften auf 12 pt. In den restlichen Zellen ändern Sie die Schriftgröße auf 10 pt. Wählen Sie die Zellen aus, die fett formatiert sein sollen und passen Sie dies an.

Schritt 2: Wählen Sie die Zellen, die in der Vorlage mit „Überschrift" markiert sind, in der Datei aus. Verbinden Sie die Zellen A1 – E1 sowie die Zellen C10 – E10.

Schritt 3: Hinterlegen Sie die Spalten, die mit „Anzahl der Nennungen Vorjahr" beschriftet sind, in hellgrau. Passen Sie die Tabelle durch Ziehen an, bis die Beschriftungen gemäß den Vorgaben zweizeilig sind.

Schritt 4: Markieren Sie die verschiedenen Bereiche der Tabelle und fügen Sie „Dicke Rahmenlinien" ein.

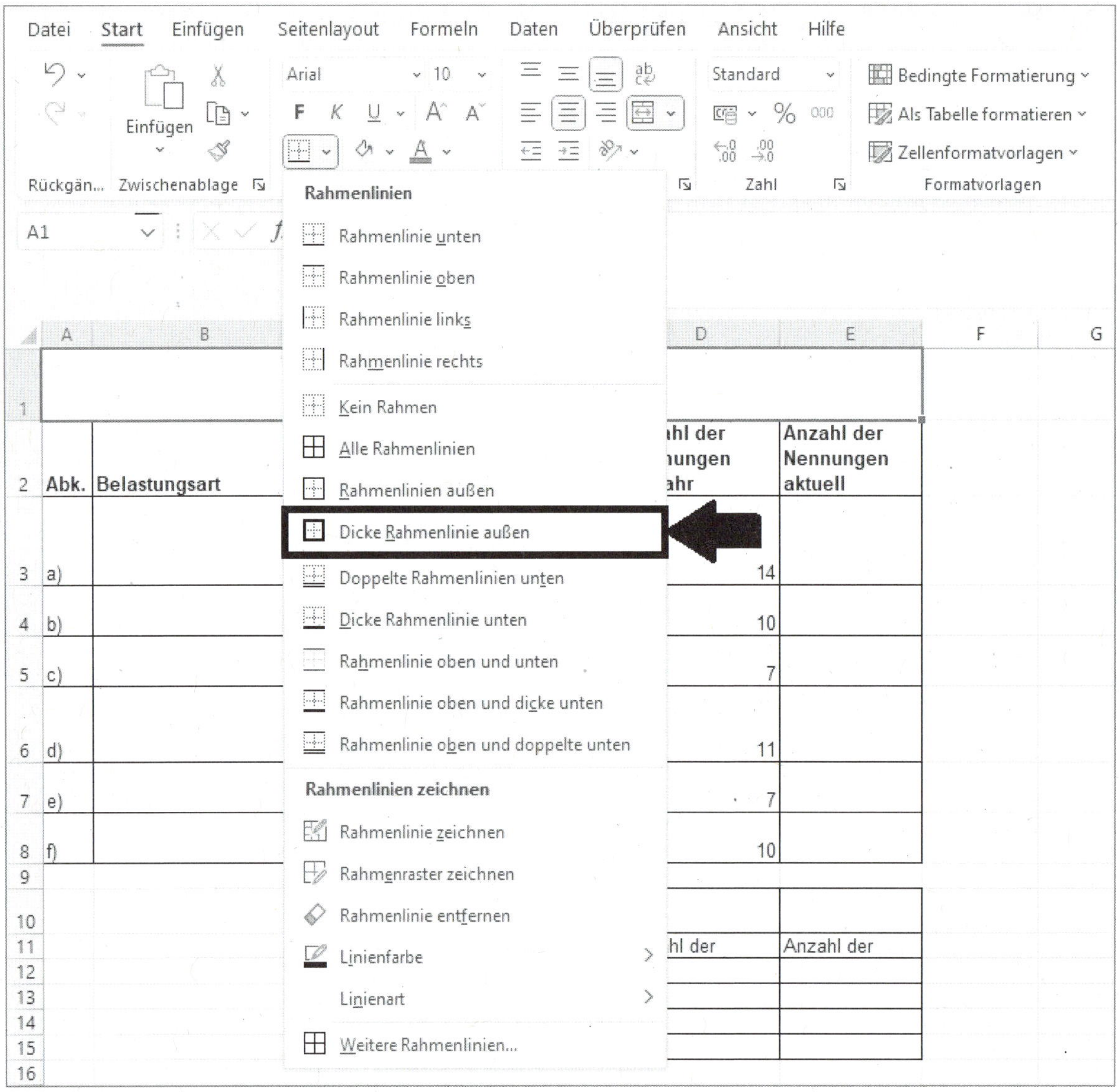

Lösung Aufgabe E4

Schritt 5: Geben Sie den Tabellen jeweils eine sinnvolle Überschrift.

Beispiele für eine Überschrift für die obere Tabelle:
- Vergleich der aktuellen Umfrageergebnisse der Belastungen am Arbeitsplatz mit den Ergebnissen des Vorjahrs
- Vergleich der Belastungen am Arbeitsplatz – Vorjahr und aktuell

Da in der Vorlage steht, dass die Überschrift zweizeilig sein darf, können Sie hier auch einen längeren Text wählen.

Beispiele für eine Überschrift für die untere Tabelle:
- Zusammenfassung der Ergebnisse
- Vergleich: Belastungen Vorjahr und aktuell
- Übersicht der Ergebnisse der Befragung Vorjahr und aktuell

Zu E4.2:

Klicken Sie auf Zelle E3. Hier sollen Sie die Anzahl der Nennungen aus Tabellenblatt „B_akt" für Aussage a) ermitteln. Das können Sie mit der Funktion ZÄHLENWENN.

=ZÄHLENWENN(B_akt!$B$3:$E$31;AWB!A3)

Übertragen Sie die Formel mit den geeigneten festen Bezügen auf die übrigen Zellen E4 – E8.

Zu E4.3:

Klicken Sie auf Zelle B3. Es erscheint ein Dropdown-Menü (siehe Pfeil im grauen Kasten am unteren rechten Rand der Zelle). Die Zuordnung ist recht schnell erfolgt.

	A	B	C	D	E
1		Vergleich der Belastungen am Arbeitsplatz Vorjahr und aktuell			
2	Abk.	Belastungsart	Aussagen	Anzahl der Nennungen Vorjahr	Anzahl der Nennungen aktuell
3	a)	Arbeitsplatz-Ergonomie	Mir tut der Rücken weh, weil sich Schreibtisch, Stuhl und Monitor nicht richtig einstellen ...	14	6
4	b)	Arbeitsplatz-Ergonomie	...eine Schultern schmerzen in der monotonen Körperhaltung.	10	10
5	c)	Kommunikation	Manchmal reagieren Kollegen auf meine Worte anders als erwartet.	7	6
6	d)	Selbstorganisation	Ich habe zu viele Aufgaben, um sie im Rahmen meiner Arbeitszeit zu schaffen.	11	7
7	e)	Selbstorganisation	Manchmal vergesse ich wichtige Aufgaben oder Termine.	7	5
8	f)	Kommunikation	Ich empfinde den rauen Umgangston als belastend.	10	8

Lösung Aufgabe E4

Zu E4.4:

Wählen Sie Zelle D12 aus. Hier können Sie mit der Funktion SUMMEWENN die Zahl der Nennungen bezogen auf die Belastungsart ermitteln.

=SUMMEWENN($B$3:$B$8;$C12;D$3:D$8)

Übernehmen Sie die Formel auf die Zellen D13 – D14. Haben Sie die Bezüge richtig gesetzt, können Sie sie direkt auf die Zellen E12 – E14 übernehmen.

In den Zellen D15 und E15 können Sie mit der Funktion SUMME die Summe der Anzahlen ermitteln. Geben Sie dazu in Zelle D15 Folgendes ein:

=SUMME(D12:D14)

Diese Formel können Sie auf die Zelle E15 übernehmen.

Zu E4.5:

Wechseln Sie zum Tabellenblatt AWS. Sie können Ihre Ergebnisse vom Tabellenblatt AWB einfach kopieren oder per Verweis übernehmen.

Kopieren → Übernehmen der **Werte**.

Übernahme → =AWB!E12

In den Zellen D3 – D5 ermitteln Sie mit ZÄHLENWENN die Anzahl der Teilnehmer.

In Zelle D3 geben Sie ein: =ZÄHLENWENN(S_akt!$B$3:$B$35;AWS!A3)

Kopieren Sie diese Funktion in die Zellen D4 und D5.

	A	B	C	D	E
1			Seminarteilnahme		
2	Abk.	Thema	Bescheibung	Teil-nehmer	Umfrage-ergebnis
3	a)	Selbstorganisation	Sinnvoller Einsatz von To-Do-Listen, Pareto-Prinzip, Eisenhower-Matrix	11	12
4	b)	Arbeitsplatz-Ergonomie	Trainingstechniken für einen gesunden Rücken, Arbeitsplatzbesichtigung durch einen Gesundheitsexperten	14	16
5	c)	Kommunikation	Vier Seiten einer Nachricht, Vier-Ohren-Modell, Transaktionsanalyse, Sandwich-Methode, konstruktive Kritik	8	14

Lösung Aufgabe E4

Zu E4.6:

Fügen Sie ein Textfeld hinzu.

Schritt 1: Schreiben Sie etwas zur Vergleichbarkeit der Umfrageergebnisse mit den Teilnehmerzahlen. Lassen Sie sich von den ähnlich klingenden Themen nicht irritieren! Eine anonyme Umfrage, an der möglicherweise nicht alle Mitarbeiter teilgenommen haben, hat nicht unbedingt etwas mit einer Teilnehmerliste zu tun.

Aber auch anhand der Fakten ausgedrückt: Die meisten Seminarteilnehmer gibt es bei b), dann bei a) und die wenigsten bei c). Beim Umfrageergebnis ist b) „Arbeitsplatz-Ergonomie" am häufigsten genannt, dann c), dann a). Somit gibt es hier nur bedingt eine Übereinstimmung.

Schritt 2: Zählen Sie drei Gründe auf, die eine mögliche Abweichung erklären. Hier gibt es einige Ansätze. Beispiele:
- Ungleiche Personenzahlen: 29 Umfrageteilnehmer, 33 Seminarteilnehmer (Schnittmenge ungewiss!)
- Mehrfachnennungen bei der Umfrage
- Schwierige Vergleichbarkeit von Aussagen der Umfrage in Bezug auf Seminarinhalte

Beispiellösung

Die Teilnehmerzahlen und die Umfrageergebnisse haben bezüglich der Bereiche a) „Selbstorganisation" und b) „Arbeitsplatz-Ergonomie" eine ungefähre Übereinstimmung. Eine größere Abweichung zwischen der Anzahl der Nennungen bei der Umfrage und der Anzahl der Seminarteilnehmer gibt es nur bei c). Auf Basis der zugrundeliegenden Daten ist es jedoch möglich, dass diese Ergebnisse nur bedingt vergleichbar sind.

Ein Grund für die Abweichung könnte sein, dass an der Umfrage zu Belastungen am Arbeitsplatz 29 Personen teilgenommen haben, aber insgesamt 33 Personen Interesse an den Seminaren gezeigt haben.

Des Weiteren ist nicht klar, wie groß die Schnittmenge zwischen Seminarteilnehmern und Teilnehmern der Umfrage ist.

Durch die Möglichkeit zu Mehrfachnennungen bei der Umfrage ist zudem eine gewisse Unschärfe der Ergebnisse vorprogrammiert.

Zusätzlich hängen die Aussagen aus der Umfrage nicht unbedingt mit den Seminaren zusammen. Ein Mitarbeiter, der die Arbeitsplatz-Ergonomie in Bezug auf monotone Körperhaltung bemängelt, könnte vielleicht auch eine Schulung zum Thema Selbstorganisation belegen wollen, um seinen Arbeitstag ausgewogener zu gestalten.

Lösung Aufgabe W5

Lösung von Aufgabe W5 – Rundschreiben

Zu W5.1:

Es handelt sich hier um ein Rundschreiben, das zur Teilnahme an einer wichtigen Informationsveranstaltung einlädt. Dieser Text richtet sich an alle Mitarbeiter und Mitarbeiterinnen des Unternehmens. Die Mitteilung muss Interesse wecken und sprachlich leicht verständlich sein, damit der Leser Folgendes tut:

- seinen Terminkalender überprüft
- überlegt, ob er noch Fragen hat, die er dem Absender stellen möchte
- das Antwortformular ausfüllt, abschickt bzw. abgibt
- den Fragebogen ausfüllt und in den internen Briefkasten wirft

Überprüfen Sie selbst: Ist Ihr Lösungstext so verständlich und ansprechend, dass der Empfänger die obigen Punkte versteht und erledigen möchte?

Durch Hervorhebungen helfen Sie dem Leser, den Text besser zu verstehen – aber nicht zu viel verwenden, dann wird es unübersichtlich!

Die Musterlösung finden Sie auf den folgenden Seiten.

Lösung Aufgabe W5

Lösung_W5.1_Rundschreiben

MIKO GmbH
Tier- und Gartenbedarf

Orchideenweg 24 | 66907 Rehweiler

Geschäftsleitung
Sekretariat
Name: Kerstin Schneider
Zeichen: GL-ks

An alle Mitarbeiter und Mitarbeiterinnen
der MIKO GmbH

20..-..-..

Rundschreiben

**Gemeinsam gegen Stress am Arbeitsplatz –
Einladung zur ersten Informationsveranstaltung**

Liebe Mitarbeiter und Mitarbeiterinnen,

die MIKO GmbH redet nicht nur, sondern handelt auch danach – die Gesundheit unserer Mitarbeiter und Mitarbeiterinnen ist unser wertvollstes Gut!

Zur Bewahrung der Gesundheit gehört das körperliche und seelische Wohlbefinden. Mehr und mehr wächst das Bewusstsein, dass Stress am Arbeitsplatz als Verursacher für körperliche und psychische Erkrankungen sowie Betriebsunfälle eine verheerende Rolle spielt.

Helfen Sie sich selbst und unserem Unternehmen: Wir wollen **gemeinsam gegen Stress am Arbeitsplatz** vorgehen! Wir laden Sie alle zur **ersten Informationssitzung** ein,

    Datum: 20..-..-..
    Uhrzeit: 10:00 Uhr
    Ort: Konferenzsaal I

Herr Prof. Dr. Justus Moser, leitender Direktor der Akademie für Arbeitsschutz, Groß-Wiesenbach, und Frau Dr. med. Ramona Gans, Fachärztin für Sozialmedizin, Hasenfeld, werden uns in ihren Vorträgen über folgende Themenbereiche informieren:

- Symptome psychischer Belastung erkennen
- Ursachen und Auslöser von Stress bewusst wahrnehmen
- gesundheitlichen Risiken vorbeugen

Die Teilnahme an der Veranstaltung ist freiwillig. Wir bitten Sie, sich bis zum 20..-..-.. mit dem beigefügten Anmeldeformular im Sekretariat der Geschäftsleitung, Frau Immerdar, anzumelden.

...

MIKO GmbH · Tier- und Gartenbedarf	Telefon 06383 3033-0	Bankverbindung	Pfälzer Bank AG
Orchideenweg 24	Telefax 06383 3034-0	BLZ	523 644 30
66907 Rehweiler	Internet www.miko.de	Konto	760 896 00
Geschäftsführer	HRB 4711 Amtsgericht Kusel	IBAN	DE92 5236 4430 0076 0896 00
Mick Kowalski	USt.-IdNr. DE328988242	BIC	PFAEDED6555

Lösung Aufgabe W5

Lösung_W5.1_Rundschreiben

Orchideenweg 24 | 66907 Rehweiler

– 2 –

Wir übersenden Ihnen außerdem mit diesem Rundschreiben einen Fragebogen, dessen Beantwortung freiwillig ist. Wenn Sie ihn ausfüllen würden, wären wir Ihnen dankbar. Ihre Antworten können uns dabei helfen, konkrete Verbesserungen einzuleiten. Den ausgefüllten Fragebogen bitten wir – ohne Namensnennung – in den Briefkasten zu werfen, der sich vor dem Betriebsratsbüro befindet.

Freundliche Grüße

i. A.

Kerstin Schneider
Sekretariat der Geschäftsleitung

Anlage
1 Anmeldeformular
1 Fragebogen

MIKO GmbH · Tier- und Gartenbedarf Telefon 06383 3033-0   Bankverbindung   Pfälzer Bank AG
Orchideenweg 24   Telefax 06383 3034-0   BLZ   523 644 30
66907 Rehweiler   Internet www.miko.de   Konto   760 896 00
Geschäftsführer   HRB 4711 Amtsgericht Kusel   IBAN   DE92 5236 4430 0076 0896 00
Mick Kowalski   USt.-IdNr. DE328988242   BIC   PFAEDED6555

Lösung Aufgabe W5

Zu W5.2 :

Anmeldeformular erstellen

Die Gestaltung von Formularen und Checklisten wird gemäß DIN 5008 geregelt (vgl. Erläuterungen zur Lösung Aufgabe W1 – Interne Mitteilung).

Der Kopf des Formulars trägt den Namen des Unternehmens, der Institution oder der Behörde sowie eine aussagekräftige Überschrift. Alle Angaben müssen vollständig, ablaufgerecht und schreibgerecht erfolgen. Das Formular muss verständlich und leicht zu bearbeiten sein. Die Schreibfelder sind ausreichend groß anzulegen.

Kontrollkästchen sind grundsätzlich den Auswahlantworten voranzustellen und dürfen nicht bereits markiert vorgegeben werden. Zutreffende Antworten werden von dem Adressaten durch Ankreuzen oder Markieren gekennzeichnet.

Man unterscheidet zwischen **Online- und Offline-Formularen**. Beide Formulararten werden an einem elektronischen System mit einer Software erstellt. Bei der Erstellung ist zu berücksichtigen, auf welche Weise sie von dem Adressaten ausgefüllt werden sollen.

Online-Formulare werden an einem elektronischen System ausgefüllt
Offline-Formulare werden per Handschrift ausgefüllt

Dieses Formular soll so gestaltet werden, dass es **sowohl am PC als auch handschriftlich bearbeitet** werden kann. Manche Mitarbeiter werden ihre Antwort als E-Mail-Anhang verschicken, andere werden das Formular persönlich im Sekretariat abgeben.

Es sind daher bei der Lösung folgende Kriterien zu erfüllen:

Es ist ein **geschütztes Formular** zu entwerfen, bei dem der Empfänger bestimmte Formularfelder ausfüllen und die Datei als E-Mail-Anhang verschicken kann.

Für die **Lösung_W5.2_Anmeldeformular** wurde im Programm Word das Register **„Entwicklertools"** verwendet. (Ggf. Menüband anpassen, um dieses Register hinzuzufügen.) In der Gruppe **Steuerelemente** werden dem Anwender Schaltflächen geboten, die für die Einrichtung der Formularfelder verwendet werden können.

Es bieten sich damit verschiedene Möglichkeiten der Formulargestaltung an.

Im Lösungsbeispiel wurde die Form einer Tabelle gewählt, mit eingefügten begrenzten **Textfeldern und Kontrollkästchen**, die aus dem Bereich der Gruppe „Steuerelemente" gewählt wurden. Die betreffenden Felder können manuell oder am PC ausgefüllt werden. Die Kästchen können auch am PC angekreuzt werden, wenn der Formularschutz entsprechend eingerichtet ist.

ActiveX-Steuerelemente:

Andere Möglichkeiten bieten sich mit den ActiveX-Steuerelementen.

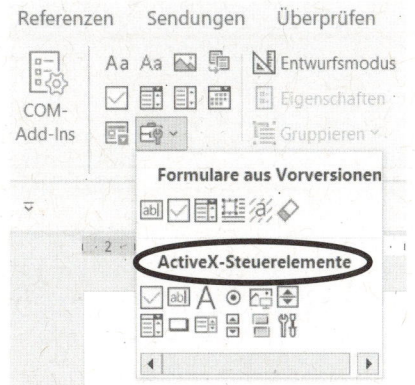

Hiermit könnten z. B. Checkboxen angelegt werden, die ggf. sowohl manuell als auch am PC mit einem Häkchen versehen werden:

Beispiel:

☑ Ja, ich komme.

☐ Nein, ich kann leider nicht kommen.

Lösung Aufgabe W5

Formular schützen

Word bietet die Möglichkeit, Dokumente als Formular so einzurichten, dass nur die Bereiche vom Anwender ausgefüllt werden, die als Formularfelder angelegt wurden. Das Grundgerüst des Formulartextes bleibt schreibgeschützt.

Klicken Sie auf das Register „Überprüfen". Wählen Sie in der Gruppe „Schützen" **Bearbeitung einschr.**

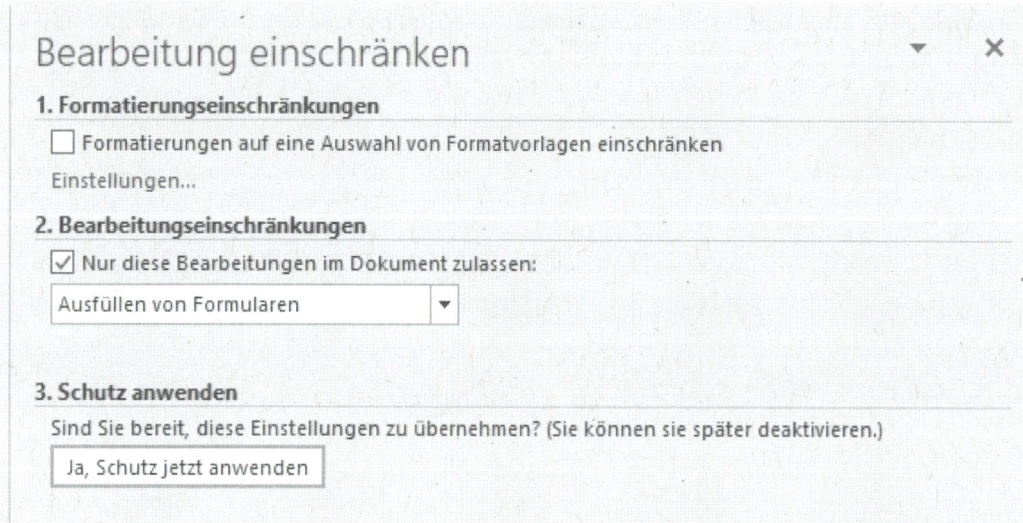

Unter 2. Bearbeitungseinschränkungen wählen Sie „Nur diese Bearbeitungen im Dokument zulassen" ☑ – Ausfüllen von Formularen.

3. Schutz anwenden:

Nach Anklicken dieses Buttons werden Sie aufgefordert, ein Kennwort (zweimal) einzugeben.

Jetzt haben Sie sichergestellt, dass nur die Formularfelder von dem Empfänger ausgefüllt werden können. Das übrige Formular ist geschützt und kann nicht verändert werden. Wenn Sie ein Kennwort eingegeben haben, kann nur unter Eingabe des richtigen Kennwortes der Schutz des Dokumentes wieder aufgehoben werden, d. h. das Formular geändert werden.

Handschriftliches Ausfüllen des Formulars

Beachten Sie, dass die Größe der einzelnen Felder auch für handschriftliche Eintragungen geeignet ist.

Die Musterlösung finden Sie auf der folgenden Seite.

Lösung Aufgabe W5

Lösung_W5.2_Anmeldeformular

 GmbH
Tier- und Gartenbedarf

Orchideenweg 24 | 66907 Rehweiler

Anmeldeformular

Teilnahme an der Informationsveranstaltung
Gemeinsam gegen Stress am Arbeitsplatz
am: … [TT.MM.JJJJ]
um 10:00 Uhr

Name	
Vorname	
Abteilung	

Bitte kreuzen Sie das Zutreffende an.

☐	Ja, ich komme.

☐	Nein, ich kann leider nicht kommen.

☐	Ich habe vorher noch Fragen zu der Veranstaltung. Bitte rufen Sie mich an unter der Telefon-Nr.

Datum:

Lösung Aufgabe W5

Zu W5.3:

Fragebogen erstellen

Text und Layout: Text und Layout des Fragebogens sind so gestaltet, dass der Fragebogen übersichtlich und verständlich erscheint. Nur so ist der Empfänger motiviert, die Fragen zu beantworten.

Technische Bearbeitung: Es wurden Kontrollkästchen eingefügt, die sowohl handschriftlich als auch per Computer ausgefüllt werden können. Siehe dazu die Erläuterungen zu W5.2 Anmeldeformular.

Zusatzinformationen:

Für ein **Formular**, das **nur am Computer ausgefüllt** wird, bieten sich auch **Dropdown-Formularfelder** an.

Dropdown-Formularfelder:

Register: Entwicklertools

Gruppe: Steuerelemente

Auswählen:
Kombinationsfeld-Inhaltssteuerelement
oder
Dropdownlisten-Inhaltssteuerelement

Wählen Sie ein Element aus.

Anklicken in der Gruppe Steuerelemente: Eigenschaften

Unter Dropdownlisten-Eigenschaften die Auswahlantworten einfügen (bzw. den Text, der zur Auswahl stehen soll)

Beispiel:

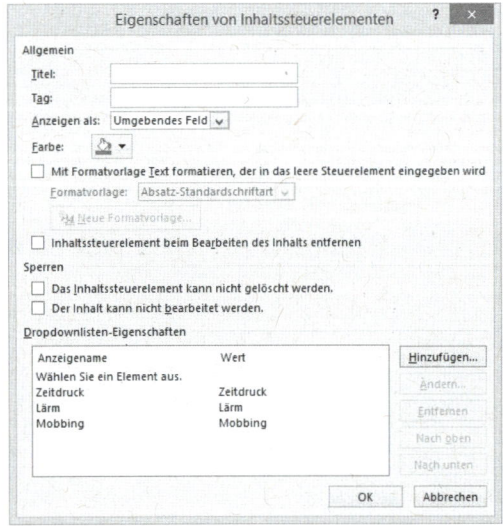

Hinweis

Zu „Formular schützen" siehe Seite 56.

Für Formulare, die handschriftlich ausgefüllt werden sollen, sind Dropdown-Formularfelder nicht geeignet.

Die Musterlösung finden Sie auf der folgenden Seite.

Lösung Aufgabe W5

Lösung_W5.3_Fragebogen

Fragebogen

MIKO GmbH Geschäftsleitung
Zeichen: GL-ks

Datum: 20..-..-..

Wählen Sie aus den nachstehenden Antwortmöglichkeiten die Antwort aus, die auf Sie am meisten zutrifft.

1. **Welche Änderungen wünsche ich mir, um zufriedener mit meiner Arbeit zu werden?**
   - ☐ Verbesserung der Arbeitsorganisation
   - ☐ Mehr Hilfe und Vertrauen im Team
   - ☐ Bessere Gestaltung von Arbeitsplatz und Arbeitsraum

2. **Welche Maßnahmen sollten geschaffen werden, um die Anforderungen zu erfüllen?**
   - ☐ Passende Angebote zur Weiterbildung
   - ☐ Kompetente Gesprächspartner
   - ☐ Flexiblere Arbeitszeit

3. **Wodurch könnte das Betriebsklima verbessert werden?**
   - ☐ Mehr Mitsprachemöglichkeiten der Mitarbeiter
   - ☐ Deutlichere Signale der Anerkennung
   - ☐ Stärkere Maßnahmen gegen Mobbing

4. **Welche Faktoren sind für mich sehr belastend?**
   - ☐ Zeitdruck
   - ☐ Lärm
   - ☐ Mobbing

5. **Wie gehe ich mit Stress um?**
   - ☐ Hobbies
   - ☐ Sport
   - ☐ Familie, Freunde

6. **Welche sozialen Einrichtungen des Betriebes sollten verbessert werden?**
   - ☐ Kantinenessen
   - ☐ Gesundheitsvorsorge
   - ☐ Fortbildungsmöglichkeiten

Lösung Aufgabe W5

Zu W5.4:

Dies ist eine kreative Aufgabe. Hier führen mehrere Wege zum Ziel. Eine Möglichkeit dazu finden Sie hier:

1. Öffnen Sie ein neues Word-Dokument.

2. Layout – Ausrichtung – Querformat

3. Layout – Seitenränder – Benutzerdefinierte Seitenränder
   Seitenränder definieren (z. B. 0,5 mm)

4. Einfügen – Tabelle – 3 Tabellenfächer – waagerecht – auswählen

5. Tabellenfächer bis an das Seitenende ziehen; Tabelle komplett markieren, Rechtsklick auf die Ecke oben links, Spalten gleichmäßig verteilen

6. Rahmen der Tabelle entfernen

7. Die dreiteilige Tabelle mit dem Inhalt füllen:

   Links: Einführung

   Mittlerer Teil: Belastungen

   Rechts: Strategien

8. Einfärben der Spalte/n:

   Spalte markieren und mit Farbe ausfüllen. (Es entstehen dann zwischen den Spalten weiße Ränder.)

   Oder:

   Einfügen einer Form unter:

   Einfügen – Formen

   z. B. Rechteck (ggf. einfärben: Fülleffekt)

   Weitere Optionen sind zur Gestaltung möglich.

9. Piktogramme einfügen:

   Einfügen – Illustrationen – Piktogramme – Piktogramm anklicken – Einfügen anklicken (am unteren Rand der aufgezeigten Piktogramme)

> **Tipp:**
>
> Solange Sie noch andere Aufgaben haben, sollten Sie nicht zu viel Zeit in Kreativaufgaben stecken. Bereiten Sie am besten nur das Wesentliche vor: 3 Spalten erzeugen, ein paar Belastungen und Strategien formulieren, Ansprechpartner angeben und mindestens 1 Bild/Piktogramm einfügen.
>
> Dann sollten Sie zur nächsten Aufgabe weitergehen. Wenn Sie ganz am Ende noch Zeit haben, können Sie zu dieser Aufgabe zurückkehren und Ihr Ergebnis noch verschönern.

Lösung Aufgabe E5

Lösung von Aufgabe E5 – Fehlzeitenstatistik

Zu E5.1:

Öffnen Sie die Datei Fehlzeiten.xlsx und wählen Sie das Tabellenblatt „Auswertung" aus.

Schritt 1: Fügen Sie die Rahmenlinien gemäß Abbildung 1 hinzu.

Schritt 2: Ändern Sie die Schriftart im Tabellenblatt auf Arial, passen Sie die Überschriften gemäß der Rahmenbedingungen an (fett, 12 pt).

Schritt 3: Markieren Sie die Zellen, die grau hinterlegt sein sollen und färben Sie sie ein.

Schritt 4: Wählen Sie eine passende Überschrift, zum Beispiel „Auswertung der Fehlzeiten 2024" oder „Analyse der Fehlzeiten 2024". Wichtig ist, dass Sie angeben, wozu die Tabelle schlussendlich dienen soll (Auswertung, Analyse, Vergleich etc.) und um welches Thema es geht (Fehlzeiten, Fehlzeitenstatistik).

So sollte Ihr Ergebnis jetzt aussehen:

	A	B	C	D	E	F	G	H	I
1	Auswertung der Fehlzeiten 2024								
2	Abteilung	Anzahl der Mitarbeiter	Fehltage 2024	Fehltage pro Person 2024	Fehltage pro Person 2023	Fehltage pro Person 2022	Fehltage pro Person 2021	Fehltage pro Person 2020	Rangfolge der geringsten Fehltage pro Person 2024
3	Vertrieb				10,8	10,2	9,4	11	
4	Einkauf				9,7	10	9,6	9,3	
5	Personal				10,6	9,6	9,2	9,6	
6	Buchhaltung				9,4	6,6	8,2	9	
7	Controlling				9,7	9,4	9,5	11	
8	Lager				10,8	10,3	9,4	10,2	
9	Marketing				9,3	7,6	6,4	9,5	
10	Service				9,8	10,4	10,2	9,7	
11	Gesamt								

Zu E5.2:

Schritt 1: Anzahl der Mitarbeiter je Abteilung

Um die Anzahl der Mitarbeiter einer Abteilung aus dem Tabellenblatt „Fehltage" zu ermitteln, benötigen Sie die Funktion ZÄHLENWENN.

Geben Sie in Zelle B3 folgende Formel ein:

=ZÄHLENWENN(Fehltage!$B$3:$B$41;Auswertung!A3)

Übertragen Sie diese Formel in die übrigen Zeilen B4 – B10.

Schritt 2: Fehltage je Abteilung

Die Fehltage je Abteilung können Sie mit der Funktion SUMMEWENN ermitteln.

Geben Sie dazu in Zelle C3 folgende Formel ein:

=SUMMEWENN(Fehltage!$B$3:$B$41;Auswertung!A3;Fehltage!$C$3:$C$41)

Kopieren Sie diese Formel in die Zellen C4 – C10.

Lösung Aufgabe E5

Schritt 3: Fehltage pro Person

Um die Fehltage pro Person für jede Abteilung zu ermitteln, müssen Sie lediglich die Fehltage durch die Anzahl der Mitarbeiter teilen. Um das Ergebnis aufzurunden, benutzen Sie die Funktion AUFRUNDEN.

> **Was macht die Funktion?**
>
> Mithilfe der Funktion AUFRUNDEN können Sie eine Zahl, bzw. das Ergebnis einer Berechnung, auf eine beliebige Zahl an Nachkommastellen aufrunden. Weitere Funktionen aus diesem Bereich sind die Funktionen RUNDEN für kaufmännisches Runden und ABRUNDEN.
>
> AUFRUNDEN ist folgendermaßen aufgebaut:
>
> =AUFRUNDEN(Zahl;Anzahl_Nachkommastellen)
>
> Statt einer Zahl können Sie hier auch eine Funktion einfügen oder eine Formel.

Bei dieser Aufgabe können Sie sich zur Ermittlung der Anzahl der Nachkommastellen an Abbildung 1 orientieren.

Geben Sie in Zelle D3 Folgendes ein:

=AUFRUNDEN(C3/B3;1)

Diese Formel können Sie ohne feste Bezüge in die übrigen Zellen D4 – D10 übernehmen.

Schritt 4: Ermittlung der Gesamtwerte

Zur Ermittlung der Gesamtwerte benötigen Sie, bezogen auf die Spaltenüberschriften neben der Funktion SUMME auch die Funktion MITTELWERT.

> **Was macht die Funktion?**
>
> Mithilfe der Funktion MITTELWERT können Sie den Mittelwert aus mehreren Zahlen berechnen:
> =MITTELWERT(Zahl1;Zahl2;Zahl3;…)
> Oder Sie können wie bei der Funktion SUMME einen Bereich angeben:
> =MITTELWERT(A1:C10)

In Zelle B11 berechnen Sie den Gesamtwert mit der Funktion SUMME:

=SUMME(B3:B10)

In Zelle C11 nutzen Sie die Funktion SUMME ebenfalls:

=SUMME(C3:C10)

Lösung Aufgabe E5

Für die Berechnung der Fehltage pro Person in den Jahren 2020 bis 2024 benötigen Sie die Funktion MITTELWERT. Sie sollen allerdings auch dieses Ergebnis AUFRUNDEN. In Zelle D11 geben Sie daher ein:

=AUFRUNDEN(MITTELWERT(D3:D10);1)

Diese Formel können Sie ohne Weiteres auf die Zellen E11 – H11 übertragen.

Schritt 5: Rangfolge der geringsten Fehltage pro Person 2024

In Spalte I ist nun die Rangfolge festzulegen. Hier geht es um die geringsten Fehltage pro Person. Die Abteilung mit der geringsten Anzahl an Fehltagen pro Person (hier Marketing) erhält dabei Rang 1.

Um die Rangfolge festzulegen, benutzen Sie am besten die RANG-Funktion.

Dazu tragen Sie in Zelle I3 ein:

=RANG(D3;$D$3:$D$10;1)

Diese Formel können Sie in die Zellen I4 – I10 kopieren. Eine Gesamtzahl (Zeile 11) entfällt dabei (vgl. Abbildung 1 in Aufgabe E5).

Was macht die Funktion?

Die Funktion RANG besteht aus diesen Funktionsargumenten:

Zahl = die Zahl, deren Rang bestimmt werden soll

Bezug = die Liste von Zahlen, mit denen die Zahl verglichen werden soll

Reihenfolge = legt fest, ob die Reihenfolge absteigend (0) oder aufsteigend (alle anderen Werte, hier: 1) erfolgen soll

RANG vergleicht also eine Zahl mit einer Liste von Zahlen und gibt dann aus, welchen Stellenwert die untersuchte Zahl einnimmt.

Praxistipp: Es gibt noch weitere RANG-Funktionen (RANG.GLEICH und RANG.MITTELW), die zum Teil genauere Ergebnisse liefern. Für diese Aufgabe ist die RANG-Funktion aber völlig ausreichend.

Ihr Ergebnis bis hierher sollte so aussehen:

	A	B	C	D	E	F	G	H	I
1				Auswertung der Fehlzeiten 2024					
2	Abteilung	Anzahl der Mitarbeiter	Fehltage 2024	Fehltage pro Person 2024	Fehltage pro Person 2023	Fehltage pro Person 2022	Fehltage pro Person 2021	Fehltage pro Person 2020	Rangfolge der geringsten Fehltage pro Person 2024
3	Vertrieb	7	60	8,6	10,8	10,2	9,4	11	3
4	Einkauf	6	51	8,5	9,7	10	9,6	9,3	2
5	Personal	5	43,5	8,7	10,6	9,6	9,2	9,6	4
6	Buchhaltung	3	28	9,4	9,4	6,6	8,2	9	7
7	Controlling	3	27	9	9,7	9,4	9,5	11	6
8	Lager	8	70	8,8	10,8	10,3	9,4	10,2	5
9	Marketing	3	23	7,7	9,3	7,6	6,4	9,5	1
10	Service	4	46	11,5	9,8	10,4	10,2	9,7	8
11	Gesamt	39	348,5	9,1	10,1	9,3	9,0	10,0	

Lösung Aufgabe E5

Zu E5.3:

Hier ist eine WENN-Funktion gefragt. Wenn der Mitarbeiter mehr als 10 Krankheitstage hat, soll „> 10" angezeigt werden. Wenn der Mitarbeiter weniger als 6 Krankheitstage hat, soll „< 6" angezeigt werden.

Also geben Sie eine verschachtelte WENN-Funktion ein. Um Text einzufügen, benutzen Sie Anführungsstriche.

Eingabe in Zelle D3:

=WENN(C3<6;"< 6";WENN(C3>10;"> 10";""))

Diese Formel können Sie bedenkenlos in die Zellen D4 – D41 kopieren.

Zu E5.4:

Hier fassen Sie zuerst kurz zusammen, was Ihnen bei der Auswertung der Fehltage 2024 im Vergleich zum Vorjahr bzw. den Vorjahren auffällt.

Drei Gründe für Abweichungen der Fehltage im Vergleich zum Vorjahr bzw. den Vorjahren können Sie aus Ihrem Fachwissen schöpfen oder aus der Auswertung ableiten:

Beispiele:
- Erhöhung der Fehltage durch längerfristige Erkrankung eines einzelnen Mitarbeiters
- Verbesserte Arbeitssituation führt zu weniger Belastungen, sodass Mitarbeiter seltener krank sind
- Altersstruktur der Belegschaft
- Außergewöhnlich hohe Ausfallquote aufgrund Grippe-/Erkältungswellen
- Veränderung der Zahl der Mitarbeiter im Vergleich zum Vorjahr
- Grundsätzliche gesundheitliche Verfassung der einzelnen Mitarbeiter
- Ausgewogene Work-Life-Balance
- Einführung von Gleitzeit zur Vermeidung von Stress
- …

Lösung Aufgabe E6

Lösung von Aufgabe E6 – Terminkalender

Zu E6.1:

Öffnen Sie die Datei „Terminkalender.xlsx" und wählen Sie das Tabellenblatt „Termine" aus.

Schritt 1: Markieren Sie das gesamte Tabellenblatt und ändern Sie die Schriftart auf „Arial", Größe 10 pt.

Schritt 2: Markieren Sie die Zelle B1 – K1. Klicken Sie in der Gruppe Ausrichtung auf „Unten ausrichten" [1] und „Zentriert" [2].

Schritt 3: Markieren Sie die Zellen C1 – K1. Klicken Sie auf „Ausrichtung" [3] und wählen Sie „Text nach oben drehen" [4].

Schritt 4: Markieren Sie die Zellen A2 – A26. Wählen Sie hier „Zentriert ausrichten" (links neben [1] „Unten ausrichten"), „Zentriert" [2] und drehen Sie den Text nach oben [4].

Schritt 5: Wählen Sie die Zellen B2 – K26 aus. Klicken Sie zum Ausrichten dieser Zellen auch hier auf „Zentriert" [2].

Zu E6.2:

Die Anzahl der Termine können Sie mit der Funktion ANZAHL2 ermitteln.

> **Was macht die Funktion?**
>
> ANZAHL2 zählt alle Zellen, die nicht leer sind. Das heißt aber auch, dass sie Zellen zählt, die 0 enthalten!
>
> Zum Lösen dieser Aufgabe ist sie bestens geeignet, da alle Termine an einem Tag in einem bestimmten Zeitfenster gezählt werden sollen.

Geben Sie in Zelle J2 jetzt folgende Formel ein:

=ANZAHL2(C2:H2)

Kopieren Sie die Formel in die Zellen J3 – J26. Achten Sie beim Kopieren darauf, nicht die Formatierung zu überschreiben. Markieren Sie dazu die Zellen J3 – J26, klicken Sie rechts und wählen Sie → Einfügen → Formeln (F).

Lösung Aufgabe E6

Zu E6.3:

Um hier automatisch die Zeitfenster mit höchstens einem Termin (also <2) herauszufiltern, können Sie die Funktion WENN in Kombination mit UND nutzen.

Geben Sie in Zelle K2 folgende Formel ein:

=WENN(UND(J2<2;F2="");"X";"")

Hinweis:

Die Anführungsstriche müssen leer sein. Bitte kein Leerzeichen einfügen, sondern direkt hintereinander eintippen.

So gibt die Formel ein X aus, wenn Zelle J2 einen Wert kleiner 2 enthält und außerdem Zelle F2 leer ist. Kopieren Sie die Funktion in die Zellen K3 – K26.

	A	B	C	D	E	F	G	H	I	J	K
1	KW 40	Zeit	Kröger	Volkov	Fabiani	**Motz**	Smith	Offermann		Anzahl der Termine	Mögliche Zeitfenster
2	Montag	08:00 Uhr bis 10:00 Uhr	MIKO				D			2	
3		10:00 Uhr bis 12:00 Uhr	MIKO	D	Tele		D			4	
4		12:00 Uhr bis 14:00 Uhr			Tele		Tele	MIKO		3	
5		14:00 Uhr bis 16:00 Uhr				**MIKO**				1	
6		16:00 Uhr bis 18:00 Uhr	MIKO	D	Tele					3	
7	Dienstag	08:00 Uhr bis 10:00 Uhr		D			Tele			2	
8		10:00 Uhr bis 12:00 Uhr	D			**MIKO**	Tele			3	
9		12:00 Uhr bis 14:00 Uhr	D		D	**MIKO**				3	
10		14:00 Uhr bis 16:00 Uhr	D		D			MIKO		3	
11		16:00 Uhr bis 18:00 Uhr		Tele			Tele			2	
12	Mittwoch	08:00 Uhr bis 10:00 Uhr		MIKO	D					2	
13		10:00 Uhr bis 12:00 Uhr		MIKO	D			D		3	
14		12:00 Uhr bis 14:00 Uhr	MIKO			**Tele**		D		3	
15		14:00 Uhr bis 16:00 Uhr	MIKO			**D**				2	
16		16:00 Uhr bis 18:00 Uhr		D	Tele	**D**		MIKO		4	
17	Donnerstag	08:00 Uhr bis 10:00 Uhr			D					1	X
18		10:00 Uhr bis 12:00 Uhr		D	Tele	**Tele**				3	
19		12:00 Uhr bis 14:00 Uhr		D				D		2	
20		14:00 Uhr bis 16:00 Uhr	Tele		MIKO		Tele			3	
21		16:00 Uhr bis 18:00 Uhr	Tele							1	X
22	Freitag	08:00 Uhr bis 10:00 Uhr		Tele		**MIKO**				2	
23		10:00 Uhr bis 12:00 Uhr	Tele	MIKO	D		Tele			4	
24		12:00 Uhr bis 14:00 Uhr					MIKO	D		2	
25		14:00 Uhr bis 16:00 Uhr	D		MIKO	**Tele**		D		4	
26		16:00 Uhr bis 18:00 Uhr	D			**Tele**				2	
27											

Was macht die Funktion?

Die Funktion UND prüft mehrere Wahrheitswerte. Das können auch weit mehr als zwei sein. Nutzt man die UND-Funktion einzeln, gibt sie als Ergebnis „WAHR" aus, wenn alle Wahrheitswerte zutreffen. Ansonsten gibt sie „FALSCH" aus.

Gegenstück dazu ist die ODER-Funktion. Hier werden die einzelnen Wahrheitswerte geprüft. Die Funktion gibt als Ergebnis „WAHR" aus, wenn nur einer der Wahrheitswerte zutrifft. Treffen mehrere zu oder trifft kein einziger zu, gibt sie „FALSCH" aus.

Lösung Aufgabe E6

Zu E6.4:

Fügen Sie ein Textfeld unterhalb der Tabelle ein. Sie müssen sich jetzt für einen der mit „X" gekennzeichneten Termine entscheiden.

Zur Auswahl stehen folgende Termine:

1. Donnerstag zwischen 08:00 Uhr – 10:00 Uhr
2. Donnerstag zwischen 16:00 Uhr – 18:00 Uhr

Terminvorschlag 1 könnten Sie mit der Begründung wählen, dass morgens die Aufnahmefähigkeit höher ist.

Nachteilig ist hier jedoch, dass ein Auswärtstermin (D = Dienstfahrt) verschoben werden muss und ein weiterer Mitarbeiter direkt im Anschluss zu einem Kundentermin außerhalb muss.

Ideal ist der Terminvorschlag 2. Alle Kollegen haben vorher entweder keinen Termin, Telefontermine oder sind in der MIKO GmbH. Außerdem ist es oftmals einfacher, einen Telefontermin zu verschieben als einen Präsenztermin.

Egal, ob Sie sich für Terminvorschlag 1 oder 2 entscheiden – mit der richtigen Begründung sind beide Vorschläge geeignet.

Lösung Aufgabe W6

Lösung von Aufgabe W6 – Außendiensttermine

Lösung_W6.1

An …	malte.kroeger@miko.de
Cc …	
Betreff:	AW: Besuchstermine 37. und 38. KW

Sehr geehrter Herr Kröger,

vielen Dank für Ihre E-Mail. Ich halte Ihren Vorschlag, die Termine für die 37. und 38. KW zu tauschen, für sinnvoll. Die Gründe, die Sie dafür nennen, kann ich gut nachvollziehen. Ich habe den Terminplan entsprechend geändert. Sie finden ihn unter dem Ihnen bekannten Dateipfad. Danach werden Sie in der 37. KW unsere Kunden im Ostseeraum besuchen und in der 38. KW nach Bremen und Bremerhaven fahren.

Ich wünsche Ihnen viel Erfolg bei Ihren Besuchsterminen!

Mit freundlichen Grüßen

i. A. Daniel Magnus
Vertriebsorganisation Außendienst

MIKO GmbH
Tier- und Gartenbedarf
Orchideenweg 24
66907 Rehweiler

E-Mail: daniel.magnus@miko.de
Homepage: www.miko.de

Telefon: 06383 3033-34
Telefax: 06383 30352

Geschäftsführer: Mick Kowalski

Amtsgericht Kusel HRB 4711

Lösung Aufgabe W6

Zu W6.1:

Die Regeln der DIN 5008 für den elektronischen Schriftverkehr (E-Mails, Messenger-Dienste und verwandte Dienste) gelten nur für die Nachrichten, die als Ersatz für „Geschäftsbriefe" im geschäftlichen Alltag verschickt werden, nicht für informelle Mitteilungen.

Diese Kommunikationsmittel sind zur Übermittlung von kurzen Informationen geeignet, die in der Regel nur ein Thema enthalten. Der Vorteil ist, dass auch Dateien als Anhang verschickt werden können. Die technischen Gegebenheiten des Empfängers sind zu berücksichtigen.

Aufbau einer E-Mail

An   E-Mail-Anschrift des Empfängers bzw. Anschriften von Empfängern einer vorher definierten Gruppe
Bestandteile:
Namen des „Users", des Providers und der Domäne
Beispiel:
daniel.magnus@miko.de

Cc   Abk. engl. carbon copy (Kopie). E-Mail-Adresse des Empfängers bzw. der Empfänger, an den/die eine Kopie gehen soll. Der Hauptempfänger der E-Mail kann unter dem Vermerk „Cc" sehen, wer noch informiert wurde.

Bcc   Abk. engl. blind carbon copy (Blindkopie). Die E-Mail-Adressen, die hier eingefügt werden, kann der Hauptempfänger der E-Mail nicht lesen, daher „Blindkopie".

Betreff   Der Betreff gibt eine stichwortartige Inhaltsangabe wieder.

Text der E-Mail-Nachricht

Im Geschäftsbereich gelten die gleichen Regeln wie bei einem Geschäftsbrief: Der Text sollte höflich, klar, unmissverständlich und möglichst kurz gehalten werden. Längere Dokumente gehören in den Dateianhang, mit dem entsprechenden Dateiformat versehen und ggf. gesichert (d. h. verschlüsselt, mit Passwort geschützt). Die Anrede richtet sich danach, wie gut man den Geschäftspartner kennt (d. h. entweder förmliche Anrede oder informeller). Nach der Anrede erfolgt eine Leerzeile. Der nachfolgende Text wird ohne Silbentrennung geschrieben. Der Zeilenumbruch erfolgt softwaregesteuert. Absätze werden durch eine Leerzeile gebildet.

E-Mail-Signatur

Den Abschluss bildet ein standardisierter Text, der in der Regel automatisch als Textbaustein eingefügt werden kann. Er wird als E-Mail-Signatur bezeichnet. Dieser Text enthält neben der Grußformel bestimmte Angaben, die bei geschäftlichen E-Mails Pflichtangaben sind. Diese Pflichtangaben richten sich nach dem HGB, GmbHG bzw. AktG.

Immer angegeben werden müssen in einer geschäftlichen E-Mail – unabhängig von der Rechtsform:

- die Firma mit Rechtsform
- der Ort der Handelsniederlassung
- das zuständige Registergericht
- die Handelsregisternummer

Bei bestimmten Gesellschaftsformen sind weitere Angaben erforderlich (wie bei den Geschäftspapieren):

- Bei einer GmbH sind alle Geschäftsführer mit Familiennamen und mindestens einem Vornamen aufzuführen
- Bei einer Aktiengesellschaft ist neben den Vorständen auch der Vorsitzende des Aufsichtsrats zu nennen (Vor- und Familiennamen). Dasselbe gilt für eine GmbH mit Aufsichtsrat.

Lösung Aufgabe W6

Zu W6.2:

Zuerst verschaffen Sie sich einen Überblick, was alles ergänzt werden muss. In diesem Screenshot sehen Sie, dass die leeren Felder mit den Schritten A-D markiert sind, an Stelle E muss außerdem ein neues Textfeld mit Beschriftung hinzugefügt werden.

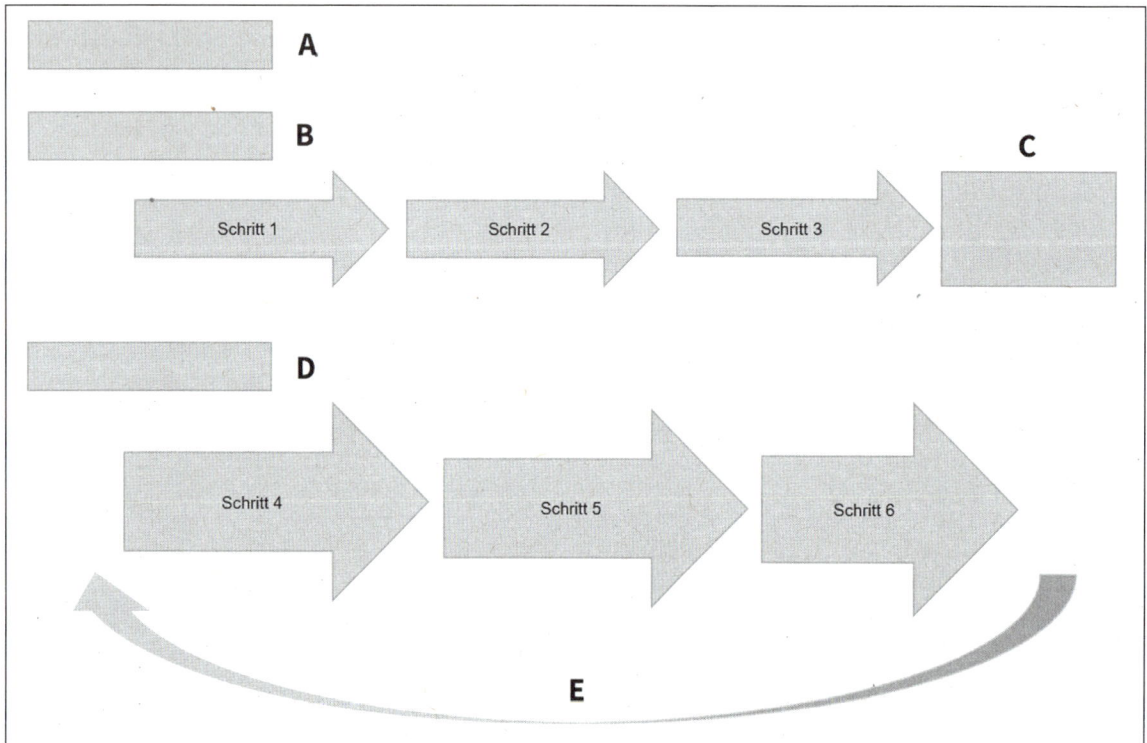

Fügen Sie die Beschriftungen der folgenden Felder hinzu:

A: Terminliste führen

B: Vor dem Termin

C: Termin findet statt

D: Nach dem Termin

An der Stelle E fügen Sie ein neues Textfeld hinzu:

Einfügen → Illustrationen → Formen (vgl. Screenshot rechts)

Zeichnen Sie die Form an der markierten Stelle ein und beschriften sie diese mit „Ggf. Wiederholung".

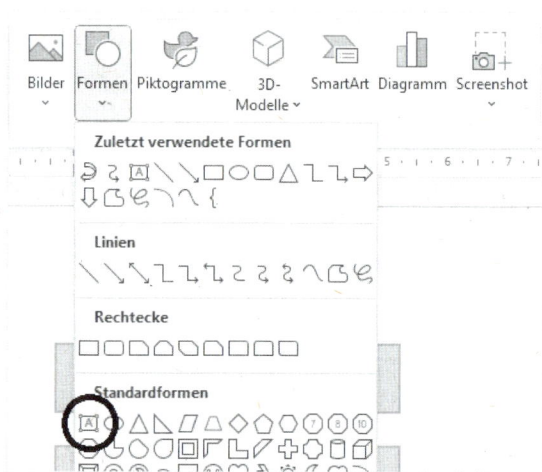

Lösung Aufgabe W6

In die Pfeile mit den Beschriftungen „Schritt 1" bis „Schritt 3" fügen Sie die in der Aufgabenstellung angegebenen Informationen ein, die vor dem Stattfinden des Termins erfolgen müssen. Bringen Sie diese auch in die richtige Reihenfolge.

Schritt 1: Zu erbringende Leistung mit Kunden abstimmen

Schritt 2: Terminvereinbarung mit Kunden abstimmen

Schritt 3: Vereinbarten Termin in Kalender eintragen

In die Pfeile „Schritt 3" bis „Schritt 6" fügen Sie die Tätigkeiten ein, die nach dem Termin erfolgen.

Schritt 4: Rückruf zum Einholen von Kundenfeedback und zur Ermittlung weiterer Wünsche

Schritt 5: Nachfolgende Arbeiten in Terminplan erfassen, Priorität der Aufgabe kennzeichnen

Schritt 6: Terminkontrolle der anstehenden Arbeiten durchführen

Prüfen Sie zum Schluss noch einmal, ob überall die Schriftart Arial in der Farbe Schwarz ausgewählt wurde und die Schriftgrößen einheitlich sind.

Dann speichern Sie die Datei und sind fertig.

Lösung_W6.2_Prozess

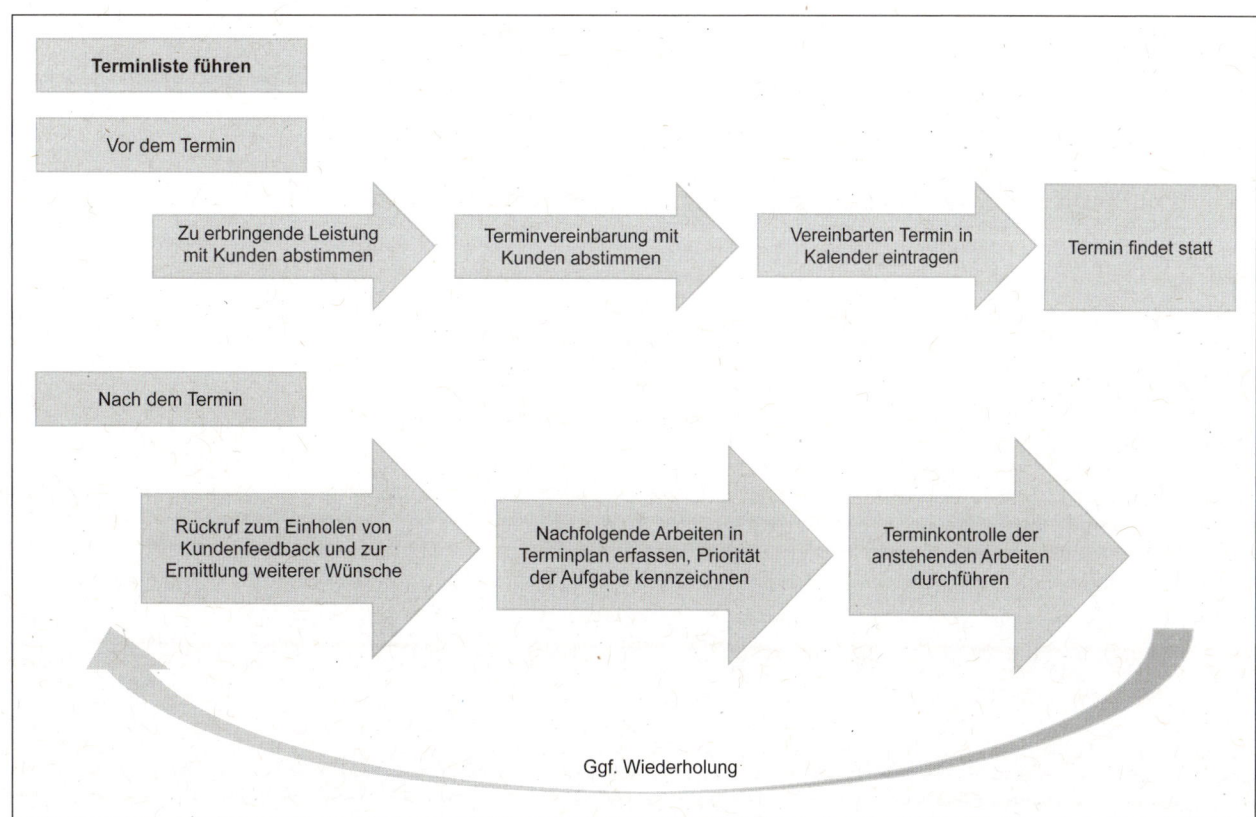

Lösung Aufgabe W6

Zusatzinformation

Terminvereinbarungen mit Kunden

Am besten, Sie gehen organisatorisch wie folgt vor:

Kundenanalyse

Dem Informationssystem (den Kundendaten) entnehmen Sie, um welchen Kunden es sich handelt, welcher Umsatz erzielt wird und wo zurzeit Beratungsbedarf besteht.

Terminvereinbarungen

Es ist wichtig, Terminvereinbarungen rechtzeitig vorzunehmen. Das bedeutet, dass der Kundenbetreuer sich mit dem Kunden abstimmen muss.

Nach dem Besuch des Kundenbetreuers wird durch Folgeanrufe (Feedback-Anrufe) sichergestellt, dass der Kunde zufrieden ist. Evtl. nachfolgende Arbeiten werden in der Terminplanung erfasst und die Dringlichkeit der Arbeiten gekennzeichnet.

Möglichkeiten der Terminplanung und -überwachung

Es stehen dazu vielfältige Hilfsmittel zur Verfügung, z. B. Planungssoftware, deren Daten als „To-do-Listen" organisiert werden können. Beispiel: Terminverwaltung mit MS Outlook.

Die zu verwaltenden Termine werden in fixe und variable Termine sowie in interne und externe Termine unterschieden.

- Fixe Termine können nicht verschoben werden (z. B. Prüfungstermine, Steuertermine)
- Variable Termine bieten einen zeitlichen Spielraum.
- Interne Termine finden innerhalb des Hauses statt.
- Externe Termine finden außerhalb statt. Es sind hierbei entsprechende Anfahrtszeiten zu berücksichtigen.

Lösung Aufgabe E7

Lösung von Aufgabe E7 – Investitionen BGA

Zu E7.1:

Öffnen Sie die Datei „Investitionen_BGA.xlsx".

Schritt 1: Sehen Sie sich das Tabellenblatt „Anforderung" an. Sie sehen, dass mehrere Abteilungen Einrichtung für neue Büroarbeitsplätze benötigen. Unterhalb der Tabelle finden Sie den Hinweis, dass alle Einrichtungsgegenstände aus der Kategorie „Büroarbeitsplatz" zur Einrichtung neuer Büroarbeitsplätze benötigt werden.

Schritt 2: Wechseln Sie zum Tabellenblatt „Bestellübersicht". Füllen Sie Spalte D „Anzahl für neue Büroarbeitsplätze" entsprechend dem Tabellenblatt „Anforderung" aus. Dazu haben Sie zwei Möglichkeiten:

1. Sie ermitteln die Summe der neu benötigten Arbeitsplätze. Das sind 7. In diesem Fall benötigen Sie nur eine WENN-Funktion für Zelle D3:

    =WENN(C3=$B$21;7;0)

    D. h. WENN in Zelle C3 „Büroarbeitsplatz" steht, gib in die Zelle D3 7 ein, sonst 0.

2. Sie füllen die Zelle D3 mit einer Kombination aus WENN-Funktion und SUMME-Funktion aus:

    =WENN(C3=$B$21;SUMME(Anforderung!$B$2:$B$9);0)

Schritt 3: Kopieren Sie die gewählte Funktion in die übrigen Zellen D4 – D18.

Schritt 4: In Zelle E3 ermitteln Sie die Anzahl der Zusatzbestellungen (Zusatz 1, Zusatz 2, Zusatz 3 und Zusatz 4) mit der Funktion ZÄHLENWENN:

=ZÄHLENWENN(Anforderung!$C$2:$F$9;Bestellübersicht!A3)

Schritt 5: Übernehmen Sie die Funktion auf die Zellen E4 – E18.

Zu E7.2:

Schritt 1: Die Gesamtanzahl berechnen Sie mithilfe der Funktion SUMME. Da in dieser Aufgabe jedoch offengelassen wird, wie Sie die Gesamtanzahl in Spalte H ermitteln sollen, können Sie hier auch eine einfache Addition anwenden:

In Zelle F3 geben Sie daher entweder ein: =$D$3+$E$3

Oder: =SUMME(D3:E3)

Lösung Aufgabe E7

Übernehmen Sie die von Ihnen gewählte Formel oder Funktion in die Zellen F4 – F18.

Schritt 2: Berechnen Sie die Gesamtkosten, indem Sie die Stückkosten mit der Anzahl multiplizieren. In Zelle H3 können Sie dazu Folgendes eingeben:

$$=G3*F3$$

Übernehmen Sie die Formel in die Zellen H4 – H18.

	A	B	C	D	E	F	G	H
1				Bestellliste Büroeinrichtung				
2	Kürzel	Bezeichnung	Kategorie	Anzahl für neue Büroarbeitsplätze	Anzahl Zusatzbestellung	Gesamt-anzahl	Stück-kosten	Gesamt-kosten
3	a)	Schreibtisch	Büroarbeitsplatz	7	1	8	650,00 €	5.200,00 €
4	b)	Bürostuhl	Büroarbeitsplatz	7	1	8	256,00 €	2.048,00 €
5	c)	Computer	Büroarbeitsplatz	7	1	8	498,00 €	3.984,00 €
6	d)	Bildschirm	Büroarbeitsplatz	7	3	10	149,00 €	1.490,00 €
7	e)	Drucker	Elektronik	0	2	2	86,00 €	172,00 €
8	f)	Multifunktionsdrucker	Elektronik	0	1	1	142,00 €	142,00 €
9	g)	Rollcontainer	Büroarbeitsplatz	7	1	8	450,00 €	3.600,00 €
10	h)	Garderobe	Schränke und Regale	0	2	2	102,00 €	204,00 €
11	i)	Fußstütze	Sonstige	0	1	1	61,00 €	61,00 €
12	j)	Trennwand	Sonstige	0	2	2	269,00 €	538,00 €
13	k)	Bodenschutzmatte	Sonstige	0	1	1	45,00 €	45,00 €
14	l)	Stehpult	Sonstige	0	1	1	134,00 €	134,00 €
15	m)	Leuchten	Elektronik	0	5	5	110,00 €	550,00 €
16	n)	Hängeregistratur	Schränke und Regale	0	1	1	220,00 €	220,00 €
17	o)	Regal	Schränke und Regale	0	2	2	165,00 €	330,00 €
18	p)	Schaukasten	Sonstige	0	1	1	140,00 €	140,00 €

Zu E7.3:

Die Kosten je Kategorie ermitteln Sie unter Zuhilfenahme der Funktion SUMMEWENN. Dabei summieren Sie die Gesamtkosten, wenn in der Spalte „Kategorie" die jeweils richtige Bezeichnung enthalten ist.

In Zelle C21 würden Sie daher eingeben:

$$=SUMMEWENN(\$C\$3:\$C\$18;B21;\$H\$3:\$H\$18)$$

Übernehmen Sie diese Funktion auf die Zellen C22 – C24. Markieren Sie die Zellen C21 – C24 und formatieren Sie sie im Währungsformat. Dabei sollten sie automatisch zwei Dezimalstellen erhalten.

Zu E7.4:

Den Kostenanteil in % der einzelnen Kategorien können Sie durch einfache Prozentrechnung ermitteln. Zuerst benötigen Sie jedoch die Summe der Gesamtkosten. Tragen Sie dazu folgende Funktion in Zelle C25 ein:

$$=SUMME(C21:C24)$$

Formatieren Sie die Zellen D21 – D25 anschließend im Format „Prozent" – dann wird das Ergebnis Ihrer Berechnung mit einem %-Zeichen versehen und erhält automatisch 2 Dezimalstellen. Allerdings wird Ihr Ergebnis in den Zellen mit dem Format „Prozent" dann auch stets mit 100 multipliziert.

Lösung Aufgabe E7

Geben Sie in Zelle D21 jetzt diese Formel ein:

$$=1/\$C\$25*C21$$

So berechnen Sie den Anteil der 16.322,00 € der Kategorie Büroarbeitsplatz am Gesamtwert in Höhe von 18.858,00 €.

Übernehmen Sie die Formel auch auf die Zellen D22 – D24. Füllen Sie noch die Zellen C25 und D25 mit einer SUMME-Funktion aus. Die untere Tabelle sollte bei Ihnen jetzt so aussehen:

Kategorie	Kosten	Kostenanteil in %
Büroarbeitsplatz	16.322,00 €	86,55%
Elektronik	864,00 €	4,58%
Schränke und Regale	754,00 €	4,00%
Sonstige	918,00 €	4,87%
Gesamt	18.858,00 €	100,00%

Zu E7.5

Fügen Sie unterhalb der unteren Tabelle ein Balkendiagramm ein.

Schritt 1: Markieren Sie die Zellen B21 – B24. Halten Sie die Taste [STRG] gedrückt und markieren Sie mit der Maus zusätzlich die Zellen D21 – D24.

Schritt 2: Wechseln Sie zum Register „Einfügen". Wählen Sie in der Gruppe „Diagramme" „Säulen- und Balkendiagramme einfügen" aus.

Schritt 3: Klicken Sie auf „Weitere Balkendiagramme…"

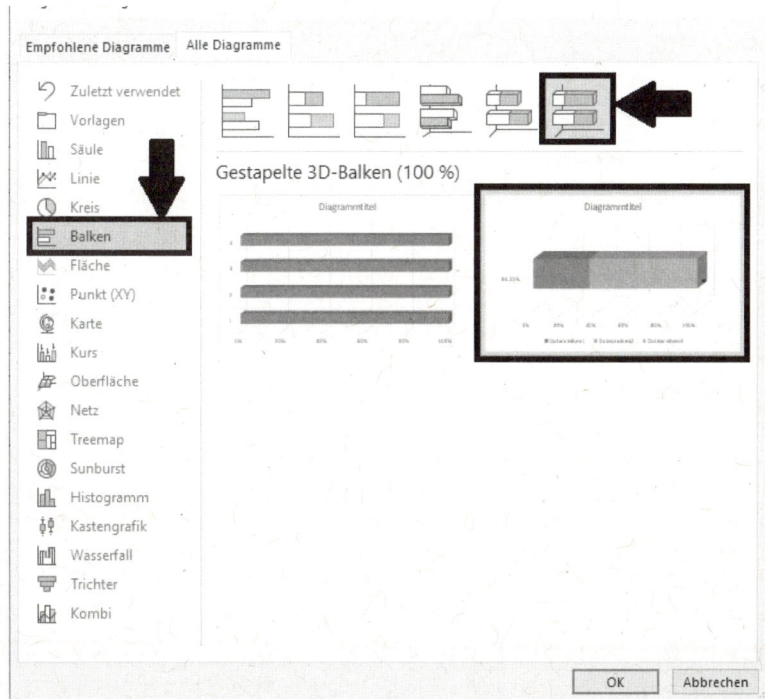

Schritt 4: Wählen Sie die Diagrammart „Gestapelte 3D-Balken (100 %)" aus. Klicken Sie hier auf das Diagramm rechts. Dieses sieht der Musterabbildung schon recht ähnlich.

Schritt 5: Wechseln Sie zum Register „Diagrammentwurf". In der Gruppe Diagrammformatvorlagen sehen Sie einige Beispiele, wie die Abbildung formatiert werden kann. Das kann Ihnen weitere Arbeit abnehmen. Um Ihr Diagramm der Musterabbildung noch ähnlicher zu gestalten, klicken Sie die verschiedenen Beispiele an und wählen Sie schließlich das dritte von links. So erhält Ihr Diagramm direkt die Beschriftung und verliert einen Teil des Hauptgitternetzes inklusive Beschriftungen.

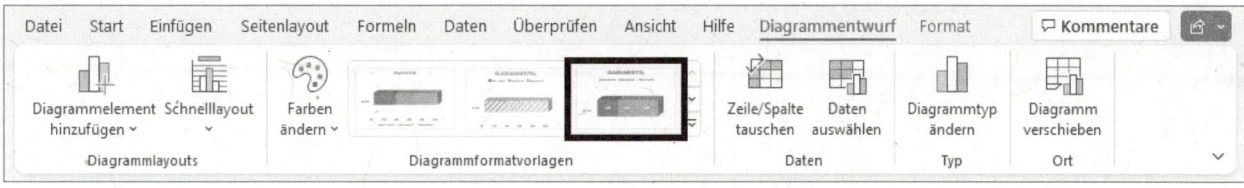

Lösung Aufgabe E7

Schritt 6: Klicken Sie auf das Diagramm, damit das gesamte Diagramm markiert ist. Ändern Sie die Schriftart auf Arial, Schriftfarbe schwarz, Schriftgröße 10 pt. Wählen Sie die Überschrift „DIAGRAMMTITEL" an. Klicken Sie im Register „Start" in der Gruppe „Schriftart" auf das Symbol unten rechts am Rand.

Das folgende Fenster öffnet sich:

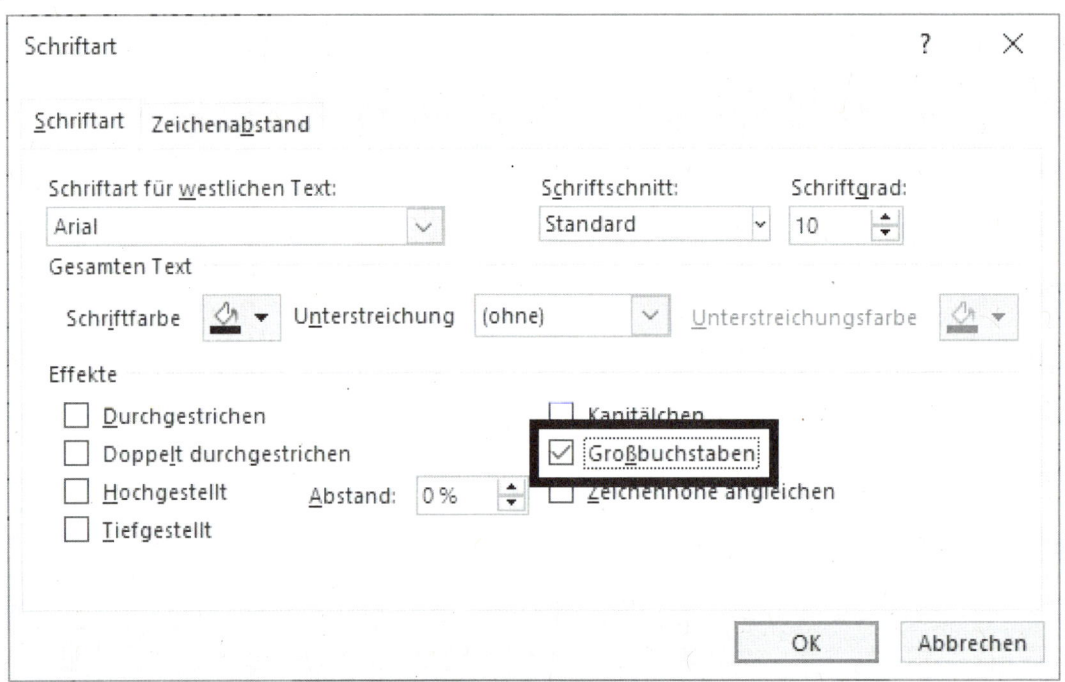

Schritt 7: Entfernen Sie das Häkchen bei „Großbuchstaben".

Lösung Aufgabe E7

Schritt 8: Wechseln Sie zum Register „Zeichenabstand". Folgendes wird Ihnen angezeigt:

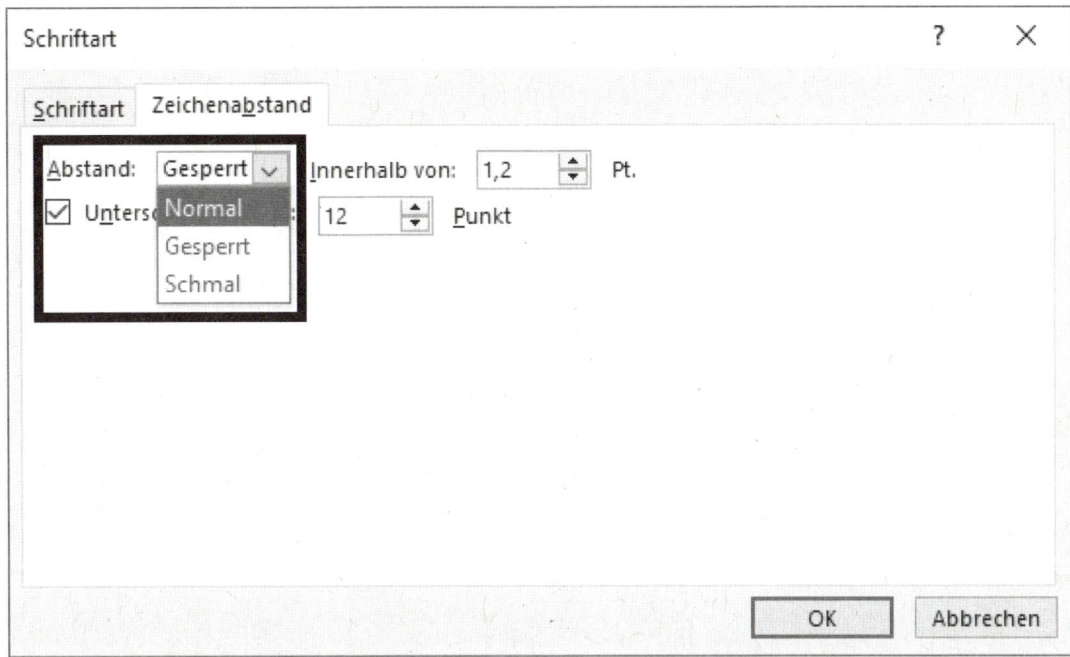

Schritt 9: Wählen Sie im gezeigten Dropdown-Menü bei „Abstand" das markierte „Normal" aus. Klicken Sie auf OK und geben Sie dann die neue Überschrift „Zusammensetzung der Kosten" als Überschrift ein. Formatieren Sie die Überschrift fett und mit 12 pt.

Ihr Zwischenergebnis sollte jetzt so aussehen:

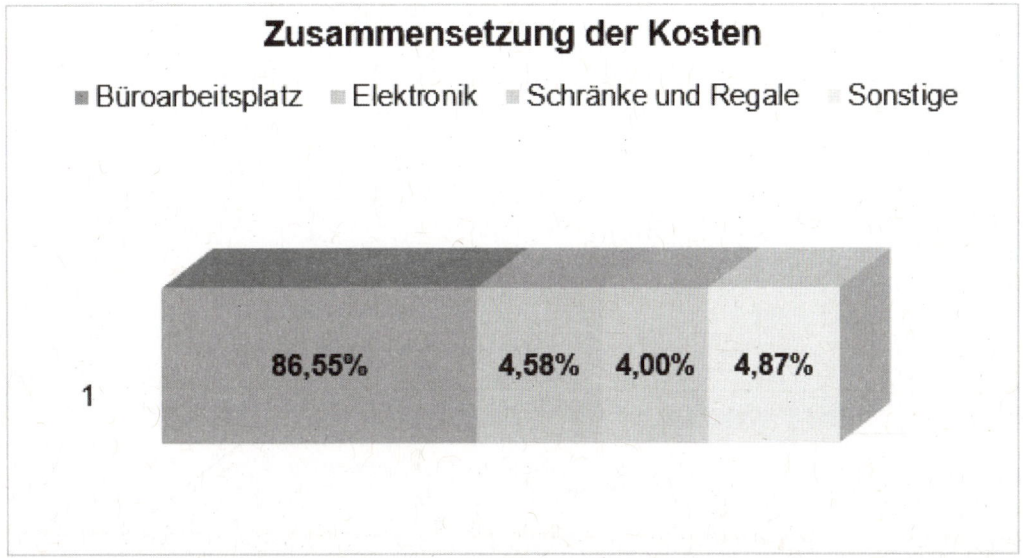

Lösung Aufgabe E7

Schritt 10: Klicken Sie jetzt rechts auf die Legende. Wählen Sie „Legende formatieren…". Passen Sie die Legendenposition an, indem Sie auf „Unten" klicken.

Schritt 11: Klicken Sie auf den noch blauen und rechteckigen Bereich mit den 86,55 % und öffnen Sie via Rechtsklick das Menü „Datenreihen formatieren…". Wählen Sie als Säulenform „Zylinder" aus.

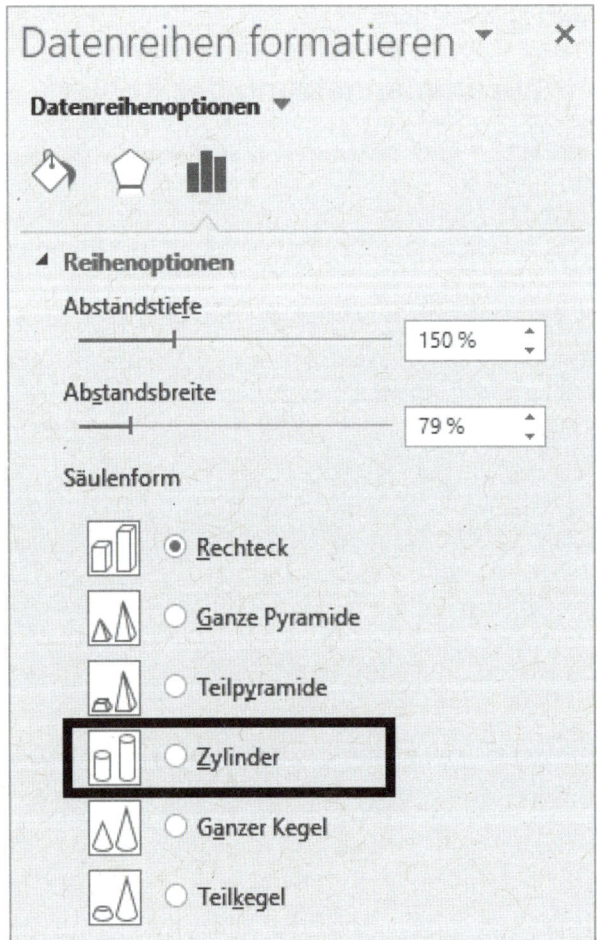

Lösung Aufgabe E7

Schritt 12: Klicken Sie im Diagramm auf die „1" und drücken Sie auf Ihrer Tastatur die Taste [Entf], um die Beschriftung zu entfernen.

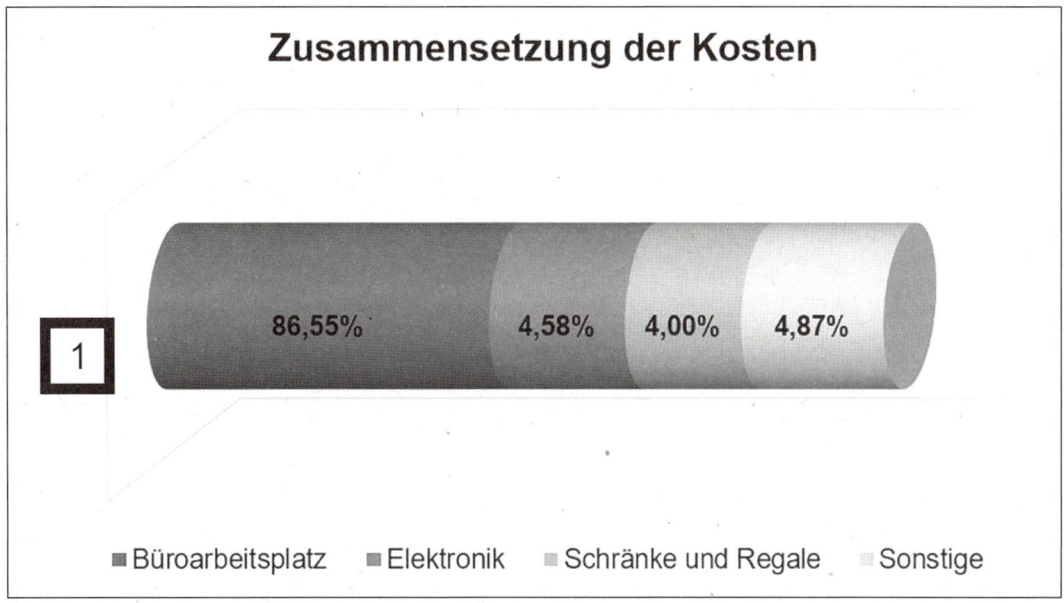

Schritt 13: Jetzt müssen Sie nur noch die üblichen Veränderungen vornehmen:

- Anpassen der Schriftgröße im Diagrammtitel auf 14 pt.
- Färben Sie die farbigen Abschnitte entsprechend der Vorlage in verschiedene Graustufen. Beginnen Sie am besten mit der hellsten Fläche, damit Sie die übrigen entsprechend anpassen können.
- Ändern Sie die Schriftfarbe im dunkelsten Bereich (ehemals orange) zu Weiß.

Lösung Aufgabe W7

Lösung von Aufgabe W7 – Rechnungsprüfung

Zu W7.1:

Geschäftsbrief

Der als Lösung angebotene Brief (s. Abbildung auf der folgenden Seite) enthält die Bitte um schnellste Nachlieferung eines Druckertisches, da ein Druckertisch zu wenig geliefert wurde.

Des Weiteren wurde für die sechs Rollcontainer zu viel berechnet, d. h. 485,00 € statt 450,00 € pro Stück. Deshalb muss die Rechnung korrigiert werden.

Zu W7.2:

Checkliste zur Überprüfung der Pflichtangaben auf Rechnungen

Eine Checkliste muss so gestaltet werden, dass auf einen Blick die wichtigsten Informationen erfasst werden.

Als Gliederungspunkte wurde eine Aufzählung der 12 Punkte gewählt, da im ersten Satz auf die 12 Punkte besonders hingewiesen wurde. Andere Formen der Gliederung sind auch möglich; wichtig ist die Übersichtlichkeit.

Als Hervorhebungen wurden außerdem Wechsel der Schriftgröße in der Überschrift, Fettdruck und farbige Schattierung gewählt (hier: grau).

Es handelt sich bei dieser Checkliste um eine Information, die als Papierausdruck den Mitarbeitern für die Rechnungskontrolle zur Verfügung gestellt wird. Bei der Rechnungskontrolle sollen die Punkte der Checkliste auf dem Rechnungsformular verglichen, abgehakt und so die Vollständigkeit sichergestellt werden.

Überprüfung einer Rechnung

Zur **Rechnungskontrolle** müssen die vollständigen **Bestellunterlagen** herangezogen werden:

- Wareneingangsmeldung (Lieferschein o. Ä.) mit der Bestellung und Rechnung vergleichen
- Rechnung überprüfen
    - Überprüfung der „sachlichen Richtigkeit":
      Stimmt die Lieferung? (Art und Menge der Ware?)
    - Überprüfung der „rechnerischen Richtigkeit":
        - Stimmen Einzel- und Gesamtpreis?
        - Stimmen die Zahlungsbedingungen mit dem überein, was in der Bestellung vereinbart wurde? (Preise, Rabatte, Zahlungsziel?)

Falls die Rechnung fehlerhaft ist, wird der Lieferer sofort benachrichtigt und mit ihm vereinbart, in welcher Weise die Rechnung zu korrigieren ist.

Sobald die Rechnung korrigiert ist, wird die Bezahlung veranlasst.

Lösung Aufgabe W7

Lösung_W7.1_Reklamation

MIKO GmbH
Tier- und Gartenbedarf

Orchideenweg 24 | 66907 Rehweiler

MIKO GmbH · Orchideenweg 24 · 66907 Rehweiler
Reinhold Schreiber GmbH
Zum Kleinen Teich 42
13189 Berlin

Ihr Zeichen:	k-ha
Ihre Nachricht vom:	20..-06-26
Unser Zeichen:	si
Unsere Nachricht vom:	20..-05-23
Name:	Maike Simon
Telefon:	06383 3033-45
Fax:	06383 3034-0
E-Mail:	simon@miko.de
Datum:	20..-06-28

Ihre Rechnung Nr. 5311 vom 26. Juni 20.. – Unsere Bestellung Nr. 6285 vom 23. Mai 20..

Sehr geehrte Damen und Herren,

soeben traf Ihre Lieferung der von uns bestellten Büromöbel ein. Eine Überprüfung der Rechnung ergab allerdings einige Abweichungen zu unserer Bestellung.

Unter Pos. 3 liefern und berechnen Sie fünf Druckertische, bestellt wurden jedoch sechs Druckertische. Wir bitten um

schnellste Nachlieferung

gemäß Bestellung.

Für den Rollcontainer, Bestell-Nr. 7327, berechnen Sie uns 485,00 € pro Stück – bestellt haben wir diesen Artikel jedoch für 450,00 € pro Stück. Dieser Preis wurde uns auch von Ihnen in Ihrer Bestellantwort vom 26. Mai 20.. bestätigt.

Der Gesamtbetrag Ihrer Rechnung vom 26. Juni 20.. müsste daher lauten:

	7.725,00 €
+ 19 % USt.	1.467,75 €
	9.192,75 €

Wir bitten um Zusendung einer neuen, korrekten Rechnung.

Mit freundlichen Grüßen

MIKO GmbH
Tier- und Gartenbedarf

i. A.

Maike Simon

MIKO GmbH · Tier- und Gartenbedarf	Telefon 06383 3033-0	Bankverbindung	Pfälzer Bank AG
Orchideenweg 24	Telefax 06383 3034-0	BLZ	523 644 30
66907 Rehweiler	Internet www.miko.de	Konto	760 896 00
Geschäftsführer	HRB 4711 Amtsgericht Kusel	IBAN	DE92 5236 4430 0076 0896 00
Mick Kowalski	USt.-IdNr. DE328988242	BIC	PFAEDED6555

Lösung Aufgabe W7

Lösung_W7.2_Checkliste_Rechnungskontrolle

Pflichtangaben auf Rechnungen
Rechnungskontrolle – Checkliste

Um die Berechtigung zum Vorsteuerabzug sicherzustellen, müssen Rechnungen die unten aufgeführten **12 Punkte** enthalten.

- Bitte **haken Sie auf dem Rechnungsformular alle Punkte ab,** um die Vollständigkeit sicherzustellen!
- Falls Angaben fehlen, machen Sie bitte einen Vermerk auf der Rechnung und informieren Sie sofort den Absender.
- Grundsätzlich können Rechnungen **bei fehlenden Bestandteilen nicht beglichen werden;** die Buchhaltung hat Anweisung, solche Rechnungen zurückzuweisen.

Folgende **Angaben** muss die Rechnung enthalten:

1. **Absender:** Name des Lieferanten
2. **Steuernummer oder Umsatzsteuer-Identifikationsnummer** des Lieferanten
3. **Empfänger:** Name des Rechnungsempfängers
4. **Ausstellungsdatum** der Rechnung
5. **Rechnungsnummer**
6. **Art und Menge der gelieferten Ware** bzw. Beschreibung der Leistung
7. **Nettorechnungsbetrag**
8. **Lieferdatum** bzw. Tag der Leistung
9. **Rabatte, Boni, Skonti** (bzw. Zahlungsbedingungen)
10. **Steuersätze** (19 % bzw. 7 %) oder Steuerbefreiungshinweis
11. **Umsatzsteuer-Beträge** aufgeteilt nach 19 % und 7 % bzw. Steuerbefreiungshinweis
12. **Bruttorechnungsbetrag**

Datum: 20..-..-..
Geschäftsleitung
Zeichen: mk-lk

Lösung Aufgabe W8

Lösung von Aufgabe W8 – Lieferungsverzug

Formular „Interne Mitteilung"

Erläuterungen zur Formulargestaltung siehe Lösung Aufgabe W1 „Allgemeines zur Formulargestaltung".

Zu W8.1:

Lieferungsverzug – verspätete Lieferung

Die verbindliche Vertragsabsprache hinsichtlich des Liefertermins lautete in diesem Fall **Lieferung am 1. März 20.. (Fixtermin).** Bei einem kalendermäßig bestimmten Liefertermin kommt der Lieferer mit dem Eintritt der Fälligkeit ohne Mahnung in Verzug (vgl. § 286 (2), 1) BGB). Wäre der Liefertermin nicht kalendermäßig festgelegt gewesen, so müsste der Lieferer erst durch eine Mahnung in Verzug gesetzt werden.

Bei einem Fixhandelskauf ist ein genau festgelegter Zeitpunkt, z. B. 1. März 20.., mit dem Zusatz „fix", „genau am" oder „fest" als Liefertermin vereinbart. Dieser Liefertermin stellt einen so bedeutenden Vertragsbestandteil dar, dass eine verspätete Lieferung nicht mehr als Erfüllung gilt. Besonders bei Saison- und Geschenkartikeln spielt diese Form des Kaufvertrags eine Rolle.

Erfolgt die Lieferung nicht zu dem vereinbarten Termin, hat der Käufer folgende Möglichkeiten:

1. Er muss dem Verkäufer sofort ausdrücklich mitteilen, dass er auf pünktlicher Lieferung besteht (Forderung der Lieferung ohne Nachfristsetzung).

2. Lieferung ablehnen und vom Vertrag zurücktreten (vgl. § 323 BGB (2)).

   Diese Möglichkeit kommt in dem beschriebenen Fall nicht in Frage, da der Käufer grundlegend an der Aufnahme des neuen Produktes in sein Sortiment interessiert ist und das Produkt von keiner anderen Quelle beziehen kann.

3. Lieferung ablehnen und Schadensersatz statt der Leistung wegen nicht oder nicht wie geschuldet erbrachter Leistung verlangen (§ 281 BGB). Aus dem gleichen Grund wie unter Punkt 2 erläutert, ist diese Lösung hier nicht in Betracht zu ziehen.

4. Lieferung und Schadensersatz wegen verspäteter Lieferung (Pflichtverletzung) verlangen (vgl. § 280 BGB).

In dem beschriebenen Geschäftsfall ist der Käufer an der Lieferung interessiert, er wird also Lieferung verlangen. Durch die Verzögerung erleidet er jedoch einen Schaden im Ostergeschäft. Für diesen Schaden kann er den Lieferer zur Rechenschaft ziehen, wenn diesen ein Verschulden trifft. Als Grund für die Verzögerung gibt der Lieferer einen „Produktionsengpass" an. Grundsätzlich fällt der reibungslose Ablauf der Produktion als Voraussetzung für eine pünktliche Auslieferung jedoch in den Verantwortungsbereich des Lieferers. Es ist also angemessen, dass der Käufer in diesem Fall einen Ersatz für den entgangenen Gewinn fordert, d. h. den Gewinn, den er bei pünktlicher Lieferung vor dem Ostergeschäft mit dem Artikel erzielt hätte.

Lösungserläuterung zu Aufgabe W8.2, W8.3.1 und W8.3.2

Siehe Erläuterungen zu W8.1, Punkt 4:

In diesem Fall handelt es sich um ein Fixgeschäft mit genau festgelegtem Lieferzeitpunkt. Die MIKO GmbH verlangt Lieferung und Schadensersatz wegen verspäteter Lieferung. Ein Ausweichen auf einen anderen Lieferer ist für sie nicht möglich.

Für die verspätet gelieferten Artikel verlangt sie 20 % Schadensersatz vom Nettopreis (s. Musterlösung auf der folgenden Seite). Der Schaden entsteht der MIKO GmbH durch den entgangenen Gewinn aus dem Ostergeschäft.

Lösung Aufgabe W8

Lösung_W8.2_Interne_Mitteilung

Interne Mitteilung	
Von: Pablo Pronto – Abteilung Beschaffung	Zeichen: pp Telefon: 06383 3033-48 E-Mail: pronto@miko.de Datum: 20..-02-15
An: Frau Bündig, Abteilungsleitung	Abteilung: Beschaffung
Mit der Bitte um: ☒ Kenntnisnahme ☐ Rücksprache ☐ Erledigung	Bemerkungen: Anlage: Bestellung ☒ Anlage(n)
Lieferungsverzug – Bestellung Nr. 007 vom 4. Februar 20.. – 15 Kleintierställe 'Rita Hase' – Fixtermin	

Sehr geehrte Frau Bündig,

wir erteilten am 4. Februar 20.. der Flopsy Pet Home Designs GmbH einen Auftrag über 15 Kleintierställe – Bestell-Nr. 007, Typ 'Rita Hase'. Der Artikel zeichnet sich durch eine integrierte Kamera aus. Als Lieferung wurde der 1. März 20.. fix vereinbart und vom Lieferer schriftlich bestätigt, damit die Ware noch rechtzeitig zum Ostergeschäft zur Verfügung steht.

Heute teilt uns der Lieferer mit, dass er aufgrund eines Produktionsengpasses nur 10 Stück zum 1. März 20.. liefern kann. Die restlichen 5 Stück können frühestens zum 30. März 20.. geliefert werden, also erst nach Ostern. Das ist für unser Ostergeschäft von großem Nachteil. Ein anderer Lieferer kommt nicht infrage, da es sich um einen sehr innovativen Artikel handelt, den nur die Flopsy Pet Home Designs GmbH anbietet.

Wir sollten also auf einer Lieferung bestehen. Von den erst nach Ostern gelieferten 5 Stück des Produktes sollten 20 % als Schadensersatz von der vereinbarten Kaufsumme abgezogen werden. Sind Sie mit dieser Regelung einverstanden?

Mit freundlichen Grüßen

Unterschrift:

Pablo Pronto

Lösung Aufgabe W8

Lösung_W8.3.1_Gesprächsnotiz

Gesprächsnotiz

Erhaltener Anruf:
Name: Frau Bündig
Telefon-Nr.: 06383 3033-56
E-Mail: buendig@miko.de
Datum: 20..-..-..
Uhrzeit: 10:35 Uhr
Entgegengenommen von: Pablo Pronto

☐ bittet um Rückruf	☐ ruft noch einmal an	☒ bittet um E-Mail-Antwort

Nachricht
Lieferungsverzug – Flopsy Pet Home Designs GmbH – Bestell-Nr. 007 vom 4. Februar 20.. – 15 Kleintierställe Typ „Rita Hase" – Fixtermin
Interne Mitteilung vom 20..-..-.. an Frau Bündig

Frau Bündig ist mit dem Vorschlag vom 20..-..-.. einverstanden. Für die 5 Kleintierställe „Rita Hase", die erst nach Ostern geliefert werden, sollen 20 % als Schadensersatz vom Kaufpreis abgezogen werden.

Anweisung von Frau Bündig: Geschäftsbrief an die Flopsy Pet Home Designs GmbH, Herrn Nager, 87656 Schwangau, schreiben. Der Fixtermin wurde überschritten. Vorliegende Aufträge zum Ostergeschäft können nicht ausgeführt werden, dadurch entstehen Verluste aufgrund des Ostergeschäftes. Preisabzug von 20 % verlangen.

Frau Bündig bittet vor dem Versenden des Briefes darum, ihr die Datei als E-Mail-Anhang zur Information zu schicken.

Pablo Pronto

Erledigt am: 20..-..	Weitergeleitet an:	Termin: sofort

Lösung_W8.3.2_Geschäftsbrief

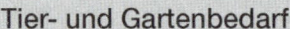

Orchideenweg 24 | 66907 Rehweiler

MIKO GmbH · Orchideenweg 24 · 66907 Rehweiler
Flopsy Pet Home Designs GmbH
Herrn Nager – Vertriebsabteilung
87656 Schwangau

Ihr Zeichen:	telefonisch
Ihre Nachricht vom:	20..-02-15
Unser Zeichen:	pp
Unsere Nachricht vom:	20..-02-04
Name:	Pablo Pronto
Telefon:	06383 3033-48
Fax:	06383 3034-0
E-Mail:	pronto@miko.de
Datum:	20..-02-15

Lieferungsverzug – Unsere Bestellung 007 vom 4. Februar 20..

Sehr geehrter Herr Nager,

am 4. Februar 20.. bestellten wir bei Ihnen 15 Kleintierställe „Rita Hase"

Liefertermin: 1. März 20.. fix

Diesen Termin haben Sie uns mit Ihrer Bestellungsannahme vom 5. Februar 20.. schriftlich bestätigt. Heute teilen Sie uns telefonisch mit, dass Sie aufgrund eines Produktionsengpasses nur 10 Stück dieses Artikels zum 1. März 20.. liefern können.

Wir benötigen jedoch die gesamte Lieferung dringend, da wir bereits Bestellungen dieses Artikels vorliegen haben, die definitiv bis Ostern ausgeliefert werden müssen.

Falls Sie die gesamte Bestellmenge nicht zu dem Fixtermin 1. März 20.. liefern können, entstehen uns Schäden, für die wir Sie haftbar machen müssen. Aus diesem Grunde verlangen wir für jeden nicht pünktlich ausgelieferten Artikel dieser Bestellung 20 % Schadensersatz vom Nettoverkaufspreis.

Als langjähriger guter Stammkunde Ihres Unternehmens sind wir zuversichtlich, dass Sie die Liefersituation noch einmal überprüfen können.

Mit freundlichen Grüßen

MIKO GmbH
Tier- und Gartenbedarf

i. A.

Pablo Pronto

Verteiler:
Frau Sarah Bündig
Beschaffungsleitung

MIKO GmbH · Tier- und Gartenbedarf	Telefon 06383 3033-0	Bankverbindung	Pfälzer Bank AG
Orchideenweg 24	Telefax 06383 3034-0	BLZ	523 644 30
66907 Rehweiler	Internet www.miko.de	Konto	760 896 00
Geschäftsführer	HRB 4711 Amtsgericht Kusel	IBAN	DE92 5236 4430 0076 0896 00
Mick Kowalski	USt.-IdNr. DE328988242	BIC	PFAEDED6555

Lösung Aufgabe E8

Lösung von Aufgabe E8 – ABC-Analyse Lieferanten

Zu E8.1:

Öffnen Sie die Datei „ABC-Analyse.xlsx".

Schritt 1: Wählen Sie das Tabellenblatt „RKvorletztesJ aus". Ermitteln Sie hier mit der Funktion SUMME die Gesamtkosten der einzelnen Lieferanten. Geben Sie dazu in die Zelle G3 Folgendes ein:

=SUMME(C3:F3)

Übernehmen Sie die Funktion in die Zellen G4 – G9.

Schritt 2: Wechseln Sie zum Tabellenblatt „RKletztesJ". Ermitteln Sie auch hier jeweils die Gesamtkosten mit der Funktion SUMME, indem Sie so vorgehen wie bei Tabellenblatt „RKvorletztesJ".

Schritt 3: Gehen Sie nun zu Tabellenblatt „ABCaktuell". Sie können jetzt mittels SVERWEIS die Gesamtkosten aus den zuvor bearbeiteten Tabellenblättern ermitteln. Geben Sie in Zelle C9 dafür Folgendes ein und übernehmen Sie die Funktion auf die Zellen C10 – C15:

=SVERWEIS(ABCaktuell!A9;RKvorletztesJ!$A$3:$G$9;7;FALSCH)

In Zelle D9 geben Sie ebenfalls den SVERWEIS ein:

=SVERWEIS(ABCaktuell!A9;RKletztesJ!$A$3:$G$9;7;FALSCH)

Kopieren Sie die Formeln auch hier in die übrigen Zellen D10 – D15.

Zu E8.2:

Schritt 1: Spalte E

Zum Bearbeiten dieser Aufgabe nutzen Sie wieder die Funktion SUMME. Geben Sie in Zelle E9 dies ein:

=SUMME(C9:D9)

Sie können auch diese Formel direkt auf die Zellen E10 – E15 übernehmen.

Schritt 2: Spalte F

Um den Kostenanteil in % der Gesamtkosten zu ermitteln, müssen Sie zuerst die Gesamtkosten, die alle Lieferanten zusammen für Reklamationen verursachen, ermitteln.

In Zelle C16 geben Sie ein: =SUMME(C9:C15)

Übernehmen Sie diese Funktion auch auf die Zellen D16 und E16.

In Zelle F9 berechnen Sie nun den prozentualen Anteil.

=100/$E$16*E9

Übernehmen Sie die Formel auf die übrigen Zellen F10 – F15. Sie können das Ergebnis Ihrer Berechnungen auch direkt kontrollieren, indem Sie mittels der Funktion SUMME, die Sie in Zelle F16 eingeben, die ermittelten Zahlen addieren.

Formel für Zelle F16:   =SUMME(F9:F15)

Lösung Aufgabe E8

Zu E8.3:

Hier können Sie eine Formel nutzen, um die Differenz der Kosten aus dem vorletzten und letzten Jahr zu ermitteln. Da die Lieferanten im letzten Jahr weniger Kosten als davor verursacht haben, würde sich empfehlen, hier von den Kosten des letzten Jahres als Basis auszugehen und die Kosten des vorletzten Jahres von diesen abzuziehen. So erhalten Sie ein negatives Ergebnis.

Für Zelle G9 bedeutet das: =D9-C9

Ergebnis lautet: -210,00

Übernehmen Sie die Formel auch auf die Zellen G10 – G15. Ermitteln Sie zudem die Gesamtsumme, indem Sie in Zelle G16 eingeben: =SUMME(G9:G15)

Ihr Zwischenergebnis:

	A	B	C	D	E	F	G	H	I
7			\multicolumn{6}{c}{Kosten für Reklamationen im Bereich Gartenbau}		
8	LI#	Firma	Kosten vorletztes Jahr in €	Kosten letztes Jahr in €	Gesamt-kosten in €	Kostenanteil in %	Veränderung in €	Veränderung Anteil in %	ABC-Analyse
9	44068	Baumschule Eiching GmbH	960,00	750,00	1.710,00	4,41	-210,00		
10	44025	Nevis Desorig KG	6.000,00	1.440,00	7.440,00	19,20	-4.560,00		
11	44054	PflanzTec AG	5.010,00	3.060,00	8.070,00	20,83	-1.950,00		
12	44024	Saatstark GmbH	4.370,00	3.670,00	8.040,00	20,75	-700,00		
13	44053	Turdis Gartenbau OHG	1.430,00	1.190,00	2.620,00	6,76	-240,00		
14	44038	Weidniz Gartenbau e. K.	1.590,00	1.340,00	2.930,00	7,56	-250,00		
15	44046	XtraChem AG	4.310,00	3.630,00	7.940,00	20,49	-680,00		
16	**Gesamt**		23.670,00	15.080,00	38.750,00	100,00	-8.590,00		

Die Gesamtkosten in Höhe von 8.590,00 € sind der Basiswert für diese Berechnung.

In Zelle H9 geben Sie daher ein: =100/$G$16*G9

Nachdem Sie auch hier die Formel auf die übrigen Zellen H10 – H15 übernommen haben, können Sie wieder die Kontrolle durchführen. Geben Sie hierzu in Zelle H16 die Funktion SUMME ein:

=SUMME(H9:H15)

Zu E8.4:

Hier gehen Sie wie im Schnellkurs wieder mit einer WENN-Funktion vor.

Ihre WENN-Funktion lautet dabei ausgeschrieben so:

WENN der Kostenanteil in % kleiner ist als 5 %, dann gehört der Lieferant in die Kategorie A, SONST gehört er in Kategorie B, wenn der Kostenanteil in % kleiner als 15 % ist. Trifft das auch nicht zu, gehört er zur Kategorie C.

Aus diesem Grund geben Sie in Zelle I9 diese Funktion ein:

=WENN(F9<5;$A$3;(WENN(F9<15;$A$4;$A$5)))

Lösung Aufgabe E8

Achten Sie hier auf die festen Bezüge! Dann können Sie die Funktion gefahrlos in die Zellen I10 – I15 übernehmen.

Ihr Zwischenergebnis:

	A	B	C	D	E	F	G	H	I
7			Kosten für Reklamationen im Bereich Gartenbau						
8	LI#	Firma	Kosten vorletztes Jahr in €	Kosten letztes Jahr in €	Gesamtkosten in €	Kostenanteil in %	Veränderung in €	Veränderung Anteil in %	ABC-Analyse
9	44068	Baumschule Eiching GmbH	960,00	750,00	1.710,00	4,41	-210,00	2,44	A
10	44025	Nevis Desorig KG	6.000,00	1.440,00	7.440,00	19,20	-4.560,00	53,08	C
11	44054	PflanzTec AG	5.010,00	3.060,00	8.070,00	20,83	-1.950,00	22,70	C
12	44024	Saatstark GmbH	4.370,00	3.670,00	8.040,00	20,75	-700,00	8,15	C
13	44053	Turdis Gartenbau OHG	1.430,00	1.190,00	2.620,00	6,76	-240,00	2,79	B
14	44038	Weidniz Gartenbau e. K.	1.590,00	1.340,00	2.930,00	7,56	-250,00	2,91	B
15	44046	XtraChem AG	4.310,00	3.630,00	7.940,00	20,49	-680,00	7,92	C
16	Gesamt		23.670,00	15.080,00	38.750,00	100,00	-8.590,00	100,00	

Zu E8.5:

Schritt 1: Fügen Sie ein Textfeld unterhalb der Tabellen ein.

Schritt 2: Erklären Sie kurz, was Reklamationen sind.

„Man spricht von einer Reklamation, wenn eine Leistungsstörung vorliegt und man diese beanstandet."

Schritt 3: Beschreiben Sie, wie Kosten für eine Reklamation entstehen können.

„Reklamationskosten können entstehen aufgrund der Personalkosten, die bei der Bearbeitung der Leistungsstörung entstehen. Das können aber auch Kosten für Ersatzlieferungen sein, Kosten zum zusätzlichen Etikettieren, Zuordnen etc. von Waren sein, falls die Kennzeichnung fehlerhaft ist. Es können damit aber auch Schadensersatzzahlungen gemeint sein, falls die MIKO GmbH selbst durch eine Leistungsstörung in Lieferverzug gerät."

Schritt 4: Sie können hier entweder ein allgemeines Beispiel wählen oder ein Beispiel aus den Ergebnissen Ihrer Analyse nennen.

„Die Höhe der Kosten, die die einzelnen Lieferanten durch Leistungsstörungen bei der MIKO GmbH verursachen, genügt nicht, um einen Lieferanten sinnvoll einzuschätzen. Relevant ist auch die Anzahl der Falschlieferungen, das gesamte Volumen der geleisteten Lieferungen und natürlich auch die Veränderung zwischen dem letzten und dem vorletzten Jahr.

Ein Beispiel dafür kann die Nevis Desorig KG sein: Im vorletzten Jahr verursachte sie bei der MIKO GmbH Reklamationskosten in Höhe von 5.470,00 € in der Kategorie „Falsche Ware", im letzten Jahr sind es 0,00 €. Sollten diese Kosten zum Beispiel nur auf eine einzige Falschlieferung zurückzuführen sein, ist dieser Lieferant eigentlich in eine bessere Kategorie als C einzuordnen."

Lösung Aufgabe W9

Lösung von Aufgabe W9.1 – Serienbrief mit Feldfunktionen

Eine detaillierte Anleitung zur Erstellung eines Serienbriefes finden Sie auch unter Lösung W2.

Eine geeignete **Datenquelle** aus den vorliegenden Anschriften könnte folgendermaßen aussehen:

Firma	Straße	PLZ	Ort	Anrede	Vorname	Nachname
Kasimir Klacks e. K.	Am Fährhafen 4	28197	Bremen	Herr	Lars	Maus
Dog's Better Life GmbH	Krebsgasse 4	23970	Wismar	Frau	Lena	Schäfer
Moderne Gartenplanung Sven Dürrholz e. K.	Postfach 51 47 11	30631	Hannover	Herr	Sven	Dürrholz
Trab & Galopp GmbH	Ochsenfurt 1	18055	Rostock	Frau	Charlotta	Hansen

Verknüpfen Sie Ihr **Hauptdokument** zunächst mit der erstellten Datenquelle, indem Sie über das Register „Sendungen"; Gruppe „Seriendruck starten" die Option „Empfänger auswählen" und „Vorhandene Liste verwenden" anklicken.

Das **Einfügen der Seriendruckfelder** im Anschriftfeld und in der Zeile für die Anrede erledigen Sie über das Register „Sendungen"; Gruppe „Schreib- und Einfügefelder"; Drop-Down-Menü: „Seriendruckfeld einfügen".

Die **korrekte Anrede** für männliche und weibliche Ansprechpartner erreichen Sie über die Wenn… Dann… Sonst… Regel im Register „Sendungen"; Gruppe „Schreib- und Einfügefelder"; Drop-Down-Menü Regeln: „Wenn… Dann… Sonst…". Achten Sie in der Anrede darauf, ein Komma nach dem Seriendruckfeld «Nachname» zu setzen.

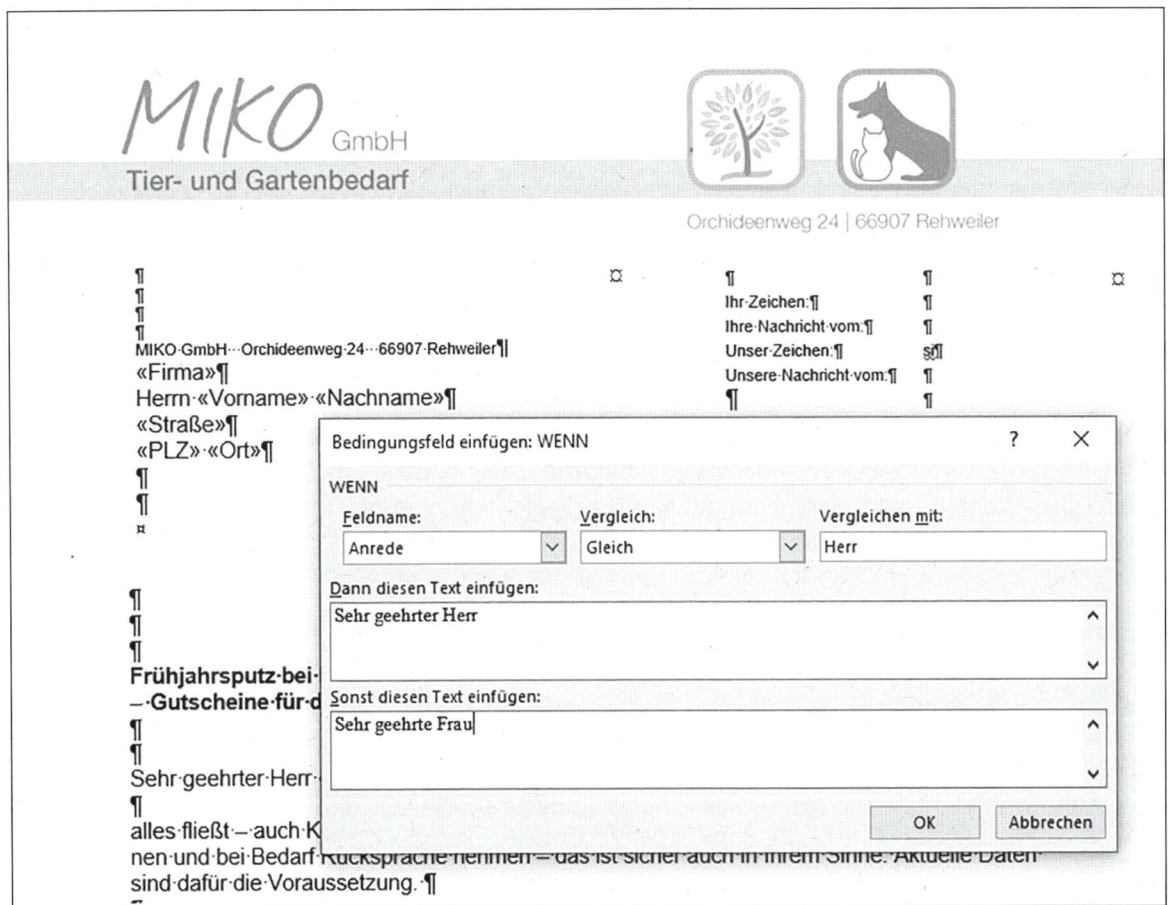

Musterlösung für Aufgabe W9.1 siehe nächste Seiten!

Lösung_W9.1_Hauptdokument

Orchideenweg 24 | 66907 Rehweiler

MIKO GmbH · Orchideenweg 24 · 66907 Rehweiler

«Firma»
Herrn «Vorname» «Nachname»
«Straße»
«PLZ» «Ort»

Ihr Zeichen:
Ihre Nachricht vom:
Unser Zeichen: si
Unsere Nachricht vom:

Name: Maike Simon
Telefon: 06383 3033-45
Fax: 06383 3034-0
E-Mail: simon@miko.de

Datum: 20..-..-..

**Frühjahrsputz bei MIKO – alte Daten müssen raus
– Gutscheine für den Tier- und Gartenliebhaber!**

Sehr geehrter Herr «Nachname»,

alles fließt – auch Kontaktdaten ändern sich! Wir möchten Sie immer rechtzeitig beliefern können und bei Bedarf Rücksprache nehmen – das ist sicher auch in Ihrem Sinne. Aktuelle Daten sind dafür die Voraussetzung.

Besuchen Sie unseren Webshop unter www.miko.de und nehmen Sie die Gelegenheit wahr, uns über Ihre aktuellen Kontaktdaten zu informieren.

Auf unserer Website finden Sie wertvolle Tipps für den Tier- und Gartenliebhaber. Es lohnt sich, dort einmal vorbeizuschauen: Zurzeit verlosen wir wertvolle Gutscheine für Ihre Einkäufe! Besuchen Sie unseren Shop im Internet und nehmen Sie an der Verlosung teil!

Mit freundlichen Grüßen

MIKO GmbH
Tier- und Gartenbedarf

i. A.

Maike Simon

MIKO GmbH · Tier- und Gartenbedarf
Orchideenweg 24
66907 Rehweiler
Geschäftsführer
Mick Kowalski

Telefon 06383 3033-0
Telefax 06383 3034-0
Internet www.miko.de
HRB 4711 Amtsgericht Kusel
USt.-IdNr. DE328988242

Bankverbindung
BLZ
Konto
IBAN
BIC

Pfälzer Bank AG
523 644 30
760 896 00
DE92 5236 4430 0076 0896 00
PFAEDED6555

Lösung Aufgabe W9

Lösung_W9.1_Briefe

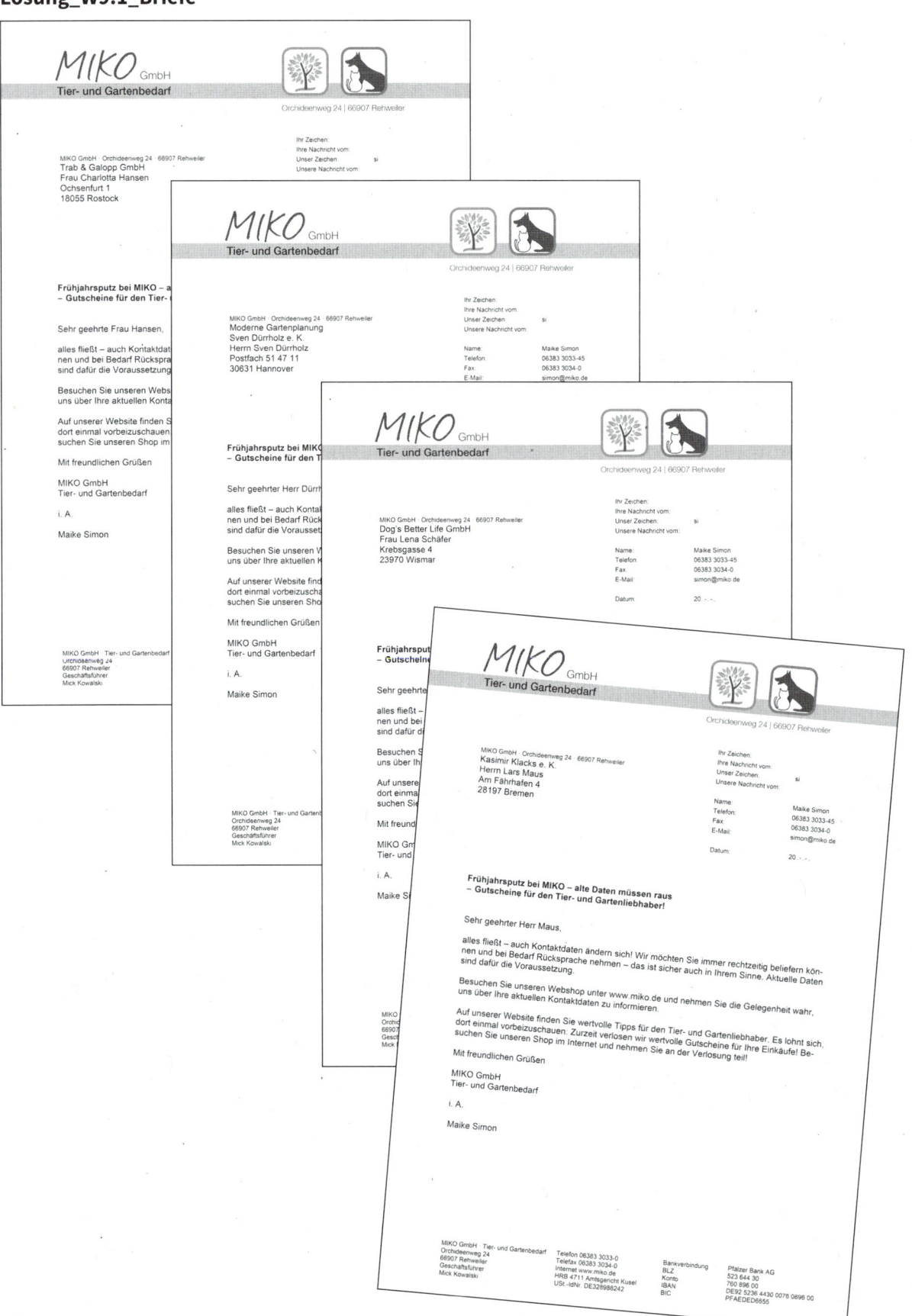

Lösung Aufgabe W9

Erläuterungen zum E-Mail-Verkehr: siehe Lösung W6.1

Lösung_W9.2_E-Mail

An …	info@intergalactic-postal-service.com
Cc …	
Betreff:	Anfrage – Aktualisierung von Adressdaten

Sehr geehrte Damen und Herren,

zunehmend werden unsere Brief- und Paketsendungen als unzustellbar zurückgeschickt, weil die Anschrift nicht mehr stimmt.

Welche Lösungen können Sie uns zur Aktualisierung unserer Adressbestände anbieten? Unser Sendungsaufkommen umfasst ca. 200 000 Sendungen monatlich, vor allem bestehend aus Mailings, Rechnungen und Paketsendungen.

Mindestanforderungen an das von uns gewünschte effiziente Adressmanagement:

– Überprüfung der Zustellbarkeit vor Ort: Der Zusteller muss vor Ort anhand der Adresse die fehlende Zustellbarkeit mit Datum dokumentieren.

– Digitale Adressverwaltung: Adressen, die nicht mehr stimmen, sollen mithilfe aktueller Datenbanken des Logistikdienstleisters elektronisch abgeglichen und auf den neuesten Stand gebracht werden.

Können Sie uns dafür kurzfristig eine Lösung anbieten? Bitte lassen Sie mir umgehend Ihr Angebot zukommen.

Freundliche Grüße

MIKO GmbH
Tier- und Gartenbedarf

i. A. Mathis Maier
Management-Assistent
Kundenservice (KS)

MIKO GmbH
Tier- und Gartenbedarf
Orchideenweg 24
66907 Rehweiler

E-Mail: mathis.maier@miko.de

Homepage: www.miko.de

Telefon: 06383 3033-32
Telefax: 06383 30352

Geschäftsführer: Mick Kowalski

Amtsgericht Kusel HRB 4711

Lösung Aufgabe E9

Lösung von Aufgabe E9 – Rücklaufquote Angebote

Zu E9.1:

Öffnen Sie die Datei „Angebote.xlsx" und wählen Sie das Tabellenblatt „Angebote" aus.

Um die Namen der Kunden aus dem Tabellenblatt „Stammdaten" zu ermitteln, nutzen Sie am besten die Funktion SVERWEIS. In Zelle B3 würden Sie demnach eingeben:

=SVERWEIS(A3;Stammdaten!$A$3:$I$20;2)

So erhalten Sie schnell die zu den Kundennummern gehörenden Firmen. Kopieren Sie die Formel noch auf die übrigen Zellen B4 – B17 und Sie haben den ersten Teil erfolgreich gelöst.

Zu E9.2:

Im Begriff „Auftragssumme" ist die hier benötigte Funktion bereits namentlich erwähnt. In Zelle C20 geben Sie ein:

=SUMME(C3:C17)

Da Sie die Formel nicht kopieren müssen, können Sie auf feste Bezüge verzichten.

Zu E9.3:

Hier müssen sie lediglich in Spalte I bei den beiden genannten Auftragsnummern das genannte Datum eintragen.

Angebots-datum	Angebots-nummer	Lauf-zeit	Verbleibende Zeit	Fällig?	Auftrag erteilt am	Heutiges Datum
03.12.2024	507023	30				02.01.2025
13.12.2024	507043	30			19.12.2024	02.01.2025
03.12.2024	507026	60			24.12.2024	02.01.2025
19.12.2024	507099	30			23.12.2024	02.01.2025
13.12.2024	507084	30				02.01.2025
23.12.2024	507143	30			24.12.2024	02.01.2025
27.12.2024	507116	7			30.12.2024	02.01.2025
16.12.2024	507125	30				02.01.2025
28.12.2024	507176	14				02.01.2025
27.12.2024	507181	3				02.01.2025
06.12.2024	507014	30				02.01.2025
10.12.2024	507029	30				02.01.2025
12.12.2024	507110	14			20.12.2024	02.01.2025
05.12.2024	507139	30				02.01.2025
12.12.2024	507032	30			30.12.2024	02.01.2025

Lösung Aufgabe E9

Zu E9.4:

Schritt 1: Um die verbleibende Zeit zu berechnen, müssen Sie das Auftragsdatum und die Laufzeit addieren und das heutige Datum davon abziehen.

Ist die Laufzeit überschritten, wird ein Minuswert angezeigt. Ist noch etwas Zeit, steht eine positive Zahl in der Zelle.

Schritt 2: Mit einer WENN-Funktion können Sie eine Abfrage durchführen, um nur dann ein Ergebnis zu errechnen, wenn kein Auftrag erteilt wurde.

Für Zelle G3 könnte Ihre Formel folgendermaßen aussehen:

$$=\text{WENN}(I3="";(D3+F3)-J3;"")$$

Die Abfrage lautet ausgeschrieben:

WENN in Zelle I3 das Ergebnis gleich leer ist (für „leer" stehen die beiden leeren Anführungsstriche), DANN führe die Berechnung durch (siehe Schritt 1), SONST lasse die Zelle leer.

Schritt 3: Kopieren Sie die Funktion mit der Berechnung in die verbleibenden Zellen G4 – G17.

Zu E9.5:

Da Sie in Spalte G bereits die verbleibende Zeit errechnet haben, können Sie in Spalte H einfach mit einer WENN-Funktion die Abfrage vornehmen.

In Zelle H3 können Sie Folgendes eintragen:

$$=\text{WENN}(G3<=0;"Fällig";"")$$

WENN in Zelle G3 ein Ergebnis ist, das kleiner oder gleich 0 ist, DANN wird „Fällig" eingetragen, SONST bleibt die Zelle leer. Nutzen Sie die Ausfüllfunktion, um diese Formel auf die übrigen Zellen H4 – H17 zu übertragen.

Lösung Aufgabe E9

Zu E9.6:

Die Funktion, die Sie benötigen, ist SUMMEWENN. Sie müssen die Funktion so ausbauen, dass die folgende Abfrage durchgeführt wird:

Bilde eine SUMME aus den Zahlen im Bereich C3 bis C17, WENN die Zellen I3 bis I17 nicht leer sind.

Eine Leere Zelle fragt man ab mit zwei Anführungsstrichen oben: ""

Damit etwas nicht zutrifft, kann man auch die Abfrage „ungleich" benutzen. Diese Abfrage besteht aus dem „kleiner als"-Zeichen < und dem „größer als"-Zeichen >. Zusammengesetzt: <>

Da die Abfrage <>"" allerdings nicht funktioniert, müssen die beiden Abfragen in Anführungsstriche gesetzt werden und durch das Zeichen & verbunden werden.

Nicht leer sieht also so aus: "<>"&""

So ergibt sich folgender Eintrag für Zelle C21:

=SUMMEWENN(I3:I17;"<>"&"";C3:C17)

> **Hinweis:**
>
> Die Abfrage „Nicht leer" oder „Ungleich leer" kann im Alltag, wie zum Beispiel bei Offene-Posten-Listen in der Buchhaltung oder wie hier bei der Nachverfolgung von Auftragseingängen sinnvoll Anwendung finden.
>
> Die Abfrage WENN „gleich leer" sieht so aus: =WENN(Zelle1="";DANN;SONST)
>
> <u>Weitere Frageformen:</u>
> „Größer gleich": >=
> „Kleiner gleich": <=
> „Ungleich": <>
> „Ungleich leer": "<>"&""

Jetzt müssen Sie noch den Anteil an der Angebotssumme Mai berechnen. Die Zelle hat bereits die Formatierung Prozent. Also wird hier das Ergebnis automatisch mit 100 multipliziert. Daher geben Sie in Zelle C22 ein:

=1/C20*C21

Zusammenfassung:	
Angebotssumme Dezember:	38.667,00 €
Auftragssumme Dezember:	25.300,00 €
Auftragsquote gesamt:	65%

Lösung Aufgabe E10

Lösung von Aufgabe E10 – Optimale Bestellmenge

Zu E10.1:

Öffnen Sie die Datei „Reitkleidung.xlsx" und wählen Sie das Tabellenblatt „RH302-1" aus.

Anpassen der Tabelle „Optimale Bestellmenge Artikel-Nr. RH302-1":

Schritt 1: Markieren Sie das vollständige Tabellenblatt und ändern Sie die Schrift auf „Arial".

Schritt 2: Vervollständigen Sie die Beschriftungen der oberen Tabelle.

Schritt 3: Übernehmen Sie die Überschrift aus der Vorlage Abbildung 1.

Schritt 4: Verbinden Sie die Zellen A1 – F1 für die Überschrift.

Schritt 5: Passen Sie die Schriftgröße der Überschrift auf 12 pt an.

Schritt 6: Fügen Sie Rahmenlinien für die obere Tabelle hinzu. Fügen Sie entsprechend der Musterabbildung fette Rahmenlinien ein.

Schritt 7: Markieren Sie die Zellen A1 – F2. Formatieren Sie die Schrift hier fett.

Anpassen der Tabelle „Grunddaten":

Schritt 8: Verbinden Sie die Zellen A16 – F16.

Schritt 9: Verbinden Sie die Zellen A17 – F17.

Schritt 10: Verbinden Sie die Zellen A18 – C18 sowie die Zellen D18 – F18.

Schritt 11: Führen Sie den in Schritt 10 genannten Vorgang auch für die Zeilen 19 – 23 durch.

Schritt 12: Vervollständigen Sie die Grunddaten gemäß Abbildung 1.

Schritt 13: Fügen Sie Rahmenlinien um den Bereich A17 – F23 hinzu.

Schritt 14: Fügen Sie entsprechend der Vorlage Abbildung 1 fette Rahmenlinien an geeigneten Stellen hinzu.

Schritt 15: Formatieren Sie die Überschrift „Grunddaten" fett und in Schriftgröße 12 pt.

Lösung Aufgabe E10

Zu E10.2:

Schritt 1: Fügen Sie die Bezeichnung hinzu. Wechseln Sie dazu zum Tabellenblatt „Sortiment R" und suchen Sie die Bezeichnung von Artikel-Nr. RH302-1 aus der Tabelle heraus.

- Longsleeve Modell Wasteland

Schritt 2: Fügen Sie den Bezugspreis in Höhe von 19,74 € entsprechend dem Tabellenblatt „Sortiment R" hinzu. Da es sich hierbei um einen Betrag in € handelt, muss die Zelle D20 als „Währung" formatiert werden.

Schritt 3: Die Angabe des Jahresbedarfs finden Sie ebenfalls in Tabellenblatt „Sortiment R". Tragen Sie in Zelle D22 die Zahl 1.282 ein. Denken Sie daran, diese auch als Zahl zu formatieren – mit dem 1.000er Trennzeichen und ohne Dezimalstellen.

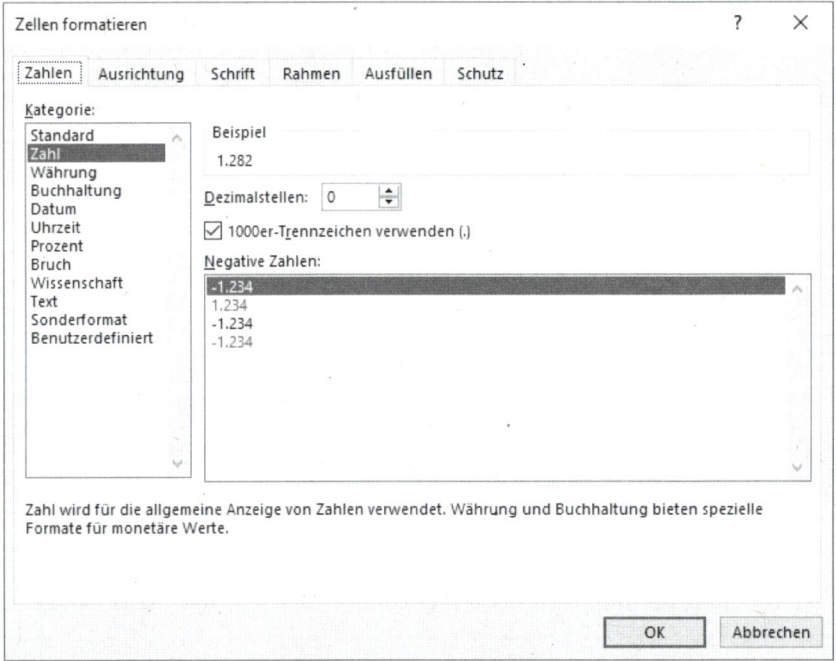

So sollte Ihr Ergebnis aussehen:

16	Grundlage für die Berechnung:	
17	Grunddaten	
18	Art.-Nr.	RH302-1
19	Bezeichnung	Longsleeve Modell Wasteland
20	Bezugspreis pro Stück	19,74 €
21	Bestellkosten pro Bestellung	12,80 €
22	Jahresbedarf	1.282
23	Lagerkostensatz	11,00%

Lösung Aufgabe E10

Zu E10.3:

Schritt 1: Am besten beginnen Sie links in Spalte B und arbeiten sich nach rechts weiter. Die Bestellkosten berechnen Sie, indem Sie die Anzahl der Bestellungen mit den Bestellkosten pro Bestellung aus Zelle D21 multiplizieren. Klicken Sie dazu auf Zelle B3 und geben Sie Folgendes ein:

=$D$21*A3

Übernehmen Sie die Formel auf die Zellen B4 – B14. Formatieren Sie zum Schluss die Beträge als <u>Währung</u>.

Schritt 2: Zum Berechnen der Bestellmenge müssen Sie den Jahresbedarf durch die Zahl der Bestellungen teilen. Denn Sie benötigen pro Jahr insgesamt 1.282 Stück des Artikels RH302-1, unabhängig davon, wie viele Bestellungen Sie durchführen. In der Spalte Bestellmenge berechnen Sie also, wie viel Stück Sie pro Bestellung bestellen müssen, um auf den Jahresbedarf zu kommen. Für Zelle C3 bedeutet das:

=$D$22/A3

Nachdem Sie diese Formel in die Zellen C4 – C14 kopiert haben, formatieren Sie die Bestellmengen noch als Zahl mit 1.000er Trennzeichen und ohne Dezimalstellen.

Schritt 3: Die Formel zur Berechnung des durchschnittlichen Lagerbestands (Ø Lagerbestand) ist in der Aufgabe angegeben. Diese Formel aus Zelle D3 =C3/2 übernehmen Sie daher auch auf die Zellen D4 – D14. Formatieren Sie auch diese Ergebnisse als Zahl mit 1.000er Trennzeichen und ohne Dezimalstellen.

Schritt 4: Die Kosten für Lagerung bzw. die Lagerkosten in € berechnen Sie, indem Sie den durchschnittlichen Lagerbestand mit den Bezugspreisen und dem Lagerkostensatz multiplizieren. Der Lagerkostensatz beträgt in diesem Fall 11 % des Bezugspreises – da der Lagerkostensatz zudem bereits als Prozent formatiert ist, können Sie ihn direkt mit dem Bezugspreis multiplizieren.

In Zelle E3 geben Sie ein: =D3*$D$20*$D$23

Diese Formel können Sie dank der festen Bezüge problemlos in die Zellen E4 – E14 kopieren. Formatieren Sie auch hier Ihre Ergebnisse wieder als Währung.

> **Hinweis:**
>
> Wäre der Lagerkostensatz als Zahl angegeben, also nicht bereits im Format „Prozent", so müssten Sie bei einer solchen Aufgabe die Prozentrechnung durchführen!
>
> <u>Beispiel:</u>
>
> Durchschnittlicher Lagerbestand in Stück = 200
> Bezugspreis pro Stück in € = 10
> Lagerkostensatz in Prozent = 15
>
> Lagerkosten in € = $\dfrac{200 \text{ Stück} \cdot 10 \text{ € pro Stück} \cdot 15\,\%}{100\,\%}$ = 300 €

Schritt 5: Die Gesamtkosten berechnen Sie, indem Sie die Kosten für die Lagerung und die Bestellkosten addieren. In Zelle F3 tragen Sie daher ein: =B3+E3 und kopieren diese Formel in die Zellen F4 – F14. Stellen Sie hier das Zahlenformat wieder auf „Währung" um.

Lösung Aufgabe E10

Zu E10.4:

In Spalte G soll ein „X" in der Zeile erscheinen, in der die optimale Bestellmenge zu finden ist. Die optimale Bestellmenge ist die Menge, bei der die Gesamtkosten am geringsten sind.

Dafür müssen Sie mit der Funktion MIN den Bereich F3 bis F14 durchsuchen. Damit das „X" erscheint, müssen Sie die Funktion MIN mit der Funktion WENN kombinieren.

Geben Sie dazu in Zelle G3 Folgendes ein:

=WENN(F3=MIN($F$3:$F$14);"X";"")

Hier das Ergebnis. Sie können aus der Tabelle ablesen, dass bei 10 Bestellungen die Gesamtkosten am geringsten sind:

	A	B	C	D	E	F	G
1	Optimale Bestellmenge Artikel-Nr. RH302-1						
2	Anzahl der Bestellungen	Bestell-kosten	Bestell-menge	ø Lager-bestand in Stück	Kosten für Lagerung	Kosten gesamt	Preiswerteste Option
3	1	12,80 €	1.282	641	1.391,87 €	1.404,67 €	
4	2	25,60 €	641	321	695,93 €	721,53 €	
5	3	38,40 €	427	214	463,96 €	502,36 €	
6	4	51,20 €	321	160	347,97 €	399,17 €	
7	5	64,00 €	256	128	278,37 €	342,37 €	
8	6	76,80 €	214	107	231,98 €	308,78 €	
9	7	89,60 €	183	92	198,84 €	288,44 €	
10	8	102,40 €	160	80	173,98 €	276,38 €	
11	9	115,20 €	142	71	154,65 €	269,85 €	
12	10	128,00 €	128	64	139,19 €	267,19 €	X
13	11	140,80 €	117	58	126,53 €	267,33 €	
14	12	153,60 €	107	53	115,99 €	269,59 €	

Zu E10.5:

Fügen Sie unterhalb der Tabelle Grunddaten ein Textfeld ein. Stellen Sie die Schriftart auf Arial. Dann können Sie anfangen zu schreiben.

Beispiellösung:

Auf Basis der durchgeführten Berechnungen liegt die optimale Bestellmenge bei 10 Bestellungen pro Jahr. Hier sind die Kosten, die für Beschaffung und Lagerung anfallen, mit 267,19 € am geringsten.

Lagerkosten entstehen zum Beispiel durch…

- Mietkosten für das Unterhalten der Lagerhalle
- Kosten für die Bewegung der Artikel
- Kosten für Lagereinrichtung und eingesetzte Software
- Kosten für Transport- und Beförderungsanlagen
- Kosten für Heizung, Belüftung, Befeuchtung etc.
- Personalkosten der Lagermitarbeiter
- usw.

Lösung Aufgabe W10

Lösung von Aufgabe W10 – Checkliste und Ergebnisprotokoll

Zu W10.1:

Checklisten erleichtern die Organisation bei immer wiederkehrenden Aufgaben, z. B. Planung eines Meetings. Um den Zweck als Planungshilfe zu erfüllen, müssen die Angaben vollständig, inhaltlich zusammenhängend und ablaufgerecht sein (vgl. DIN 5008, Punkt 15.4 Formulare und Checklisten).

Das Lösungsbeispiel auf der nächsten Seite zeigt eine Checkliste, die mithilfe von Formularfeldern ausgefüllt werden kann. Zu „Formular schützen" siehe Seite 57.

Beispiele für Formularfelder:

Register: Entwicklertools
Gruppe: Steuerelemente

Klicken Sie hier, um **Text** einzugeben:

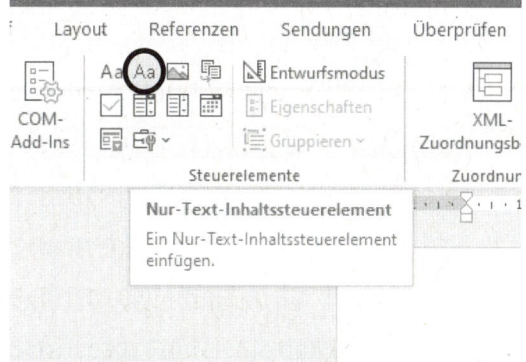

Klicken Sie hier, um ein **Datum** einzugeben:

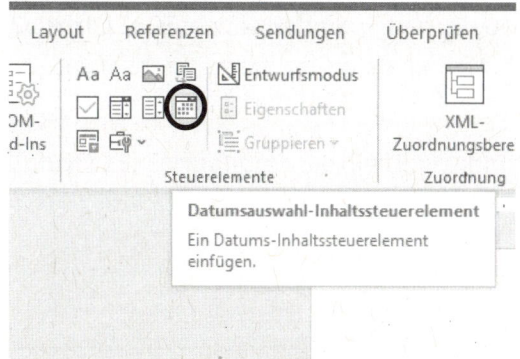

Klicken Sie hier, um **Kontrollkästchen** einzufügen:

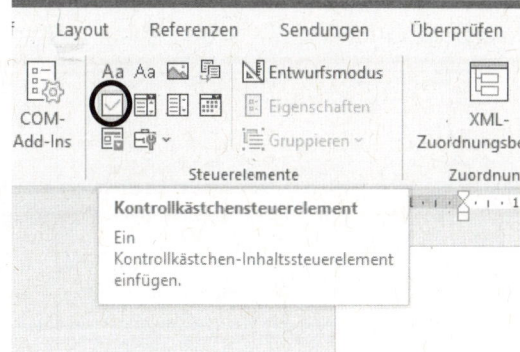

Lösung Aufgabe W10

Lösung_W10.1_Checkliste_Meeting

Briefkopf **Checkliste Meeting**	
Thema: Klicken oder tippen Sie hier, um Text einzugeben. **Leiter/Team:** Klicken Sie hier, um Text einzugeben. **Ort:** Klicken Sie hier, um Text einzugeben. **Datum der Besprechung:** Klicken oder tippen Sie, um ein Datum einzugeben. **Uhrzeit:** Klicken oder tippen Sie hier, um Text einzugeben.	☒ **Datum der Einladung:** Klicken oder tippen Sie, um ein Datum einzugeben.
Protokollführer/-in: Klicken Sie hier, um Text einzugeben.	**Organisator/-in:** Klicken Sie hier, um Text einzugeben.

Teilnehmer:	**Bestätigt:**	**Bemerkungen:**
Klicken oder tippen Sie hier, um Text einzugeben.	☐	Klicken oder tippen Sie hier, um Text einzugeben.
Klicken oder tippen Sie hier, um Text einzugeben.	☐	
Klicken oder tippen Sie hier, um Text einzugeben.	☐	
Klicken oder tippen Sie hier, um Text einzugeben.	☐	
Klicken oder tippen Sie hier, um Text einzugeben.	☐	
Klicken oder tippen Sie hier, um Text einzugeben.	☐	

Besprechungsraum reserviert:

Klicken oder tippen Sie, um ein Datum einzugeben.

Ausstattung:

IT-Präsentationstechnik

Klicken oder tippen Sie hier, um Text einzugeben.

Präsentationswand

Klicken oder tippen Sie hier, um Text einzugeben.

Moderationskoffer …………………………………………	☐
Notizblocks, Schreibzeug …………………………………	☐
Geschirr, Gläser, Bestecke ………………………………	☐
Bewirtung organisiert……………………………………	☐

Noch zu erledigen: Klicken oder tippen Sie hier, um Text einzugeben.

Checkliste geprüft – Name: Klicken oder tippen Sie hier, um Text einzugeben.

Datum der Checkliste: Klicken oder tippen Sie, um ein Datum einzugeben.

Lösung Aufgabe W10

Zu W10.2:

Zum Thema „Protokoll" siehe auch Erläuterungen hier im Lösungsteil zu Aufgabe **W4.2.2**.

In der Musterlösung zu Aufgabe W10.2 handelt es sich um ein Protokoll in tabellarischer Form.

Protokollkopf
Hier werden Thema, Datum, Ort, Durchführende und Teilnehmer in Tabellenfächern aufgeführt.

Hauptteil
Dieser Teil umfasst die Tagesordnungspunkte (TOP). Die Inhalte und Beschlüsse werden in Zeilen und Spalten übersichtlich dargestellt.

Schlussteil
Siehe dazu Lösung **W4.2.2**.

Formularfelder
Word bietet die Möglichkeit, Dokumente als Formular so einzurichten, dass nur die Formularfelder vom Empfänger ausgefüllt werden, das Grundgerüst des Formulartextes aber schreibgeschützt bleibt. Zu technischen Details siehe auch Hinweise auf Seite 56.

Die Inhalte, die in das Formular einzusetzen sind, gehen aus der Aufgabenstellung hervor.
Lesen Sie genau die Situationsbeschreibung.

Teilnehmer: Die Namen werden oft in alphabetischer Reihenfolge aufgeführt. Auf diese Weise wird niemand benachteiligt, weil Unternehmenshierarchien hierbei keine Rolle spielen.

Inhalte/Beschlüsse: Es werden in einem Ergebnisprotokoll nur die Ergebnisse bzw. Beschlüsse festgehalten. Daher sind die einzelnen Punkte nur kurz ausgeführt.

Termin der nächsten Sitzung: Für die weitere Terminplanung sollte schon ein Termin für die nächste Sitzung festgelegt werden. Unterschriften: Mit den Unterschriften zeichnen der Leiter/die Leiterin des Meetings sowie der Protokollführer/die Protokollführerin verantwortlich für das Protokoll.

Datum des Protokolls: Dies kann von dem Datum des Meetings abweichen. Ein Protokoll sollte aber so schnell wie möglich nach dem Meeting geschrieben werden, weil dann allen Beteiligten die einzelnen Besprechungspunkte noch präsent sind.

Verteiler: Grundsätzlich erhalten alle Teilnehmer des Meetings ein Exemplar des Protokolls. Im Verteiler sind aber auch andere Personen zu berücksichtigen, die über die Inhalte informiert werden müssen.

Anlagen: Ggf. kann auch ein Anlagenvermerk vorgesehen werden.

Lösung Aufgabe W10

Lösung_W10.2_Formular_Ergebnisprotokoll

Protokoll
Meeting des/der Teams: Klicken Sie hier, um Text einzugeben.
Thema: Klicken Sie hier, um Text einzugeben.

Datum	Klicken oder tippen Sie, um ein Datum einzugeben.
Uhrzeit	**von** Klicken Sie hier, um Text einzugeben. **bis** Klicken Sie hier, um Text einzugeben.
Ort	Klicken Sie hier, um Text einzugeben.
Leitung des Meetings	Klicken oder tippen Sie hier, um Text einzugeben.
Protokollführung	Klicken Sie hier, um Text einzugeben.

Teilnehmer/Teilnehmerinnen:

Klicken Sie hier, um Text einzugeben.

TOP 1: Klicken Sie hier, um Text einzugeben.

TOP 2: Klicken Sie hier, um Text einzugeben.

Inhalte/Beschlüsse	Aufgabe übernimmt:	Statusbericht am:
Klicken Sie hier, um Text einzugeben.	Klicken Sie hier, um Text einzugeben.	Klicken Sie hier, um ein Datum einzugeben.
Klicken Sie hier, um Text einzugeben.	Klicken Sie hier, um Text einzugeben.	Klicken Sie hier, um ein Datum einzugeben.
Klicken Sie hier, um Text einzugeben.	Klicken Sie hier, um Text einzugeben.	Klicken Sie hier, um ein Datum einzugeben.
Klicken Sie hier, um Text einzugeben.	Klicken Sie hier, um Text einzugeben.	Klicken Sie hier, um ein Datum einzugeben.

Termin der nächsten Sitzung: Klicken Sie hier, um ein Datum einzugeben.

Unterschrift Leitung des Meetings:

_____

Unterschrift Protokollführung:

_____

Datum des Protokolls: Klicken Sie hier, um ein Datum einzugeben.

Verteiler (außer den genannten Teilnehmern)
Klicken Sie hier, um Text einzugeben.

Lösung Aufgabe W10

Lösung_W10.3_Ergebnisprotokoll

Ergebnisprotokoll	
Meeting des/der Teams Thema	Azubi-Projekt „Perfect Outfits" MIKO Perfect Outfits – ÖKO-Funktionskleidung
Datum	TTMMJJJJ
Uhrzeit	**von** 08:30 Uhr **bis** 10:00 Uhr
Ort	Besprechungsraum A
Leitung des Meetings	Ayshe Demir, Auszubildende
Protokollführung	Vivian Scheel, Auszubildende
Teilnehmer/-innen	Ayshe Demir – Projektleitung – Auszubildende; Kauffrau für Büromanagement Tamira Lagerfeld – Auszubildende – Fachkraft für Lagerlogistik Mathis Maier – Assistent Sales Promotion – Ausbilder Hanna Nowak – Auszubildende – Fachinformatikerin Vivian Scheel – Auszubildende – Kauffrau für Büromanagement

TOP 1 Begrüßung durch Ayshe Demir – Erläuterung des Themas – Power Point-Präsentation über „Green Clothing" – Vorschlag: Erweiterung des Sortiments

TOP 2 MIKO Perfect Outfits – Azubi-Projekt wird begründet – Erste Beschlussfassung

Inhalte/Beschlüsse	Aufgabe übernimmt	Statusbericht am
Ausarbeitung für Vorschläge zur Sortimentserweiterung. Dazu werden jeweils zwei Auszubildende eine Partnerarbeit durchführen. Koordination und Beratung zu festgelegten Terminen.	Koordination: Ayshe und Mathis	TTMMJJJJ
Ermittlung von Bezugsquellen und Preisvergleiche für fair produzierte und gehandelte Artikel	Ayshe und Hanna	TTMMJJJJ
Entwicklung eines Videoclips zur Präsentation von Green Clothing – Erste Vorschläge für Werbemaßnahmen für die neue Produktlinie	Vivian und Tamira	TTMMJJJJ

Termin der nächsten Sitzung

TTMMJJJJ

Unterschrift Leitung des Meetings

_____

Unterschrift Protokollführung

_____

Datum des Protokolls
TTMMJJJJ

Verteiler (außer den genannten Teilnehmern)   Anlagen
Herr Motz, Vertriebs- und Ausbildungsleiter   4 PowerPoint-Folien

Formelsammlung

ANZAHL

ANZAHL zählt alle Zellen, die Zahlen enthalten.

ANZAHL2

ANZAHL2 zählt alle Zellen, die nicht leer sind. Im Unterschied zur Funktion ANZAHL müssen die Zelleninhalte nicht zwangsläufig Zahlen sein, auch Text oder sogar Leerzeichen werden bei der Zählung berücksichtigt.

AUFRUNDEN

Mithilfe der Funktion AUFRUNDEN können Sie eine Zahl, bzw. das Ergebnis einer Berechnung, auf eine beliebige Zahl an Nachkommastellen aufrunden. Weitere Funktionen aus diesem Bereich sind die Funktionen RUNDEN für kaufmännisches Runden und ABRUNDEN.

AUFRUNDEN ist folgendermaßen aufgebaut:

=AUFRUNDEN(Zahl;Anzahl_Nachkommastellen)

Statt einer Zahl können Sie hier auch eine Funktion einfügen oder eine Formel.

MIN

Gibt aus einer Menge an Werten den geringsten Wert zurück. Kann auch auf einen Wertebereich angewendet werden.

=MIN(Zahl 1, Zahl 2, ...)

MAX

Gibt aus einem Wertebereich oder aus einer Menge an Werten den größten Wert zurück. Funktioniert nicht bei Texten oder logischen Werten.

=MAX(Zahl 1, Zahl 2, ...)

MITTELWERT

Mithilfe der Funktion MITTELWERT können Sie den Mittelwert aus mehreren Zahlen berechnen:

=MITTELWERT(Zahl1;Zahl2;Zahl3;...)

oder Sie können, wie bei der Funktion SUMME, einen Bereich angeben:

=MITTELWERT(A1:A10)

ODER (siehe UND)

Formelsammlung

Rang

Die Funktion RANG besteht aus diesen Funktionsargumenten:

Zahl = die Zahl, deren Rang bestimmt werden soll

Bezug = die Liste von Zahlen, mit denen die Zahl verglichen werden soll

Reihenfolge = legt fest, ob die Reihenfolge absteigend oder aufsteigend erfolgen soll

RANG vergleicht also eine Zahl mit einer Liste von Zahlen und gibt dann aus, welchen Stellenwert die untersuchte Zahl einnimmt.

Siehe Lösung E5.

SUMME

SUMME addiert mehrere Zahlen und liefert das Ergebnis.

Sie können einzelne Zahlen eingeben (achten Sie auf ein Semikolon zwischen den einzelnen Werten):

=SUMME(Zahl1;Zahl2;Zahl3)

oder Sie können, wie bei der Funktion MITTELWERT, einen Bereich angeben:

=SUMME(A1:A10)

SUMMEWENN

Diese Funktion addiert mehrere Zahlen in einer Tabelle, wenn eine bestimmte Voraussetzung erfüllt ist. Sie besteht aus diesen Bestandteilen:

Bereich: Das ist der Bereich, der überprüft werden soll.
Suchkriterium: Das ist der Wert, der Text, die Formel, …, nach dem/der im festgelegten Bereich gesucht werden soll.
Summe_Bereich: Das ist der Bereich, den Sie addieren möchten.

SVERWEIS

Mithilfe der Funktion SVERWEIS können Sie aus großen Tabellen gewünschte Werte heraussuchen lassen.

Suchkriterium: Dieses legen Sie zuerst fest. Das Suchkriterium kann auch ein Wort sein, ein Eurobetrag o. Ä.
Matrix: Damit ist der Bereich gemeint, den Sie durchsuchen wollen. Bedenken Sie dabei, dass die erste Spalte des Bereichs nach dem Suchkriterium durchsucht wird. Also sollte Ihre Matrix mit dieser Spalte beginnen.
Spaltenindex: Hier geben Sie die Nummer der Spalte ein, aus der Ihnen die Funktion ein Ergebnis liefern soll. (Hier muss immer eine Zahl eingegeben werden.)
Bereich_Verweis: Das ist ein Wahrheitswert. Sie müssen hier nichts eingeben. Es ist aber sinnvoll, damit Ihnen die Funktion das Ergebnis mit der höchsten Übereinstimmung ausgibt. Geben Sie hier „Wahr" ein, damit Sie ein Ergebnis erhalten, das dem Suchkriterium bestmöglich entspricht. Das ist insbesondere bei sortierten Tabellen sinnvoll.
Geben Sie hier „Falsch" an, wenn Sie nach der genauen Übereinstimmung suchen. Die Formel gibt Ihnen dann einen Fehlerwert #NV aus, wenn die Suche ohne Erfolg war.

Formelsammlung

UND

Die Funktion UND prüft mehrere Wahrheitswerte. Sie gibt als Ergebnis „WAHR" aus, wenn alle Wahrheitswerte zutreffen. Ansonsten gibt sie „FALSCH" aus.

Gegenstück dazu ist die ODER-Funktion. Hier werden die einzelnen Wahrheitswerte geprüft. Die Funktion gibt als Ergebnis „WAHR" aus, wenn nur einer der Wahrheitswerte zutrifft. Treffen mehrere zu oder trifft kein einziger zu, gibt sie „FALSCH" aus.

Siehe Lösung E6.

WENN

Mit einer WENN-Funktion kann eine Wahrheitsprüfung durchgeführt werden. Trifft die Prüfung zu, führt sie eine Aktion durch – schlägt die Prüfung fehl, führt sie eine andere Aktion durch. Anders formuliert:

WENN diese Bedingung stimmt, DANN mache bitte dies, **SONST** mache bitte das.

Aufbau: =**WENN(Wahrheitstest**;Wert-Wenn-Wahr;**Wert-Wenn-Falsch**)

Das geht auch in mehreren Stufen – maximal bis zu sieben Verschachtelungen sind möglich.
Eine Verschachtelung funktioniert so, dass als SONST-Aktion eine neue WENN-Funktion durchgeführt wird.

WENN diese Bedingung stimmt, DANN mache bitte dies, SONST prüfe bitte: WENN diese zweite Bedingung stimmt, DANN mache bitte das, SONST prüfe bitte: WENN diese dritte Bedingung stimmt, DANN mache bitte jenes, SONST …

ZÄHLENWENN

Diese Funktion zählt die Zellen, in denen ein gesuchter Wert enthalten ist. Diese Funktion besteht aus einem Bereich, dessen nicht leere Zellen gezählt werden, wenn sie den Suchkriterien entsprechen. Suchkriterien können Werte, Texte, Formeln, … sein.